本书受国家社科基金重大项目"新时代坚持和完善人民代表大会制度研究"(项目编号:20ZDA018)和教育部人文社会科学重点研究基地重大项目"立法权的科学配置"(项目编号:15JJD820001)的资助,谨致谢忱!

立法权的科学配置

The Rational Division of Legislative Powers

焦洪昌 主编
Editor-in-Chief

北京大学出版社
PEKING UNIVERSITY PRESS

序　法律是中道的权衡

洪昌是我弟子,主持了教育部基地课题"立法权的科学配置",经过调研、思考、讨论和创作,形成了研究成果,将在北京大学出版社出版,嘱我作序。卡多佐说,法律就像旅行一样,必须为明天做准备。图书也是如此,面世前得有个仪式,权当剪彩吧。

我是公法学人,长期从事教学科研工作,培养了不少弟子;同时兼任国务院参事,为政府提供政策法律咨询。学理和经验告诉我,研究立法权的科学配置,既要了解中国国情,聚焦改革、开放、建设的伟大实践,又要借镜先进国家的经验,吸收人类文明成果,形成具有中国特色的智识方案。该研究成果紧扣法的中国性这一永恒主题,运用中国法治理论与话语实践,分析立法权配置中存在的失衡、失调、失信、失控问题,提出科学配置立法权的标准,建议从确权、分权、授权、控权等方面完善立法体制,是符合中国实际的务实之作。古人云,知屋漏者在宇下,知政失者在草野,知经误者在诸子。洪昌作为民主党派成员,把公法学研究和参政议政工作结合起来,其成果也是一份对党和政府的诤言献策。

宪法是国家的构成法,根据立宪原则和价值,创设国家机构,赋予职责权限,实现国家长治久安。立法权的科学配置,关涉立法的主体、内容、程序等。如何运用法教义学方法,对宪法规范进行专业诠释,考验着作者的能力。我欣慰地看到,本书全面梳理了立法权的理论资源,探析了立法权的功能性质,界分了立法权的事权范围,例证了立法权的运行实践,是将研究方法运用于研究对象的自觉之作。劳伦斯·却伯说,宪法是一个无穷无尽的、一个国家的世代人都参与对话的流动的话语。而解释者总是希望从规范中寻获当代问题的答案。

国家治理体系和治理能力现代化,核心在制度建设。制度强则国强,制度弱则国弱。立法权的科学配置,是国家立法制度的重要组成部分。本书围绕党领导立法与人大主导立法的统一、国家立法权与地方立法权的协调、人大立法与政府立法的划分、人权保障与公共秩序的衡平,以及法的立、改、废、释全过程衔接等问题,进行积极探索,科学论证,凝聚了许多规律性的认识,闪耀着思想的光辉,是承载改革使命的创新之作。中共十九届四中全会决定指出,"当今世界正经历百年未有之大变局,我国正处于实现中华民族伟大复兴的关键时期",顺应时代潮流,适应矛盾变化,完成国家根本任务,就必须在坚持和完善国家制度上狠下功夫。

现代化是中国人民的美好愿景,也是中国人民的痛。如果说,近代以来国人在追求国家独立、民族解放、民主自由的伟大实践中,更多地关注了国家富强的话,那么走进新时代,我们更要将富强、民主、文明、和谐、美丽的宏伟蓝图整体推进。立法权的科学配置,也要在全面依法治国的背景下,坚持党的领导,坚持人民主体地位,坚持依宪治国,全面推进合宪性审查,为人类法治昌明贡献中国智慧。

我是一个理想主义者,赞赏法国启蒙思想家孟德斯鸠的期许,在民法慈母般的眼神中,每个人就是整个国家;也是一个共和主义者,体认古希腊哲学家亚里士多德的判断,法律是中道的权衡,本质在于使事务符合正义;更是一个唯物主义者,喜欢唐朝诗人刘禹锡的名句:芳林新叶催陈叶,流水前波让后波。

是为序。

朱维究

2020 年 6 月 20 日

目　　录

导　言 ·· 001

第一章　立法权原理与立法权的科学配置 ················· 025
第一节　立法权的本质 ·· 025
第二节　立法权与制宪权、重大事项决定权的区分 ········ 043
第三节　"立法权科学配置"的含义 ························· 072

第二章　党的领导与人大立法 ································ 083
第一节　党与人大关系的宪法分析 ························· 083
第二节　党对立法的领导权 ·································· 088
第三节　党领导立法的具体权力 ····························· 094
第四节　党领导立法的发展与完善 ························· 104

第三章　我国国家立法权的科学配置 ······················· 107
第一节　我国国家立法权的主要内容 ······················ 107
第二节　全国人大和全国人大常委会行使立法权的现状分析
　　　　·· 112
第三节　完善我国国家立法工作的建议 ··················· 123

第四章　行政立法权的科学配置 ······························ 133
第一节　国务院的行政立法权 ······························· 133
第二节　国务院立法权配置的改革方向 ··················· 135

第五章　地方立法权扩容背景下的央地立法权科学配置 ······ 157
第一节　我国地方立法权配置的历史考察 ················ 157

第二节　我国央地立法权现状分析 …………………… 164

第六章　区域一体化视野下立法权科学配置 …………… 175
第一节　区域一体化视野下立法权科学配置的两种模式 …… 175
第二节　京津冀区域一体化立法的完善——以中央立法模式
　　　　与地方立法模式融合的视角 ………………… 180
第三节　粤港澳大湾区立法协调的理论与实践 ………… 194

第七章　民族区域自治地方的立法权科学配置 …………… 213
第一节　民族自治地方的立法权 ……………………… 213
第二节　民族自治地方自治立法权与一般地方立法权 …… 221
第三节　民族自治地方立法权与上级国家机关权限的科学配置
　　　　…………………………………………………… 226

第八章　走向规范化的军事立法权的科学配置 …………… 233
第一节　我国军事立法权配置的规范依据 …………… 235
第二节　我国军事立法实践中的事权配置 …………… 241
第三节　军事立法权配置的特点及改革方向 ………… 261

后记　结一份善缘 ………………………………………… 269

导　言

一、研究意义

立法权的科学配置实质上包含三个层面的命题：一是立法权内涵的界定问题，即如何理解立法权的概念、内涵与外延，从而把握立法权的本质；二是立法权科学配置的必要性问题，即为什么要对立法权进行科学配置；三是立法权科学配置的方法问题，即科学的标准是什么，以及如何对立法权进行科学配置。

关于立法权的本质，既有从结构主义视角的理解，也有从功能主义视角的理解；既有从实体层面的理解，也有从程序层面的理解；既有静态意义上的认识，也有动态视角的观察，由于对立法权的理解不同，相关立法权内涵的研究也就各有侧重。立法权的科学配置一方面是为了使各个立法主体在经济社会转型过程中获得与其立法需求相匹配的立法权，保障各个立法主体能够拥有充分的立法权，同时避免违法立法，以解决立法权来源的合法性问题。另一方面，科学配置立法权也是有效防止立法权异化的重要保障。立法权异化主要是指立法权在运行过程中脱离了原始的轨道，变成了少数人控制的一项特权，在实践中则具体表现为立法的部门利益化和地方保护主义法律化。立法权异化的问题是由多方面原因造成的，既有源头上立法权配置的异位与错位，也有权力运行过程日益专业化与官僚化的问题，还有立法权行使全过程中立法监督阙如的问题。因此，科学配置立法权在本质上是根据立法权的本质特征及立法权运行的客观规律，对立法权进行横向或纵向的划分与整合，从而形成均匀协调的立法权配置与运行结构，最大化地实现立法权的价值功能。

时至今日,我国经济社会的巨大转型给立法权的配置提出了新的挑战:首先,地方立法权扩容将使现有的地方立法权配置格局发生重大转变。其次,《立法法》中新增加有关"国防行政法规"的规定,提出了军事法规立法权的科学配置问题,使国务院在有关国防建设方面的行政法规制定权与中央军事委员会的军事法规立法权之间产生需协调的问题。再次,我国区域经济一体化、区域协同发展为地方人大之间开展协同立法带来了契机,由此产生地方立法权的横向配置问题。最后,民族自治区域行政区划调整,经济特区的授权立法问题,"一国两制"下中央立法权与特别行政区立法权的界限问题,以及深化对外开放过程中国际条约缔结权与立法权的界限问题,都对我国现有的立法体制带来了巨大挑战。据此,研究立法权的科学配置主要有以下意义:

(一)学术价值

第一,有助于进一步厘清立法权的内涵。既有的关于立法权本质内涵的理解,多是从结构主义和功能主义的视角出发的:有立法权是"特定的国家机关的职权"意义上的理解[1];也有分权理论意义上相对于行政权、司法权之"立法权"的理解,认为立法权主要是一个国家政体结构意义上的概念,立法权是立法主体行使立法职权的权力限度与内容范围[2];还有立法权是立法机关行使的创制、认可、修改或者废止法规范的权力的理解[3]。这些理解对于认识立法权的内涵具有十分重要的价值,但是,这些理论阐述忽略了我国作为单一制国家在人民代表大会制度下的立法体制的特殊性,以及中国共产党领导立法这一立法权运行格局的限定性,对我国立法权本质特征的认识还有待进一步深化。本书将对我国当前立法权的现有格局进行梳理,明确享有立法权的主体范围、立法权的权限范围、立法权的配置实践(主体、程序与结构)及与其他权力(制宪权、重大事项决定权)之间的界限。通过对实践的检视,试图描摹出更为科学的立法权理论图景。

---

[1] 参见周旺生:《立法学》,法律出版社2004年版,第121页。
[2] 参见李林:《立法理论与制度》,中国法制出版社2005年版,第36—37页。
[3] 参见戚渊:《论立法权》,中国法制出版社2002年版,第19页。

第二,有助于夯实立法权配置的正当性理论基础,重新正确认识并定位中央与地方的关系,为当前我国扩大地方立法权,以及中央与地方立法权配置的科学化、民主化提供重要的理论支撑。现有的理论对于理解立法权配置的正当性具有一定的解释力,但仍存在一定的局限:

首先,立法权配置的正当性理论仍然强调立法权来源的合法性。这些理论主要强调人民主权原则在论证立法权的正当性中的价值,是一种静态的视角,忽略了立法权的配置是一个动态的过程。

其次,具体到地方立法权的正当性基础,地方权力固有说与地方权力让与说的争论只是对地方权力来源合法性的论证,仍然没有论证清楚地方立法权存在的正当性。理论空间仍然需要进一步挖掘,诸如立法民主主义、权力均衡理论、地方性知识理论、新自由主义理论能否作为论证我国地方立法权配置的理论基础,以及哪些因素应当作为支撑地方立法权正当性的理论基础等都有待进一步深化。

既有的立法权正当性理论需要与时代的变革相适应,而这种适应与完善离不开对地方立法权正当性理论的研究。本研究课题将进一步强化地方立法权的正当性基础,同时总结实践中影响地方立法权配置的各项要素,提出符合国情的正当性理论。

第三,有助于进一步界定立法权配置的科学标准。当前关于立法权配置的科学标准的探讨主要集中在立法权的划分权限上,如以事项重大与否为标准划分中央与地方的立法权。[1] 也有学者批判了我国当前所采用的立法"事项重要程度"标准造成的立法权行使乱象,指出应当合理引进"影响范围"的标准和方法。[2] 此外,我国台湾地区的一些学者也就中央与地方立法权的划分总结出几个重要理论,既有宪法专管理论,也有法律先占理论、行政领域理论、国家法性质理论等[3],这些理论

---

[1] 参见陈端洪:《立法权结构概论》,载《政法论坛》1993年第6期,第14—15页。
[2] 参见张千帆:《宪法学导论》(第三版),法律出版社2014年版;封丽霞:《中央与地方法权限的划分标准:"重要程度"还是"影响范围"?》,载《法制与社会发展》2008年第5期,第47—48页。
[3] 参见蔡茂寅:《中央与地方权限划分问题之研究》,载《中国地方自治》2003年第8期,第7—13页。

就中央与地方的立法权限划分提出了相应的标准,对于深化对立法权配置的科学标准的认识大有裨益。本课题将重点对科学配置的标准进行理论探索,同时总结国内外在立法权的划分与配置上的经验,为我国立法权的科学配置提出可行的操作标准。

(二) 实践意义

第一,落实中央有关立法权制度改革的精神。党的十八届三中全会报告提出"逐步增加有地方立法权的较大的市数量"。四中全会报告提出"明确立法权力边界,从体制机制和工作程序上有效防止部门利益和地方保护主义法律化","明确地方立法权限和范围,依法赋予设区的市地方立法权"。《立法法》修改通过后,将"设区的市"纳入较大的市范围,使得原本只有49个较大的市享有的地方立法权,全面扩展至292个地级市和30个自治州。[①] 从立法权平等的角度看,地方立法权扩容是一个巨大进步,而立法权的科学配置中十分重要的一项内容便是,如何对这些享有地方立法权的设区的市的立法权进行科学配置,使这些设区的市能够发挥立法在地方法治建设中的引领与推动作用,实现良法之治。

第二,有助于从横向与纵向层面对立法权进行科学化、理性化的配置。当前我国立法权配置不科学、不合理导致了多头立法、越权立法、违法立法以及立法碎片化、部门化、地方化问题。在横向层面,全国人大与全国人大常委会之间的立法权限、人大立法权与行政立法权的配置与实践运作,都存在不同程度的不科学问题;在纵向层面,中央立法权与地方立法权关于立法范围与立法事项如何划分,执行性标准与先行性标准过于抽象、原则等问题,影响了立法权的纵向科学配置。另外,我国民族自治地区行政区划的调整对立法权的科学配置也提出了新的挑战,经济特区的"双立法权"结构的不合理配置产生的影响法制统一问题,"一国两

---

① 根据《全国人民代表大会关于修改〈立法法〉的决定》(2015年3月15日),我国所有设区的市、自治州,及广东省东莞市和中山市、甘肃省嘉峪关市、海南省三沙市均可行使地方立法权(三沙市已于2020年4月成为我国最新一个设区的市)。截至2020年年底,我国293个地级市中,仅海南省儋州市尚不能行使地方立法权。

制"下人大立法权与特别行政区立法权的界限问题,都需要在立法权的配置上予以回应。本课题通过对我国现有立法权的配置格局所作的梳理,分析与论证了我国立法权科学配置的可行标准与原则,指出立法权的配置既要尊重立法自身的科学规律,也要符合我国国情与实际,使立法权的配置主体、立法权的行使主体、立法权的事项范围等有相对明确的标准,从而使得立法权在实践中的运行更加符合科学化、理性化、法治化的标准,更有助于实现我国国家治理的现代化目标。

第三,有助于使地方立法权扩容带来的立法权配置符合科学、理性原则。该研究还将进一步为我国即将推动的立法权扩容——赋予设区的市立法权提供一定的操作建议。地方立法权的扩大是我国政治经济社会结构转型的历史趋势,是地方自主性与地方治理现代化的必然要求。研究地方立法权的科学配置也有助于推动地方立法权的行使往科学、理性、民主的方向上前进。

第四,有助于为区域一体化进程中的立法权科学配置提供相应的理论支持。区域一体化产生了跨域治理的需求,在区域法治进程中,地方人大之间开展协作立法,共同应对区域公共问题,对地方立法权的运行提出了新的要求。区域一体化使得立法权不仅仅需要在源头层面保障其科学性,同时也要在立法权的运行过程中进行科学配置,实现区域立法协作,实现区域法治治理效益的最大化。

第五,有助于对我国军事法规立法权的科学配置提供对应的建议。新修订的《立法法》中规定"有关国防建设的行政法规,可以由国务院总理、中央军事委员会主席共同签署国务院、中央军事委员会令公布"。这意味着,一部分的军事法规立法权将会产生分化,国务院在未来的军事国防建设立法中将承担更重要的职责。对此,科学配置有关国防建设的行政法规立法权,将有助于我国依法治军的进程,更有助于军事法治的现代化。

二、国内外研究现状

(一)国内外有关立法权的研究现状

国内外关于立法权的研究著作可谓汗牛充栋,亚里士多德、西塞罗、洛克、孟德斯鸠、卢梭、黑格尔、康德等西方先哲关于立法权的论述可谓经典。西方关于立法权的研究主要有结构主义与功能主义的两种解释路径。

结构主义论的立法权以国家权力结构体系的存在为基础,以构成这种权力结构的各单元具有相对的独立性或可分割性为前提,该理论模型以政体理论与分权理论为基础,认为政体是一个具有整体性的结构系统,立法权是组成该系统的若干成分之一,它和组成政体的行政权、司法权一样,服从于政体构成的一般性原则。在这种结构下,立法权是政体本身的一种需要,而且必须服从政体的需要,因而在内阁制、总统制、民主集中制等不同政体形式下,立法权在实践制度设计中具有不同的特征。立法权在这种结构中居于核心地位,立法机关行使的权力才可以被称为立法权,其他任何非立法机关行使的任何权力,即便存在某些立法权的特征,也不属于立法权。立法权被赋予了最高性,其内涵不仅仅包括制定法律规范的立法活动,还包括了立法机关的监督权、质询权、弹劾权、调查权、任免权。① 但是,结构主义论的解释存在的一个问题是,将立法主体限定为立法机关,排除了行政机关、司法机关与社会团体作为立法主体的可能性和现实,忽视了立法权的历史与当下实践,存在较大的偏颇。

功能主义论的立法权以西方功能主义学派的理论为基础,认为政府是一个典型的功能性系统模型,立法、行政和司法这三者功能协调与充分发挥,是系统得以正常运行的基本条件。立法权、行政权和司法权的界分不以掌握这种权能的主体为依据,而是以其所具有的功能为依据。功能主义论认为立法权就是指立法主体制定、认可、解释、补充、修改或废止法规范和法规则的权力,具体表现为国家立法权、地方立法权和委托立法权等纵向的不同层级,立法权的认定不以主体在国家中的定位为标准,而是根据主体之权能作判断。功能主义论的立法权解释打破了立法权由代议机关独占的构想,在立法主体上,将其扩大到了代议制机关以外的合法主体,对于把握立法形态的多样性,丰富立法权的来源具有

---

① 参见江国华:《立法权及其宪法规制》,载《当代法学》2007年第4期,第3—4页。

较大的理论价值。但是,同样,功能主义论的立法权解释存在的一个理论局限,即过于宽泛的内涵界定,没有区分代议机关与其他机关在立法权来源上的本质差异,导致议会立法与其他立法在效力位阶上的混乱,可能产生否定分权理论的危险。①

立法权的两种理论视角在我国学者的研究中也有所体现,如周旺生教授认为,"立法权是由特定国家机关所行使的,在国家权力体系中占据特殊地位的,用来制定、认可和变动法的综合性权力体系"②。李林教授认为,"立法权主要是一个国家政体结构意义上的概念,它的存在以分权学说和分权制度为前提;它的归属以立法机关为主体,它的功能既包括立法,也包括议决预算、监督、调查、宣战、媾和、质询、弹劾等"③。立法权的内容,从实体层面来看,包含制定权、认可权、修改权、废止权;从程序视角来看,立法权是法规范提案权、法规范起草权、法案审议权、法案表决权、法案公布权的集合体。

上述理论视角为我们理解立法权的内涵提供了宝贵的经验,但是,这些理论内涵没有考虑到我国的立法体制与立法格局,忽视了"党导立法"体制下党的领导在中国宪制秩序中的地位,无法很好地解释中国共产党领导下的中国立法体制与宪制实践。中国立法权的性质、结构与界限并不完全可以通过现有的理论模式作很好的界定,因而十分有必要结合中国立法权运行实践,针对性地提出相应的理论解释模型,更好地把握中国立法权的本质与内涵。

(二) 关于立法权配置的研究

1. 关于立法权配置的历史变迁

郭道晖教授在《当代中国立法》一书中指出,立法权配置着眼于整体,既包含确定有权立法的国家机关的立法权的活动过程,又包含这一活动过程的结果概念。它从整体上回答各有权立法的国家机关享有何种立法权的问题,同时也对立法权活动所要达到的目标、所要考虑的

---

① 参见江国华:《立法权及其宪法规制》,载《当代法学》2007年第4期,第4—5页。
② 周旺生:《立法学》,法律出版社2004年版,第121页。
③ 李林:《立法理论与制度》,中国法制出版社2005年版,第36—37页。

因素以及所要遵循的原则予以回应,还包括确定有权立法的国家机关的立法权的活动结果。①

李林教授在《立法理论与制度》一书中对于我国立法权配置的历史变迁模式作了清晰的界定,认为(第一时期)自1949年到1954年《宪法》(以下称《五四宪法》)颁布,是我国实行分散立法模式的时期。该时期立法权的配置具有多极化和分散化的特点,主要表现为从中央到地方的多级主体享有立法权。采取这种立法权配置模式的主要原因,概言之是中华人民共和国成立初期的政治经济社会形势变化所需。(第二时期)自《五四宪法》颁布到1979年全国人大五届二次会议前,我国实行的是中央集权的立法模式。该时期立法权的配置高度集中于中央政府,除民族自治地方外,其他地方权力机关均不享有立法权。该时期的立法权配置是这一时期中国实行高度集中的计划经济体制的现实翻版。② 朱苏力教授在《当代中国的中央与地方分权》一文中指出,这一变化的主要原因是基于维护国家统一的考量。③ (第三时期)自1979年至今,我国立法权的配置采取的是集权的分权模式,其特点是中央对立法的集中统一领导的前提下,适当赋予地方一定的立法职权,以作为中央立法的补充与具体化。集权的分权模式下,中央立法与地方立法的两个积极性都被调动起来。但这一模式的弊端突出表现在难以满足地方政府对立法权资源的需求,在一定程度上阻碍了地方经济发展与政治体制改革的步伐。学者冯洋通过对全国人大常委会立法权变迁的历史解读和反思,认为全国人大常委会立法权从无到有、逐步扩大的变迁过程,就是全国人民代表大会制度与现实国情逐步衔接的过程。但是扩大全国人大常委会立法权是在1982年《宪法》(以下称《八二宪法》)修改过程的后期匆促采用的改革措施,具有浓厚的临时性、过渡性特征,使得全国人民代表大会及其常委会立法存在着尚待解决的问题。对此,冯洋提出

---

① 参见郭道晖总主编:《当代中国立法》(下),中国民主法制出版社1998年版,第802页。
② 参见李林:《立法理论与制度》,中国法制出版社2005年版,第305—310页。
③ 参见苏力:《当代中国的中央与地方分权——重读毛泽东〈论十大关系〉第五节》,载《中国社会科学》2004年第4期,第46页。

应赋予全国人大常委会全部的立法权,进一步加强全国人大常委会自身建设,激活并完善全国人民代表大会对全国人大常委会的立法监督制度。① 与此不同,韩大元教授指出,为了保证全国人大的民主正当性与合法性,有必要完善现有的人大运行机制,充分发挥大会的职能,加强大会对常委会的制度性监督,维护最高国家权力机关的宪法地位。② 对于立法权运行的正当性与效率性的不同追求,决定了两者不同的价值取向,因而在新时期,我国的立法权配置应当坚持何种模式,有赖于理论与实践的双重推进。

既有研究对立法权配置历史变迁的论述,对我们把握我国立法权配置的格局具有一定的价值。然而,随着中国经济社会的急剧转型,新时期中国经济社会的发展对于立法权的配置提出了更高的要求。突出的一点是在我国单一制国家结构形式制约下,以人民代表大会制度为核心的权力体系,如何在地方立法权扩容、区域协同发展、全球化深入推进等背景下,回应这些实践所提出的立法权科学配置命题,如何形成良好的立法权配置结构,更好地规范立法权的运行,为法治现代化注入新的动力,是需要进一步探索的课题。本研究将对我国新时期的立法权运行实践中产生的问题进行探索,以期待能更加规范地提出新时期的立法权配置模式。

2. 关于立法权配置的模式的研究

立法权配置的主要内容,主要涉及的是哪些方面构成了立法权配置的基本框架。根据立法权的理论与实践,立法权配置的主要内容包括:(1)在纵向方面,主要涉及立法权在中央与地方之间的配置;(2)在横向方面,主要涉及中央立法权限的划分与配置。

陈端洪教授对于立法权结构的研究可以视作国内较早关于立法权配置模式的研究。在《立法权结构概论》一文中,陈端洪教授认为立法

---

① 参见冯洋:《对全国人大常委会立法权变迁的历史解读和反思》,载《内蒙古农业大学学报(社会科学版)》2011年第5期,第21—22、25页。
② 参见韩大元:《论全国人民代表大会之宪法地位》,载《法学评论》2013年第6期,第16—17页。

权的划分取决于国家的政治传统、现实发展的需要与国家结构形式等多方面因素,国家结构形式是一个直接的决定性前提。作者分别对联邦制与单一制下的立法权进行了论述,指出联邦制下的中央与地方分权遵循的是分权制衡原则,联邦立法权来自各成员的授权,由宪法明确列举,成员的立法权则是保留的权力,具有相对独立性、多样性而非从属性。[1]

江国华教授对我国立法权在中央层面、地方层面的体现进行了系统的论述,指出理论上立法权的配置模式有垄断模式、共和模式和制衡模式三种,不论哪种模式,中央立法权相对于地方立法权具有恒定的优位性,我国以《八二宪法》为分水岭,实现了由集权型向分权型转化的历程,地方立法权的配置呈现出在尊重国家法制统一下的有限分权模式特征。[2]

曹海晶在《中外立法制度比较》一书中指出,并非所有国家关于中央与地方立法权限的划分都遵循美国的分权制衡模式,有的侧重于中央集权,有的则侧重地方分权。单一制下的中央立法权都属于中央,是地方立法权的来源,但是单一制国家的立法权划分实践,并不排除地方或其他政府机构拥有中央政府委任或者授予它们某些权力的可能性。立法权配置受到许多因素的影响与制约,世界各国在处理中央立法权与地方立法权的划分问题上,并没有一个统一的模式。根据世界各国的立法权配置实践,中央立法权与地方立法权的划分主要有中央集权模式、地方分权模式、集权分权模式、分权集权模式。[3]

这些配置模式根据各国的不同国情,采取了不同的配置方法。沈寿文通过对我国立法权设置进行反思后认为,我国现行宪法和法律关于地方性法规制定权、自治法规制定权、部门规章和地方政府规章制定权的规定并不一致。导致这种不一致的原因,最为浅显的是立法者(以及修宪者)在制定法律性文件时没能与其他法律性文件相协调;更为深层的原因则根植于两种错误观念中:一是误解了人民权利的正当性基础与国

---

[1] 参见陈端洪:《立法权结构概论》,载《政法论坛》1993年第6期,第12—13页。
[2] 参见江国华:《立法:理想与变革》,山东人民出版社2007年版,第78—79页。
[3] 参见曹海晶:《中外立法制度比较》,商务印书馆2004年版,第145页。

家权力(包括法律性文件制定权)合法性来源的差异,二是混淆了宪法和法律在规范国家权力中的不同作用。①

我国采取的立法集权的分权模式在一定程度上调动了中央立法与地方立法的两个积极性,但是立法分权的实践表明,我国并没有完全改变中央立法与地方立法在实质内容上的趋同性等问题:中央立法权内部之间配置缺乏清晰的标准,人大立法权与地方立法权的许多事项存在重叠交叉,造成重复立法问题。如何更加科学地确定我国立法权划分事项,如何将立法规划更好地运用于立法权配置实践中,是理论与实践中需要进一步研究的课题。

3. 关于立法权配置方式的研究

立法权配置的主要方式,主要关注如何对立法权进行配置,哪些要素构成科学配置立法权的主要因素。立法权配置的主要方式大体有以下几种:

第一,规定专属立法权,确定某一个立法主体的专有立法事项,其他立法主体的立法权则在此范围之外。

第二,规定共有立法权,即确定不同立法主体都有权立法的事项。在中央与地方立法权限的划分上,采取中央立法优位原则,即:在共有立法权的范围内,若中央尚未立法,地方可以立法;若中央已有立法,地方不得重复立法;地方先立法,中央后立法的,取消地方的立法。

第三,确定剩余立法权的归属,即将其他法难以穷尽的立法事项确定为特定主体立法权的范围。

张千帆教授对美国与德国的中央与地方权限划分进行了介绍,指出美国中央与地方权力的划分并不是静止的,而是随社会发展而变化的。美国在涉及州际贸易领域内的"领港调控案"中提出了"库利法则",该原则要求根据事务性质来分配调控权力,若事务要求全国统一调控,那么国会就具有专属立法权;如果事务需要根据地方特色得到多样化处理,那么即使它处于国会权力范围之内,只要国会没有通过立法去先占

---

① 参见沈寿文:《对中国立法权设置的反思——以几个法律文本为考察中心》,载《政法学刊》2010年第5期,第9—10页。

各州的调控权,各州就仍有权行使共有调控权。德国采取了有特色的纵向分权模式,《德国基本法》详细规定了联邦与各州的立法权范围,主要分为联邦专有、联邦与各州共有以及各州专有立法权。美国与德国的中央与地方立法权限划分的目的都是为了让联邦政府去调控一州政府力所不能及的事务,或纠正州内民主程序所产生且不可能消除的外部效应。借此,张千帆教授讨论了权限划分的标准,他认为有关事务的影响范围而非重要程度是联邦制国家中央与地方权力的划分标准。

在对我国中央与立法权限划分问题上,张千帆教授认为,我国将重要事项的立法划归为专属全国人大及其常委会的权力,固然有其合理的一面,并且在民主机制尚不健全的情况下,将重要立法权下放到地方人大或人大常委会,可能会出现滥用而侵犯公民基本权利的情况。但是,根据民主自治的基本原则,权限划分的自然方法是按照事项的影响范围而非重要程度。①

封丽霞教授受张千帆教授启发,指出我国目前主要是把立法事项的"重要程度"作为中央与地方立法权限的划分标准。从立法实践来看,这种划分标准不仅容易造成中央立法在某些事项上的"虚置"与"空缺",而且更容易造成地方在一些亟须以地方立法形式加以调整的事项上的"不作为""难作为"或"乱作为"。根据现代立法民主化与科学化原则,并且参照国外中央与地方立法权限划分的经验,我国中央与地方立法事项的划分应合理引进"影响范围"的标准和方法。②

学者杨寅以上海口岸综合管理地方立法的实例,说明《立法法》规定的执行性、地方性事务和先行性三类标准,可以大体解决我国省、区、市级人大及其常委会立法权的行使空间问题。但在实践中,中央与地方立法权的划分却非常复杂。通过讨论上海个案,提炼出了中央与地方立法事项划分的绝对性与相对性、地方立法的必要性与正当性、特别授权

---

① 参见张千帆:《宪法学导论——原理与应用》(第三版),法律出版社2014年版,第241—245页。
② 参见封丽霞:《中央与地方立法权限的划分标准:"重要程度"还是"影响范围"?》,载《法制与社会发展》2008年第5期,第38—39、47—48页。

立法配置的合理性以及地方立法能动性与特色的重要性结论。①

除此之外,我国台湾地区学者蔡茂寅就立法权的配置方式,系统梳理了以下几个重要理论:

一是均权理论。该理论由孙中山先生所提倡,主要观点是:第一,具有中央专属适格之事项由中央立法并执行之;第二,具有中央委办地方适格之事项,由中央立法并执行之,或交由地方执行之;第三,具有地方自治适格之事项,由地方立法并执行之。

台湾地区学者认为,均权理论主要是为整合中央集权与地方分权制度之偏私而采行的制度,既非中央集权亦非地方分权,该理论在性质上是以事务之性质及其程度为权限划分之标准。尽管该理论对于中央与地方立法权限划分方式论述十分精到,但是,台湾地区学者认为,该理论只是一种结论式的结果描述,不是可以从中导出具体措施正当性的基本法理,该理论缺陷主要表现在标准过于抽象且难以操作。对于何者为全国一致之性质,何者为地方之性质,很难判定。

二是修正的均权理论。鉴于均权理论之局限,台湾地区学者提出了该理论。主要包括具体适用说和地域性及执行能力判定推定说。具体适用说认为,均权理论必须落实于具体的国家的政经、社会、人文、环境等面向的策略考量,重新进行中央与地方的权限划分,不应仅抽象适用。地域性及执行能力判定推定说则认为,全国一致性事务归于中央,自治法人一致性事务归于地方,横跨二自治法人以上的广域事务,推定属于中央。自治法人之事务以具备"地域性"、于地方自治团体之"执行能力"内之事项为准,但此事项之界定不宜僵化,宜由中央与地方会商解决。然而,台湾地区学者亦针对该理论提出了商榷意见,具体而言,修正均权理论之具体适用说并没有提出更为具体之标准,仍然抽象空泛且不易操作,没有化解均权理论之局限。修正均权理论之地域性及执行能力判定推定说具有较高的可行性,但仅以"地域性"和"执行能力"作为界

---

① 参见杨寅:《论中央与地方立法权的分配与协调——以上海口岸综合管理地方立法为例》,载《法学》2009年第2期,第98—100页。

定地方自治立法事项之基准,其妥当性仍可商榷。

三是事务本质理论。该理论系以事务之性质为划分基准,意即新生事务权限之归属,应直接探求"事务之逻辑结构",并分析具体事务法律上重要之特征,而判断其是否有"因地制宜"或"全国一致"之属性。该理论之具体化适用标准主要考查四个方面的内容:第一,利益所及之范围。视事务与其所产生之利益范围而定,如涉及全国或中央则属于中央事务,若仅涉及地方人民权益则为地方事务。第二,所需地域之范围。视事务系以全国为实施范围或限定某一地域为实施范围,系以全国为实施范围,属于中央之事项;若仅以地方为实施范围,则属于地方之自治事项。第三,事务性质划一性。凡事务需要整齐划一、全国一致者,属于中央事项;如性质上可个别发展者,应划归地方办理。第四,所需之能力。若事务之办理需要大量人力、财力或高度技术、特殊人才,应归中央办理;反之,若可以就地筹措,也不需特殊技术时,则由地方办理。该理论相较于均权理论、修正均权理论具有简单明确、简易可行的优点,但是在理论上仍然存在几个可以检讨的地方:首先,该理论标准判断并不太易,事务之本质之界定仍然难以通过上述标准作清晰界定,并且事务之本质随时处于流动变化之中,因而把握起来十分抽象;其次,各个具体标准之间存在冲突的可能,需要高位阶的指导原则补充;再次,各标准之间缺乏优先顺位的考量,在各标准相互冲突之时,并未提出解决之道。

四是核心领域理论。该理论主要是学者基于均权理论与事务本质理论都存在过于抽象问题而提出的。该理论主要由两个学说构成:一是价值区分职权及客观机关裁处说。该学说认为地方自治的价值部分与超越地方的整体价值部分应建立各自职权之"核心领域",使互不侵害,而中间之模糊地带则交由独立客观有效之调处或裁判机构,或建立各层级政府之间的咨询协议制度。二是自治团体能力区分说。该学说以乡(镇、市)与县(市)两个层级区分地方自治团体。对于乡(镇、市)层级而言,因该地域与地方居民最为贴近,最了解地方事务,相关事项可以就近照顾、就近解决,因而最适合承担自治事项任务,其核心领域主要涉及衣食住行育乐等必须就近照顾解决的事项;对于县(市)层级而言,应为第一线委办事项之主体,且就县域内之自治事项只是补充、衡平地介入;对于中央或省层级,超过县(市)能力的应交由中央或省承办。该理论存在的局限主要有以下几个方面:第一,价值区分职权及客观机关裁处说只提出了权限划分之方向,欠缺基准;第二,在自治团体能力区分说下,县(市)层级的地方自治权限缩小;第三,自治团体能力区分说由德国发展而来,不一定适用于其他地区;第四,核心领域理论缺少指标性原则,使得在产生新的核心领域之外的事务时,缺少一个基准作为准据随时检讨其可能属性之变化。

五是功能最适理论。鉴于均权理论过于空泛,因而辅之以"功能最适"的角度进行诠释,活化均权理论,根据地方之人口、经济特性及实力、历史背景等因素,再配合不同性质事务的不同需求综合考量,得出事务之应属于地方或中央掌控,方能达到"尽可能正确"之境地的结论。该理论强调以中央与地方之能力作为基准,而以最能发挥功能之统治团体作为权限划分之基准。该理论存在的局限主要有以下几个方面:第一,功能最适基准本身不够明确,当产生权限争议时,亦沦为各说各话的依据,难有定论。第二,该理论之适用可能导致同级地方自治团体权限不一。第三,该理论忽视了前提条件之可变性,因从既有条件出发推出的后续结论来确定何者最适,是以现有的中央与地方之条件为依据,该依据总是处于动态的变化之中。因此,该理论在水平层面条件相同的权限划分问题上,具有较高的适用性,而对于纵向权限划分,则可能因上述局限产生诸多问题。

六是剩余权归属理论。该理论的核心在于:先决定划归中央或地方之权限,再将剩余之权限分配给地方或中央,因而需要有另一真正的基准以决定第一权限的归属,剩余权分配则为第二次权限划分。由于剩余权理论先要决定何谓主要权限,因而进一步细化为两个分学说:一是第一次权限分配中央说(剩余权归属地方说),由宪法法律明确规定中央立法权限之范围,除此之外的剩余事宜悉归地方;二是宪法及机关解释说,认为宪法规定的依据事务之性质为原则的划分标准不免空洞,因而需要有权解释机关解释才能具体化,事务之性质并非重要因素,重要的是解释权归属问题。剩余权归属理论指出了权限划分上的位阶方向,具有适用简便的特点,但是仍然未能提出具体划分之标准。

此外,日本学界提出了法律先占理论,用以解决自治立法有无抵触法律的问题。该理论认为,对于共同立法事项,中央享有优先的立法权,即使地方立法制定在前,中央立法制定在后,中央立法仍优先适用,地方立法不得与之相抵触。但是,如果存在以下情形时,则不存在法律先占领域:第一,中央立法并未就某事项进行制度规范,该事项处于立法空白状态;第二,地方立法与中央立法规范的事项相同,但立法目的不同;第三,中央立法与地方立法之立法目的相同,但规范对象不同。①

鉴于上述理论产生的背景都在于解决当时当地的问题,虽然不同国家与地区对于立法权的配置方式都有需求,但是采行何种理论模式或配置方式均受到该国家或地区的基本情况与历史、社会现实与发展阶段的制约。因此,很难说上述理论就可以直接转换为我所用,上述关于立法权的配置方式的理论与研究为如何科学配置立法权提供了有益的借鉴思路,我们需要结合中国的具体国情,在中国立法体制与立法格局的制约下,因应时代转型提出的新课题,提出对应的配置理论模型,更好地解释和指导我国的立法权配置实践。

4. 立法权配置的实践课题研究

鉴于立法权配置涉及我国立法权的方方面面,现有的立法权配置实践课题主要围绕着我国税收立法权的配置展开,我国学者对我国税收立法权的横向配置与纵向配置进行了分析,指出全国人大及其常委会在税收立法方面处于明显弱势,虽然近年来一直在强调其作用,但远没有体现出税收立法的主要立法者地位。我国税法体系存在的立法层次普遍偏低、协调性差、立法文件屡有冲突等现象,都与缺乏立法主体间明确而合理的权限划分标准有关。因此,我国税收立法的目标模式应当主要是或完全是由立法机关来完成税法草案的起草、审议和通过全过程,并由

---

① 参见陈清秀:《地方立法权之研讨》,载黄锦堂等编著:《地方立法权》,五南图书出版公司 2005 年版,第 260—266 页。

立法机关充当税收立法的主要主体。在地方立法权的配置上,在保持中央权威的同时,也必须实行"财政联邦主义",实行适当的财政分权。① 此外,近年来,不少关于我国税收立法权的配置的研究成果涌现,比较有代表性的成果有尹守香所著的《我国税收立法权配置问题研究》。作者提出,我国税收立法权横向配置的主要问题实质上是授权立法滥用的问题,解决此问题的唯一出路是税收立法权向全国人大适度集中;我国税收立法权纵向配置的主要问题实质是地方没有税收立法权问题。作者指出,税收立法权的宪法约束、利益冲突的整合以及民意表达机制的建立是建构我国税收立法权约束机制的重要方面。随着全面依法治国的深入推进与地方财税意识的高涨,对我国税收立法权相关问题的研究将有助于进一步科学配置我国的税收立法权,从而既有助于规范我国的税收立法体系,也有助于规范地方非税收入的行为,更有助于保障纳税人的基本权利。②

鉴于立法权的科学配置在我国的研究尚处于初始阶段,尚未真正进入各个具体层面,而前已述及,我国正经历着巨大的社会转型,依法治国建设社会主义法治国家,是大势所趋,在这种情况下,我们十分有必要将研究的领域拓展到实践层面,针对实践中的问题,开展对应的课题研究。当前值得进一步开展的实践命题主要有以下几个方面:

(1) 地方立法权扩容背景下的地方立法权的科学配置。《立法法》修订后,赋予设区的市地方立法权,并规定设区的市的人民代表大会及其常务委员会根据本市的具体情况和实际需要,在不同宪法、法律、行政法规和本省、自治区的地方性法规相抵触的前提下,可以对城乡建设与管理、环境保护、历史文化保护等方面的事项制定地方性法规。地方立法权的扩容带来的几个关键问题是:第一,地方立法权扩容后如何科学配置地方立法事项,现有的三个立法事项约束是否充足?如何确保地方立法权扩容后的配置不至于沦为地方保护主义的挡箭牌?第二,地方立

---

① 参见刘剑文主编:《税法学》(第四版),北京大学出版社 2010 年版,第 122—124 页。
② 参见尹守香:《我国税收立法权配置问题研究》,首都经济贸易大学 2013 年博士学位论文,第 49、51—54、98—99 页。

法权运行的结果如何确保发挥立法的最大化效益,而非再次重复立法? 第三,地方立法权运行过程需要遵守什么样的立法程序,如何与上位地方立法权保持协调,不抵触上位法? 此外,伴随地方立法权扩容带来的一系列围绕立法权的配置相关的主体、程序、权限、责任问题都可能在将来的实践中产生,如何解决这些问题,有赖于进一步的深化研究。

(2) 区域协同发展下的地方立法权科学配置问题。随着我国区域经济一体化进程加快,区域内产生的一些共同问题,如大气污染、水污染,环境保护等议题无法按照现有的行政区划得到有效治理。在通过立法调整行政规划不太可能的情况下,开展区域协作,共同应对区域公共问题,是一个可行的选择。实践中,我国珠三角、长三角、东三省、京津冀区域都已经开始尝试不同程度的区域协作。如何在法制层面保障这种区域合作,为区域公共治理提供合法性依据,是地方立法权配置所需要应对的新课题。既有的关于区域协作立法的研究中,主要是以陈光博士的《区域立法协调机制的理论建构》①、陈俊教授的《区域一体化进程中的地方立法协调机制研究》②,王春业教授的《我国经济区域法制一体化》③《区域合作背景下地方联合立法研究》④作为主要成果,这些成果主要以区域法治协调为理论视角,建构了相应的理论模型,以指导我国区域的一体化法治实践。在此基础上,本课题拟从区域协同发展视角,对区域地方立法权的科学配置问题展开研究。地方立法权的配置不仅要讲求纵向的协调,同时也要重视在区域协同发展背景下的横向协调,这种协调将有助于发挥地方立法权的协同效应,最大化地消除地方立法权设置中的藩篱与壁垒,推进区域发展的进程。

(3) 依法治军视野下军事立法权的科学配置研究。我国学者对于军事立法权的研究主要从以下几个方面展开:第一,研究军事立法权的宪法基础。刘春玲在《论我国军事机关立法权的宪法基础——一个文本与制

---

① 陈光:《区域立法协调机制的理论建构》,人民出版社 2014 年版。
② 陈俊:《区域一体化进程中的地方立法协调机制研究》,法律出版社 2013 年版。
③ 王春业:《我国经济区域法制一体化研究》,人民出版社 2010 年版。
④ 王春业:《区域合作背景下地方联合立法研究》,中国经济出版社 2014 年版。

度的二元分析框架》一文中指出,我国宪法文本未直接规定军事机关立法权,并不能说明此权力违宪,现行宪法文本中存在军事机关享有立法权的规范基础与法理逻辑。而且,军事机关享有立法权为中国特色立法体制客观组成的事实,应该是法律治理功能于我国宪法秩序作用下的良性补充与自我整型,是我国立法制度必要的形态选择和现实拓展。① 第二,研究军事机关立法权的《立法法》规范问题。学者刘华认为,军事机关立法权是国家立法权的重要组成部分,应纳入统一的国家立法规范。当前,军事机关立法权在权力本源、行使依据和立法体例等方面面临着诸多现实困境与挑战。应按照"构建完善的中国特色军事法治体系,提高国防和军队建设法治化水平"的总体要求,立足我国的军事立法体制和军事立法实践,对军事机关立法权的《立法法》规范进行深入研究,寻找解因路径,并对体例设计和内容规范提出具体完善对策。② 第三,研究军事立法新趋向。汪保康、刘瓅黎在《依法治军背景下我国军事立法的新趋向》一文中,把我国军事立法改革的新趋势概括为:平时军法"战时化"、保密法规相对"公开化"、国际武装冲突法"国内化"、军事立法技术"科学化"以及战时军人行动手册"法典化"。作者认为,依法治军背景下的军事立法必须顺应新的趋势,把握其中的规律和特点,最终为我军形成强大战斗力、取得战争胜利提供有力保障。③ 上述代表性的研究成果,至少为我们开拓了新的视野,为具体的立法权运作实践提供了新的课题。军事立法权的科学配置将进一步深化对中国特色的军事法治体系的研究,加快中国特色的军事法治体系现代化的步伐。

此外,我国传统的民族自治地区的立法权科学配置问题、经济特区立法权的科学配置问题,都将是需要进一步挖掘的命题。本课题将对上述问题展开深入的研究,以期拓展对我国立法权科学配置问题的认识。

---

① 参见刘春玲:《论我国军事机关立法权的宪法基础——一个文本与制度的二元分析框架》,载《云南大学学报(法学版)》2013年第6期,第13页。
② 参见刘华:《论我国军事机关立法权的〈立法法〉规范》,载《南京政治学院学报》2015年第2期,第118—121页。
③ 参见汪保康、刘瓅黎:《依法治军背景下我国军事立法的新趋向》,载《南京政治学院学报》2015年第2期,第105—111页。

（三）对既有研究的总体评价

现有的研究对于立法权理论、立法权变迁理论、立法权配置理论都进行了有益的探索，并且各个理论对于我们深化对立法权的认识具有重要意义，对于不同国家不同国情下，采用的不同立法权配置模式及其背景都有相关的阐释，避免了一叶障目不见泰山。鉴于我国正处于全面深化改革的历史时期，我国当下采用的集权分权模式能否继续发挥调动两个积极性的功能，现有的立法权配置模式能否回应经济社会变迁的需要，是需要进一步探讨的问题。描述并提炼出科学、理性的立法权配置模式，对于推动我国法治建设，推进中央与地方关系的法治化具有重要意义。同时，如何处理党的领导与立法权配置的关系，如何区分重大事项决定权与立法权之间的关系，民主集中制能否在中央立法权与地方立法权的配置中适用，立法权的科学配置是否可以吸纳比例原则仍然是需要进一步论证的问题。由经济社会变迁产生的立法权科学配置的实践命题也有赖于我们进一步思考，在地方立法权扩容、区域协同发展、全球化深入推进、依法治军等背景下，如何对立法权展开科学配置，使得立法权的权力结构达到一种相对协调状态，真正落实我国依法治国的宏伟目标。

三、研究思路

（一）以习近平法治思想指导立法权科学配置研究

党的十八大以来，习近平总书记创造性地提出了关于全面依法治国的一系列新理念新思想新战略，形成了内涵丰富、科学系统的思想体系，为建设法治中国指明了前进方向。2020年11月16日至17日，党的历史上首次召开的中央全面依法治国工作会议，将习近平法治思想明确为全面依法治国的指导思想。习近平法治思想深刻总结了共产党依法执政规律、社会主义法治建设规律、人类社会法治文明发展规律，集中展现了马克思主义法治理论在新时代中国实践的光辉成果，是马克思主义法治理论中国化的重大历史性飞跃，为新时代坚持和发展中国特色社主义擘画出壮阔的法治图景。①

习近平法治思想对于立法权科学配置研究有两方面指导意义。一是整个研究应着眼于对科学性的探究。科学性始终是习近平法治思想的重要属性之一。全面依法治国的基本框架和总体布局即要求:"坚持依法治国、依法执政、依法行政共同推进,坚持法治国家、法治政府、法治社会一体建设,实现科学立法、严格执法、公正司法、全民守法。"②习近平法治思想也要求以科学理论指导全面依法治国的各项工作。因而,探究立法权配置问题也必须紧扣"科学性"这一要点。《中共中央关于全面推进依法治国若干重大问题的决定》中提出:"使每一项立法都符合宪法精神、反映人民意志、得到人民拥护。要把公正、公平、公开原则贯穿立法全过程,完善立法体制机制,坚持立改废释并举,增强法律法规的及时性、系统性、针对性、有效性。"这正是对于立法的科学性的具体阐释。故而科学性又可以具体分解为合宪性、民主性、公正性、合理性等多个方面。研究立法权的科学配置,也需要应用上述判断标准,着重于研究立法权的配置是否具有宪法依据,是否反映人民意志,是否能够实现公平正义,是否及时有效等问题。

二是立法权科学配置研究还应当注重配置的系统性问题。习近平法治思想提出,全面推进依法治国的总目标是"建设中国特色社会主义法治体系,建设社会主义法治国家"。③ 而完备的立法体系正是中国特色社会主义法治体系的组成部分之一。④ 通过赋予所有设区的市地方立法权,我国日渐形成了从中央到地方的完整立法体系。⑤ 而立法体制实质上就是关于立法权配置与运行的制度体系,是国家立法制度的核心

---

① 参见赵承等:《为千秋伟业夯基固本——习近平法治思想引领新时代全面依法治国纪实》,载《人民日报》2020年11月19日,第1、4版。
② 同上注。
③ 参见赵承等:《为千秋伟业夯基固本——习近平法治思想引领新时代全面依法治国纪实》,载《人民日报》2020年11月19日,第1、4版。
④ 参见王旭:《习近平法治思想的原创性方法贡献》,载《中国社会科学报》2020年12月29日,第11版。
⑤ 参见赵承等:《为千秋伟业夯基固本——习近平法治思想引领新时代全面依法治国纪实》,载《人民日报》2020年11月19日,第1、4版。

内容。① 因此,研究我国的立法权科学配置问题必须从我国的立法体系出发,重点探讨立法权在各个立法主体之间配置时的系统协调问题。习近平总书记对此指出:"全国人大及其常委会要加强重点领域立法,拓展人民有序参与立法途径,通过完备的法律推动宪法实施,保证宪法确立的制度和原则得到落实。国务院和有立法权的地方人大及其常委会要抓紧制定和修改与法律相配套的行政法规和地方性法规,保证宪法和法律得到有效实施。"② 故而本研究也以全国人大、国务院及各地方人大的立法权科学配置为主要研究内容,重点考察国家立法权、行政立法权和地方立法权的科学配置问题。

(二) 研究思路

本书共分为八章。

第一章是整个研究的理论准备。通过对古代和近代立法权观念的比较,及对立法权和制宪权、重大事项决定权等类似权力的比较,分析立法权的权力属性、范围,界定"立法权科学配置"这一概念的内涵,作为下文论述的基础。

第二章讨论我国执政党在立法活动中的领导权问题。通过对党与人大的关系的分析,厘清党领导立法的方式、党的立法领导权的具体内涵,重点论述了党的领导权在立法权配置中的科学性的体现。

第三章分析我国国家立法权在全国人大及其常委会中的科学配置问题。本章以比较扎实的数据统计为基础,总结全国人大及其常委会之间的立法分工实践,分析得失,提出完善国家立法权配置的改革建议。

第四章讨论我国国务院的行政立法权的科学配置问题。结合国务院的行政立法实践,重点分析了国务院立法权配置的宪法依据问题,并针对行政立法权的扩张趋势提出了相应的监督措施建议。

地方立法权扩容是进入中国特色社会主义新时代以来我国立法权

---

① 参见公丕祥:《习近平立法思想论要》,载《法律科学(西北政法大学学报)》2017年第6期,第5页。
② 习近平:《在首都各界纪念现行宪法公布施行三十周年大会上的讲话》,载中共中央文献研究室编:《十八大以来重要文献选编(上)》,中央文献出版社2014年版,第90页。

配置中的重大改革,也是我国立法体系走向完备的重要体现之一。本书第五章至第七章用三章篇幅对地方立法权科学配置问题进行详细讨论。第五章作为这三章的一个小概论,梳理了我国央地立法权配置的历史变迁,通过总结变迁规律,提炼出我国地方立法权配置的科学性标准,并以此考察当前地方立法权配置的科学性问题。

第六章重点研究我国区域一体化中的立法权科学配置问题。区域联合立法是我国近年来地方立法体制改革的亮点之一,充分体现了我国立法体制的科学性、系统性。本章以京津冀和粤港澳大湾区两片区域的联合立法实践为依托,归纳比较两区域的地方立法权配置模式差异,提出相应改革建议。

第七章专题讨论民族区域自治地方的立法权科学配置。本章以央地分权问题为研究焦点,通过对民族自治地方和一般地方的立法权配置的比较,对如何在民族自治机关和上级国家机关之间科学配置立法权提出了相应建议。

我国军事立法体制改革也是十八大以来立法体制的重大变革之一。本书第八章对军事立法权的科学配置问题进行专项研究。该章在系统整理我国军事立法权配置的规范依据和实践经验的基础上,重点论证了军事立法体制改革后军事立法权配置的科学性、体系性问题。

进入中国特色社会主义新时代以来,我国立法体制改革进程迅猛,一日千里。本研究历时数年,其间不断根据改革发展和法治建设进程补充资料、完善观点。但囿于学术研究的滞后性和课题的结题出版周期,于时效性上终难免欠缺。望读者详察。

第一章 立法权原理与立法权的科学配置

第一节 立法权的本质

一、西方古代立法活动与现代立法权的差异

立法是现代国家最常见的国家治理行为之一,也是国家权力最重要的组成部分之一。然而,这种现代人熟知的、具有国家主权性质的立法权并不是与国家法律同步出现的。在人类社会之中,法律的出现远远早于立法。① 一些文明古国在公元前就已经产生了法律,而现代立法权观念却是16世纪的产物。故而,要理解现代的"立法权"的本质,首先要明了其与古代立法活动的差异。

(一)"发现"法律

1. 古代近东与西方的习惯法传统

人类早期法律的源头都可以追溯到习惯法。当今存世最早的法典是公元前18世纪古巴比伦王国的《汉谟拉比法典》。法国学者通过对《汉谟拉比法典》以及同时期美索不达米亚地区法律的研究发现:美索不达米亚法律本质上并非成文法。不成文并不意味着法律不存在或不为人知晓,而是指法律以许可或禁忌的习俗形式,融合在传统之中,通过一代代人的口耳相传得到传播。因而有观点认为,美索不达米亚的法律"首先不是一种阐述,不是文本,而是一种倾向,一种精神"。《汉谟拉比

---

① 参见〔英〕弗里德利希·冯·哈耶克:《法律、立法与自由》(第一卷),邓正来、张守东、李静冰译,中国大百科全书出版社2000年版,第113—115页。

法典》也不是对法律的汇编,而是对"裁决"的汇编,是国王对单个案例中首次出现的问题提出的解决办法,以填补习俗的真空。① 因而《汉谟拉比法典》涉及的是对传统习俗的解释和修正,而非现代意义上的立法。

作为人的主观意志而非习俗的产物的法律,最早是在古希腊蓬勃发展起来的。② 这是因为古希腊人用理性思维区分了"自然"(physis)和"习俗"(nomos)。③ 此处所称的"自然"指宇宙万物的本质或神性,其处于人的理性所能理解的范畴之外。"习俗"则包含了习惯法和人制定的法律,它们只是人的理性对自然本质的反映与把握,因而也可以运用理性来改变。早在盲诗人荷马生活的古希腊早期,民间观念已经认为:"正义"由神执掌,国王等立法者应当用他们颁布的法律来伸张正义;但国王和贵族也可能胡作非为,制定出歪曲的法律。④ 这种观念将"正义"置于"法律"之上,"正义"成为了古老的高级法。这就产生了最早的自然法与人定法的冲突。

古希腊著名悲剧《安提戈涅》正是这一冲突的经典体现:安提戈涅的哥哥在争夺忒拜城统治权的战争中战死。忒拜国王克瑞翁下令禁止将其收尸安葬,违者处死。安提戈涅认为克瑞翁的禁令违背了神的法律,因而主动违反禁令,为哥哥举办了葬礼。在剧中,安提戈涅对克瑞翁说道:

> 那个命令不是上帝的命令。与上帝同在的正义并不知道如此法律。我认为你的法令不足以推翻上帝和天堂不成文的、永恒的法律,你只不过是一个普通人。它们既不是昨天的,也不是今天的,而是永恒的法律,尽管没有人知道它们来自何方。

---

① 参见〔法〕菲利普·内莫:《民主与城邦的衰落——古希腊政治思想史讲稿》,张竝译,华东师范大学出版社2011年版,第17—18页。
② 参见〔英〕弗里德利希·冯·哈耶克:《法律、立法与自由》(第一卷),邓正来、张守东、李静冰译,中国大百科全书出版社2000年版,第127页。
③ 参见〔法〕菲利普·内莫:《民主与城邦的衰落——古希腊政治思想史讲稿》,张竝译,华东师范大学出版社2011年版,第34页。
④ 参见〔法〕菲利普·内莫:《民主与城邦的衰落——古希腊政治思想史讲稿》,张竝译,华东师范大学出版社2011年版,第52—54页。

我不能在上帝面前犯罪,所有人都这样。①

安提戈涅在神的法律与人定法之间选择了遵循神法,随后自杀身亡。克瑞翁的作为也招致了神的惩罚:他的妻儿都因此自杀。这样的情节安排也体现出当时观念对于克瑞翁以人定法悖逆神法这种做法的厌弃。可见,古希腊时期虽然出现了执政者有意识的立法,但在一般观念中,这种立法仍处于更古老的传统的拘束之下。

罗马法是西方法律的第一次辉煌阶段,古罗马的法律编纂活动也盛极一时。但这种立法活动仍发端于习惯法。作为罗马法之滥觞的《十二铜表法》是以书面形式对习惯法和口传法的记录整理。② 这一法律编纂工作的意义不是创设法律,而是把长期流传的习惯固定为确切的规范。③

意大利学者的研究表明,罗马的市民法是一种自发出现的制度,是一种活生生的习俗,而且这种习俗与宗教有密切联系。在城邦发展为成熟的政治体的过程中,习俗不断与城邦法相结合,日益世俗化。法律的解释权逐渐从宗教祭司转移到法学家手中。这种对法的解释权并非创设性的权力,法学家的解释必须以法的存在为前提。

除了自然形成的,主要调整私法关系的市民法(ius)之外,古罗马还存在由人制定和颁布的法律(lex)。这些法律主要涉及国家的结构和生活,而不直接涉及市民法调整的关系。这些法律既包括由执政官单方面制定和发布的规范,也包括"约法"——被统治的平民阶层和统治者经过谈判而共同通过的治理规则。它们近似于后世的公法。但这些法律的效力以市民法的存在为前提,它们不能直接变通或修改市民法。④ 可

---

① 〔古希腊〕索福克勒斯:《安提戈涅》,译文转引自〔英〕韦恩·莫里森:《法理学:从古希腊到后现代》,李桂林、李清伟等译,武汉大学出版社 2003 年版,第 24 页。
② 参见〔法〕菲利普·内莫:《罗马法与帝国的遗产——古罗马政治思想史讲稿》,张竝译,华东师范大学出版社 2011 年版,第 78 页。
③ 参见〔意〕朱塞佩·格罗索:《罗马法史》,黄风译,中国政法大学出版社 1994 年版,第 79—82、100 页。
④ 参见〔意〕朱塞佩·格罗索:《罗马法史》,黄风译,中国政法大学出版社 1994 年版,第 95—109 页。

见在罗马法之中,习惯法仍然维持着相对于人定法的优位。

因而,西方文明早期是一个习惯法占据优势地位的时代,正是在这个意义上,英国思想家哈耶克指出,所有早期的"法律给予者",无论乌尔纳姆(Ur-Nammu)和汉谟拉比,还是梭伦、吕枯耳戈斯(Lycurgus)以及《十二铜表法》的作者们,"都不意在创制新的法律,而只是要陈述法律是什么及其始终是什么"。①

2. 中世纪欧洲的习惯法传统

西罗马帝国崩溃之后,中世纪的西欧全面转入了一个习惯法统治的时代。英国学者提出:日耳曼法中最古老的法律被称为"蛮族法"(Leges Barbarorum),但这一叫法具有很大误导性。"蛮族法"并非立法,而仅仅是对习俗的记录。即便最有意识模仿罗马法的法兰克王国,起初也没有进行过什么立法尝试。尽管大多数情况下,法律由国王下令编纂和颁布;国王在汇编法律时还很可能借机对法律进行修改,加入个人的意志。但总体上,国王或世俗国家作为立法主体的观念还远未出现。在10世纪的英格兰,尽管已经产生了强大的君主制王权,人们仍把法律视为一种有待发现的真相,而非需要强制执行的法律。② 故而美国法律史学者伯尔曼指出:直到11世纪晚期,西欧国王极少主动制定习惯法;国王偶尔颁布成文的法律汇编,陈述那些需要被更好地了解或被更牢固地确立的习惯,但它们不是近代意义上的立法,而更像是有关保持安宁、实现公平和停止犯罪的告诫。③ 英国学者也认为:"中世纪早期的法典不是立法行为,而是习惯的记录。"④这种记录的目的,是以成文形式清晰表达出已经存在的习俗,以求得人们对该项规则存在的明确认可,而不是

---

① 〔英〕弗里德利希·冯·哈耶克:《法律、立法与自由》(第一卷),邓正来、张守东、李静冰译,中国大百科全书出版社2000年版,第126页。
② 参见〔英〕爱德华·甄克斯:《中世纪的法律与政治》,屈文生、任海涛译,中国政法大学出版社2010年版,第5—6页。
③ 参见〔美〕哈罗德·J.伯尔曼:《法律与革命:西方法律传统的形成》(第一卷),贺卫方、高鸿钧等译,法律出版社2008年版,第64页。
④ 〔英〕A.J.卡莱尔:《中世纪政治思想的特质》,载马德普主编:《中西政治文化论丛(第2辑)》,天津人民出版社2002年版,第194页。

创制新的规则。①

13世纪,日耳曼诸王国中的国王立法权重新兴起。② 但国王颁布的法律的性质,按英国法律史学家梅特兰的分析,与其说是法(leges),不如说是特权(privilegia);它们并不是在确立一般性的规则,而是在针对个案提出处理意见。③ 而且和古希腊及古罗马时代一样,这种人定法同样受到自然法的约束。英美学者研究发现,在13世纪的英格兰,"国王在法律之下"这一观念中的"法"(lex)一词既指自然法,也包括人定法(leges humanae)中与神圣法相符合,且已经过数代人持续同意而核准的部分。④ 通过这一观念,自然法仍维持着对人定法的高级法地位。

习惯法的效力源于它的古老。前引《安提戈涅》中的对白即强调神的法律"不是昨天的,也不是今天的,而是永恒的","没有人知道它们来自何方"。在中世纪,"新法律"一词本身就是语词矛盾。法律必然是古老的,古老的法律才是真正的法律。新颁布的法令只能是对古老法律的阐释和推演,如果它和古老的法律相冲突,那就不是法律而是违法。⑤ 因而习惯法是不可能被创立的,它只能被发现。中世纪的西欧,封建领主执行庄园法之时,如果人们对法的内容有异议,只能去书记室或采邑法院的登记簿中寻找过去的记录;如果仍然不能解决疑问,就要把采邑中的人都召集

---

① 参见〔英〕弗里德利希·冯·哈耶克:《法律、立法与自由》(第一卷),邓正来、张守东、李静冰译,中国大百科全书出版社2000年版,第121—122页。
② 参见〔英〕爱德华·甄克斯:《中世纪的法律与政治》,屈文生、任海涛译,中国政法大学出版社2010年版,第15页。
③ 参见〔英〕梅特兰:《英格兰宪政史》,李红海译,中国政法大学出版社2010年版,第246页。梅特兰这段论述是针对英国议会立法而言。但他指出,议会的这项权力是在光荣革命后由国王手中移交而来。因而这段评论同样可视为对中世纪英国国王立法的分析。参见〔英〕弗里德利希·冯·哈耶克:《法律、立法与自由》(第一卷),邓正来、张守东、李静冰译,中国大百科全书出版社2000年版,第139页。
④ 参见〔德〕恩内斯特·康托洛维茨:《国王的两个身体——中世纪政治神学研究》,徐震宇译,华东师范大学出版社2018年版,第254页。
⑤ 参见陈颐:《立法主权与近代国家的建构:以近代早期法国法律史为中心》,法律出版社2008年版,第5—6页;〔英〕弗里德利希·冯·哈耶克:《法律、立法与自由》(第一卷),邓正来、张守东、李静冰译,中国大百科全书出版社2000年版,第129—130页。

起来,举行"大众询问",以调查的方式来确定法律的内容。① 法国学者也指出:13 世纪时,遇有疑案发生,犹常召集老人,叩以从前遇有此类案件如何裁决。②

综上所述,从美索不达米亚法开始,历经古希腊、古罗马延续到中世纪西欧的法律汇编活动,也即是对习惯法的调查与整理的过程。这个过程,就是"发现"法律。它与今天我们所说的"立法"的本质区别在于:这种被"发现"的法律体现的是古老的经验和若干代人的智慧的累积,而不是某些特定的立法者的主观意志。

(二) 立法者的身份多样化

既然法律被看作一种有待"发现"的客观存在之物,那么发现法律的权力就并不必然垄断在执政者手中。法国学者认为以《汉谟拉比法典》为代表的美索不达米亚法律带有神法的特征,国王兼有祭司的身份,从而垄断了对神法的阐释权。③ 但古希腊的理性主义哲学兴起后,神人合一的统治观念即告式微。对"正义"的阐释权不再定于一尊。荷马史诗《伊利亚特》中描述的诉讼场景是:

> [长老们在广场上]手举权杖站起身,依次作出决断。广场中央的地上摆着整整两塔兰特黄金;他们谁解释法律最公正,黄金就奖给他。④

这一场景仍带有宗教仪式的性质,但不同长老的阐释已经存在差异与竞争。阐释权的分化意味着人们可以就此公开讨论、提出不同意

---

① 参见〔英〕爱德华·甄克斯:《中世纪的法律与政治》,屈文生、任海涛译,中国政法大学出版社 2010 年版,第 16 页。
② 参见〔法〕Charles Seignobos:《中古及近代文化史》,陈建民译,商务印书馆 1935 年版,第 74 页。
③ 参见〔法〕菲利普·内莫:《民主与城邦的衰落——古希腊政治思想史讲稿》,张竝译,华东师范大学出版社 2011 年版,第 19—25 页。
④ 参见〔古希腊〕荷马:《伊利亚特》,译文转引自〔法〕菲利普·内莫:《民主与城邦的衰落——古希腊政治思想史讲稿》,张竝译,华东师范大学出版社 2011 年版,第 49 页。

见,直至进行投票。雅典民主制由此肇始。① 进而,法律的阐释者不再需要拥有宗教身份,而只需要具有理性和智慧即可。早期希腊城邦涌现出被称为"七贤"的立法者,如雅典的梭伦、米利都的泰勒斯等,他们以公民的身份参与政治活动,被赋予政治权力,进而颁布法律。亚里士多德对"七贤"的评价是:

> 他们创建了法律以及将城邦各个部分组合起来的所有关系;他们将此种创造命名为智慧;正是由于七贤拥有此种智慧,所以他们才创造了公民自身的美德。②

显然,在亚里士多德看来,"七贤"创制法律的资格并非附属于他们的执政权,而是系之于他们的智慧。而在《安提戈涅》之中,克瑞翁强调他的命令必须被遵守之时,同样从统治者的德性上寻找依据:

> 国家制定的法令必须得到遵守,不管事情的大小,不管是对——还是错。毫无疑问,统治者将是最贤明的君王,或,为此他是最坚定的国民。③

古希腊观念要求立法者具有智慧与贤明的才能,正是因为人定法受到自然法的拘束。智慧与德性,而非统治者的身份,是人定法得以与自然法保持一致的前提。

罗马法将法学家对法律的阐释权推到了一个高峰。为了在具体案件之中应用市民法,法律解释是必不可少的。《十二铜表法》之前的古罗马早期,对法律的解释权仍由祭司垄断。但《十二铜表法》已经开始打破这种垄断权。将习惯法汇编并公之于众就是对祭司任意解释的限制。平民不断要求将关于法律的知识与解释公之于众,这推动了罗马法的世俗化

---

① 参见〔法〕菲利普·内莫:《民主与城邦的衰落——古希腊政治思想史讲稿》,张竝译,华东师范大学出版社 2011 年版,第 34—35 页。
② 参见〔法〕菲利普·内莫:《民主与城邦的衰落——古希腊政治思想史讲稿》,张竝译,华东师范大学出版社 2011 年版,第 75 页。
③ 〔古希腊〕索福克里斯:《安提戈涅》,译文转引自〔英〕韦恩·莫里森:《法理学:从古希腊到后现代》,李桂林、李清伟等译,武汉大学出版社 2003 年版,第 24 页。

和民主化。《福劳维法》(ius Flavianum)的颁布和第一位出身平民阶层的祭司提比留·科伦卡尼(Tiberio Coruncanio)推行公开裁判的做法,加快了罗马法的世俗化进程。独立于祭司阶层之外的法学家阶层随之成长起来。

《学说汇纂》D. 1. 2. 2. 5 将市民法定义为"法学家创造的不成文法",D. 1. 2. 2. 12 中又定义市民法是"仅由法学家的解释所构成的不成文法"。① 公元前 3 世纪末期出现了第一批罗马法学者的名字。最初的法学家往往出身祭司阶层,但到罗马共和国末期,学者的出身越来越多样化。公元前 2 世纪末期,法学家中甚至出现了东方人。早期的法学家出身祭司或元老阶层,往往身兼行政官职。宗教和政治权力赋予了他们对法律的解释的效力。当法学家的身份扩展到平民之中时,奥古斯都曾有赋予一些著名法学家以"法律解答权"(jus respondendi)。他曾宣布五大法学家的解答和著作具有法律效力。五人意见不一致时,以多数意见为准;不同意见人数相等时,以帕比尼安(Papinianus)的意见为准;帕比尼安未发表意见时才能由法官自由裁量。② 哈德良皇帝也曾下令,如果受特命保护的法学家们的解答没有自相矛盾,法官就必须接受。③ 故而哈耶克指出,在古罗马私法的发展过程中,是法学家的意见而非法官的判决起了决定作用;直到拜占庭时期,罗马法的发展成果才被查士丁尼指示编纂成法律汇编;遗憾的是,查士丁尼的这项举动却被后世误认为罗马法是统治者的创造并反映了统治者的意志。④

中世纪西欧的封建制导致了司法权与行政权的极度分散,法律编纂权也随之碎片化。公元 6 世纪早期的第一部勃艮第法典《冈都巴德敕令集》(Lex Gundobada)由 31 位伯爵印章确认通过。阿勒曼尼人的第一部

---

① 《学说汇纂》(第一卷),罗智敏译,中国政法大学出版社 2008 年版,第 25,29 页。
② 参见江平:《罗马法精神在中国的复兴》,载中国法制出版社编:《民法总则论文选萃》,中国法制出版社 2004 年版,第 150 页。
③ 参见[法]菲利普·内莫:《罗马法与帝国的遗产——古罗马政治思想史讲稿》,张立译,华东师范大学出版社 2011 年版,第 94—95 页。
④ 参见[英]弗里德利希·冯·哈耶克:《法律、立法与自由》(第一卷),邓正来、张守东、李静冰译,中国大百科全书出版社 2000 年版,第 129 页。

法典《约章》(Pactus)或称《公约》(Agreement)起源于8世纪早期,编纂者包括国王和130多位主教、公爵、伯爵。① 英国在诺曼征服之后产生的三部法律汇编《忏悔者爱德华之法》(Leges Edwardi Confessoris)、《威廉一世之法》(Leges Willelmi Primi)和《亨利一世之法》(Leges Henrici Primi)的作者身份不明,但可以确定出自私人之手。② 13世纪初德意志普通法的重要渊源《萨克森明镜》的作者是一位出身骑士阶层的陪审官。③ 在教会法之中,12世纪编纂的《格拉提安教令集》(Decretum Gratiani)出自一位本笃会修士格拉提安之手,但也成为了教会法的权威著作。

相应的,中世纪对法律的阐释权也分散到了大大小小不同领主手中。领主裁判时,封建领主执行的是采邑法,而不是地区法、国王的法律或民众大会通过的法律。采邑法义是法院之法,如12世纪的《耶路撒冷法典》(Assises de Jérusalem)包括了"最高法院法""低等法院法"或"市民法院法",每一个法院都有自己的法律。④

现代的立法权只能由主权者的代表来行使:无论是近代君主制国家的君主,还是人民主权国家中的议会,他们的立法权均来自于他们作为主权代表的身份。然而在古代西方,作为主权者的立法者是不存在的。发现法律的方式是编纂和阐释法律,这种资格或源于宗教神权,或源于智识、德性、阶层乃至职业。立法者可能具有多种多样的身份,他们的成果都可能具有法律效力。

(三)司法治国

既然古代西方的立法活动并未被主权者所垄断,立法在这一时期也

---

① 参见〔英〕爱德华·甄克斯:《中世纪的法律与政治》,屈文生、任海涛译,中国政法大学出版社2010年版,第6页。
② 参见〔英〕梅特兰:《英格兰宪政史》,李红海译,中国政法大学出版社2010年版,第8页。
③ 参见〔美〕哈罗德·J.伯尔曼:《法律与革命:西方法律传统的形成》(第一卷),贺卫方、高鸿钧等译,法律出版社2008年版,第489页。
④ 参见〔英〕爱德华·甄克斯:《中世纪的法律与政治》,屈文生、任海涛译,中国政法大学出版社2010年版,第16—18页。

就无法成为最高统治权的标志。古代的统治权不是体现在立法之中,而是体现在司法之中。这一点在中世纪体现得尤其明显。美国宪法学者麦基文指出:"中世纪'统治'主要是一个解释性的行为,在这里,我们所谓的'行政'和'立法'部门服从于我们所谓的'司法'部门。"①英国学者也认为:中世纪的世俗政府本质上是"司法"的执行者,司法是政治权力的核心形态,政治权力被看作完全解释和运用现存法律的单一的司法职能。②

这种特征在中世纪的英格兰表现为行政的司法化。由于英格兰的历史及地理特点,英格兰的中央集权过程既不是通过武力进行军事征服,也不是通过科层制的地方官僚代理人来实行的。③ 亨利二世执政末期确立了王室法官的全国巡回制度;理查一世在位期间,中央普通法院开始直接受理各地诉至威斯敏斯特的案件;爱德华一世时期,中央王室法院和巡回法庭构筑起统一的中央司法体系。④ 英格兰中央司法体系的强化首先引发了中央司法权与领主法庭的管辖权竞争。亨利二世时期推行"安茹改革",采用"新近侵占之诉令状"改良了王室法庭的诉讼程序,将大量原本属于领主法庭审理的案件吸纳到王室法庭,从而事实上削弱了地方领主的权力。⑤ 底层民众可以直接向巡回法庭申请复核地方事务,使得中央王权能够越过科层制官僚,直接向地方的底层社会宣示其存在,从而赢得底层民众对国家观念的认同和效忠。⑥ 中央集权进程中,司法成为了英国王权最核心的代表。在这个意义上,对中世纪

---

① Charles H. McIlwain, The Gravth of Political Thought in the West from the Greeks to the End of the Middle Age, The macmillan Company, 1932, P.284,转引自陈颐:《立法主权与近代国家的建构:以近代早期法国法律史为中心》,法律出版社2008年版,第7页。

② 参见〔英〕佩里·安德森:《从古代到封建主义的过渡》,郭方、刘健译,上海人民出版社2001年版,第156页。

③ 参见李栋:《通过司法限制权力:英格兰司法的成长与宪政的生成》,北京大学出版社2011年版,第80—100页

④ 参见周威:《英格兰的早期治理:11—13世纪英格兰治理模式的竞争性选择》,北京大学出版社2008年版,第129—131页。

⑤ 参见于明:《司法治国:英国法庭的政治史(1154—1701)》,法律出版社2015年版,第86—96页。

⑥ 参见于明:《司法治国:英国法庭的政治史(1154—1701)》,法律出版社2015年版,第142—145页。

的思想家来说,"国王首先是一位法官"。①

中世纪后期的法国,王室法院也充当着高度组织化的常规治理机构。法国国王的御前会议更大程度上只是一个中央决策机构,它的决策依赖于各种王室法院的常规治理来贯彻实施,几乎所有现代观念中的纯粹行政事务都是由王室法院来管理的。与英国相似,巴黎高等法院(巴列门,parlement)也竭力挤压了封建领主法庭的管辖权。通过"王室事由"(cas royaux)制度、"恩典事由制度"(institution de cas privilégiés)、"辖区管辖制度"(institution de cas de ressort)及上诉制度,巴列门逐步剥夺了地方封建领主法庭、市镇法庭和教会法庭的司法权,确立了地方法院对王室法院的依附关系。故而法国学者指出:如果没有巴列门,法国就会像德国和意大利一样成为一个分崩离析的国家。正是通过巴列门的中介,法国国王的王室权威才压倒了封建制度,将法国整合为一体,成为整个国家的象征。②

这种最高统治权与司法权的结合在现代主权体系中是罕见的。现代人民主权往往采用代议制,当然表现为立法权(及宪政制度兴起后产生的制宪权)。可以说,民意代表机关的制宪权及立法权是现代主权最主要的表现形式。但这种现代人习以为常的立法权观念,在古代西方并不存在。

二、现代立法权的本质

16世纪法国政治学者让·博丹通常被视为主权理论的缔造者。博丹首先将国家的概念诉诸主权者和公民的关系:只有在公民都服从于一个共同的主权者统治的情况下,国家才能存在。而主权则被博丹定义为"不受法律约束的,对公民和臣民进行统治的最高权力"。之所不受法律约束,是因为主权者本身就是法律的渊源。国家的法律就是主权者

---

① 参见陈颐:《立法主权与近代国家的建构:以近代早期法国法律史为中心》,法律出版社2008年版,第105—106页。
② 参见陈颐:《立法主权与近代国家的建构:以近代早期法国法律史为中心》,法律出版社2008年版,第14—26页。

的命令,因此,对发布命令的权力作出的任何限制都必然超越了法律的权限。博丹认为:主权的首要特性就是主权者拥有不必经他人同意,就可以对公民个体或集体颁布命令的权力。而古代君主的其他权力,如宣战及媾和权、委任官员权、终审权、铸币权、征税权等,在博丹看来都是主权者居于国家元首这一法律地位的后果。博丹进而认为,主权者可以控制习惯法,主权者通过允许习惯法继续存在的方式而批准了它。因此主权者的立法可以改变习惯,习惯却不能改变立法。但博丹同时也认为,主权者要受制于上帝及自然法。因而博丹的主权观并非绝对无限的主权。①

博丹的主权观点可以称之为立法主权:立法权为主权者所垄断,其他主权权力都可以从主权者垄断的立法权中推演出来。博丹认为,如果没有主权者的立法把一国民众联合起来,国家就不可能存在。立法因此具有国家的,也是主权的特征。所以研究者指出,在博丹的理论中,主权本质上就是制定法律的权力。这个理论第一次把立法权、主权、国家几个概念联系了起来。②

(一) 立法权的本质特征

博丹的立法主权理论已经颇为近似今日的立法权观念,主要差异仅在于博丹主张的是君主主权,而现代政治理论经过法国启蒙思想家卢梭的发展,已经普遍接受了人民主权观念。把博丹的学说与古代西方的法律观相对照,其差异就构成了现代立法权最主要的特征:

1. 现代立法权是立法者体现其意志的权力

与古代相比,现代实证法学所称的法律排除了自然法;习惯法也被吸纳入人定法之中。故而法律只能是立法者的产物。19 世纪英国实证主义法学家奥斯丁提出:法是主权者的命令;命令具有强制力,要求被命

---

① 参见〔美〕乔治·萨拜因著、〔美〕托马斯·索尔森修订:《政治学说史(第四版)》(下卷),邓正来译,上海人民出版社 2010 年版,第 81—82 页。
② 参见陈颐:《立法主权与近代国家的建构:以近代早期法国法律史为中心》,法律出版社 2008 年版,第 99—101 页。

令的对象服从,如果不服从将导致预先设定的不利后果。① 对于习惯法,奥斯丁认为其必须由国家确立为人定法之后才具有法律效力。确立的方式可以是国家最高立法机构直接确认,也可以通过由司法机关在审判中适用的方式间接确认。一经确认,习惯法就也具有了命令的属性。对于司法机关间接确认的习惯法,国家最高立法机关可以明确地予以废除,也可以默许其存在,这完全取决于立法机关的主观意志。② 这样,奥斯丁的实证法学理论界就把习惯法也视为了主权者的意志。

人民主权理论的首倡者卢梭提出:法律是"全体人民对全体人民作出规定"的行为,"作出规定的意志是公意";这种公意具有"一种普遍的强制性的力量"。他强调人民是真正的立法者,立法权永远属于人民。③ 卢梭同样认为习惯法有赖于主权者的认可:"唯有古代的意志的优越性才能把那些法律保存得如此悠久;如果主权者不是在始终不断的承认这些法律有益的话,他早就会千百次的废除它们了。"④马克思主义的国家学说则认为:法是统治阶级的阶级意志的体现,这种阶级意志是整个阶级的"公意"。⑤

2. 现代立法权是主权性质的权力

奥斯丁提出:人们常常把人类社会中的政治优势者和非政治优势者制定的规则都称为"法",这种用词是不严谨的。奥斯丁认为,只有政治优势者,即最高统治者和次等统治者制定的规则,才能称之为法。⑥ 卢梭则提出:"主权者除了立法权力之外便没有任何别的力量。"⑦马克思主义的国家学说认为:法是由国家制定并认可的,并由国家强制力保证

---

① 参见〔英〕约翰·奥斯丁:《法理学的范围》,刘星译,中国法制出版社 2002 年版,第 17—23 页。
② 参见〔英〕约翰·奥斯丁:《法理学的范围》,刘星译,中国法制出版社 2002 年版,第 37—40 页。
③ 参见〔法〕卢梭:《社会契约论》,何兆武译,商务印书馆 1990 年版,第 41、50 页。
④ 〔法〕卢梭:《社会契约论》,何兆武译,商务印书馆 1990 年版,第 118 页。
⑤ 参见张文显主编:《法理学》(第三版),高等教育出版社、北京大学出版社 2007 年版,第 80—81 页。
⑥ 参见〔英〕约翰·奥斯丁:《法理学的范围》,刘星译,中国法制出版社 2002 年版,第 14—15 页。
⑦ 〔法〕卢梭:《社会契约论》,何兆武译,商务印书馆 1990 年版,第 118 页。

其实施。① 因此,现代国家学说之中,立法权的主体是国家的主权者或者主权者的代表。

在人民主权原则下,主权属于人民,立法权同样属于人民。近代国家的宪法,大多在规定主权所属的同时,也规定了立法权的所属与所在。如《美国宪法》序言称:"我们合众国人民……特为美利坚合众国制定本宪法。"第 1 条第 1 款则规定:"本宪法授予的全国立法权,属于由参议院和众议院组成的合众国国会。"这样美国宪法就把序言中体现的人民主权和第一条的国会立法权贯穿起来。我国《宪法》第 2 条规定:"中华人民共和国的一切权力属于人民。人民行使国家权力的机关是全国人民代表大会和地方各级人民代表大会。"第 58 条又规定:"全国人民代表大会和全国人民代表大会常务委员会行使国家立法权。"从这一条款可以看出,在我国,立法权作为一项国家权力,所属于作为主权者的人民,所在于人大机关。②

卢梭坚信行使立法权的唯一方式是人民集会,即主权者亲自行使立法权。"唯有当人民集合起来的时候,主权者才能行动。"③但人类历史已经证明这种设想是不切实际的。现代国家无不通过代议制将立法权授予国家立法机关行使。现代社会的复杂性还导致了立法权分散的局面。国家立法机关不得不把大量地方事务立法权授予地方立法机关行使,而在专业领域,则必须赋予行政机关或专门机关以法规制定权,或实行委任立法。④ 我国自改革开放以来同样经历了立法权不断下放、立法主体数量不断增加的过程:1979 年通过的《中华人民共和国地方各级人民代表大会和地方各级人民政府组织法》(下称《地方组织法》)赋予省级人大及其常委会以地方立法权;1982 年和 1986 年两次修改《地方组织法》,将地方立法权扩大到省会城市和经国务院批准的较大的市;1988 年、1992

---

① 参见张文显主编:《法理学》(第三版),高等教育出版社、北京大学出版社 2007 年版,第 76—77 页。
② 参见江国华:《立法:理想与变革》,山东人民出版社 2007 年版,第 43 页。
③ 〔法〕卢梭:《社会契约论》,何兆武译,商务印书馆 1990 年版,第 118 页。
④ 参见〔美〕卡尔·罗文斯坦:《现代宪法论》,王锴、姚凤梅译,清华大学出版社 2017 年版,第 147—151 页。

年、1994年和1996年,全国人大先后4次作出决定,分别赋予五个经济特区以法规制定权;2000年《立法法》又规定经济特区所在地的市可以制定地方性法规;2015年《立法法》再次修订,所有设区的市获得地方立法权,可以对城乡建设与管理、环境保护、历史文化保护等方面的事项制定地方性法规。

这种做法与封建制下立法者身份多样化的区别是,各级封建领主法庭之间并不考虑它们适用的习惯法是否抵触,但现代立法权构筑了一个严密的规范等级体系。奥地利法理学家凯尔森提出:"法律秩序,尤其是国家作为它的人格化的法律秩序……不是一个相互对等的、如同在同一平面上并立的诸规范的体系,而是一个不同级的诸规范的等级体系。"①通过下位法不得与上位法相抵触的规则,主权者仍然控制着下级立法权的行使。我国《宪法》第62条、67条、89条、99条、104条、108条规定的一系列上级国家机关对下级国家机关立法或决定的撤销权,正是这一规则的体现。现代国家往往还设置了合宪性审查制度,来确保下级规则符合上级规则。

3. 现代立法权是国家权力的核心

在英国启蒙思想家洛克看来,立法权"是每一个国家中的最高权力",还是其他一切国家权力的渊源,"社会的任何成员或社会的任何部分所有的其他一切权力,都是从它获得和隶属于它的"。只有人民才能通过组成立法机关或指定的方式来行使立法权。②卢梭也认为:人民的公意一经宣布,就成为主权行为,并且构成法律,因而只有立法,才是主权行为。至于行政权、宣战或媾和等只是立法权派生的,并认为"立法权是国家的心脏……国家的生存不是依靠法律,而是依靠立法权"③。

现代国家普遍接受了分权制衡的理念。按照经典的分权理论,国家权力可分为立法权、行政权和司法权,三权平等且相互制约。采取典型

---

① 〔奥〕凯尔森:《法与国家的一般理论》,沈宗灵译,中国大百科全书出版社1996年版,第141页。
② 参见〔英〕洛克:《政府论(下篇)》,叶启芳、瞿菊农译,商务印书馆1964年版,第83、92页。
③ 〔法〕卢梭:《社会契约论》,何兆武译,商务印书馆1990年版,第117页。

的三权分立结构的是美国宪法。但现代美国政治之中,以总统为代表的行政机关不断膨胀,出现了行政机关独大的趋势。① 这是否意味着立法主权理论不适用于美国?

　　回答这个问题需要回溯到美国制宪的背景之中。早在独立战争之前,北美殖民地与母国英国之间的政治摩擦主要发生在殖民地人民和英国议会之间。据美国学者考据,在1776年5月之前,北美人民抗争的矛头指向的都是英国议会,而不涉及英国国王。② 其后果就是作为立法机关的议会在美国人民的心目中丧失了道德正义的形象。③ 美国人民认识到:国王会作恶,但掌握了权力的议会同样会作恶。这是美国制宪者要限制议会立法权的深层动机。但制宪者们也意识到,在共和政体之下,立法权先天地居于优势地位。为了削弱立法权,美国宪法设置了两院制的国会来分享权力。④ 进而美国宪法又设置了复杂的修宪程序,让各州和国会分享制宪权⑤,以防范普通立法机关至上的观念⑥。故而美国宪法的分权设计实际是以立法权事实上的优势地位为考量前提的。另一方面,如前文所述,现代社会出现了立法权分散的状况。在许多专业领域,议会必须向行政机关授予一部分立法权。三权已经不再像古典理论那样截然分开。⑦ 美国学者的研究表明,早在19世纪中期,美国国会在诸如发放专业设备安全许可(例如蒸汽船和锅炉)、财政拨款等立法领域,就已经只进行原则性的立法,而把制定具体管理规则的权力交

---

　　① 参见王希:《原则与妥协:美国宪法的精神与实践》(增订版),北京大学出版社2014年版,第21—22页。
　　② 参见〔美〕查尔斯·霍华德·麦基文:《美国革命的宪法观》,田飞龙译,北京大学出版社2014年版,第6—7页。
　　③ 参见〔美〕戈登·S.伍德:《美利坚共和国的缔造:1776—1787》,朱妍兰译,译林出版社2016年版,第337页。
　　④ 参见〔美〕亚历山大·汉密尔顿、〔美〕詹姆斯·麦迪逊、〔美〕约翰·杰伊:《联邦论》,尹宣译,译林出版社2010年版,第344、354、355页。
　　⑤ 因与本书主题相去过远,本书不探究是否应区分制宪权和修宪权的问题,而以"制宪权"这一概念统称之。
　　⑥ 参见〔美〕爱德华·S.考文:《美国宪法的"高级法"背景》,强世功译,生活·读书·新知三联书店1996年版,第93页。
　　⑦ 参见〔美〕Matthew S. Shugart & John M. Carey:《总统与国会:宪政设计与选举动力》,曾建元、罗培凌等译,韦伯文化国际出版有限公司2002年版,第175—186页。

给了行政部门。① 因此,行政机关在当代美国政治中的权力膨胀并不意味着行政权居于国家权力的核心,而是行政机关分享了立法权职能的后果。美国的宪法结构之所以对立法权极力防范,恰恰是因为立法权在国家权力中处于核心地位。

当代更为常见的分权制是议会制。议会制下立法权与行政权不论在人员上还是功能上都实现了融合,这实际修正了古典分权理论。② 在议会制中,立法权当然处于国家权力的核心。

我国《宪法》第 57 条规定:"中华人民共和国全国人民代表大会是最高国家权力机关。它的常设机关是全国人民代表大会常务委员会。"第 58 条规定:"全国人民代表大会和全国人民代表大会常务委员会行使国家立法权。"虽然全国人大还享有其他权力,但在其职能中,立法显然是第一位的。③ 因而,我国国家机关的组织架构和国家权力分配也体现出立法权在国家权力中的核心地位。十九大报告提出:"全面依法治国是国家治理的一场深刻革命,必须坚持厉行法治,推进科学立法、严格执法、公正司法、全民守法。"立法被置于依法治国诸项目标的首位。

(二) 立法权的定义

基于立法权的上述本质特征可以总结出立法权的定义。近代首先提出分权理论的洛克认为:"立法权是指享有权利来指导如何运用国家的力量以保障这个社会及其成员的权力。"④我国有学者将立法权定义为:立法权是主权者所拥有的,由特定国家机关行使的,依照宪法和法律的规定,按照法定的程序制定、认可、修改、补充或者废止具有法律效力

---

① 参见〔美〕杰里·L. 马肖:《创设行政宪制:被遗忘的美国行政法百年史(1787—1887)》,宋华琳、张力译,中国政法大学出版社 2016 年版,第 257—261 页。
② 参见〔美〕卡尔·罗文斯坦:《现代宪法论》,王锴、姚凤梅译,清华大学出版社 2017 年版,第 24—26 页。
③ 如李鹏和吴邦国在全国人大常委会委员长任上的公开讲话中均指立法工作是全国人大及其常委会的首要任务。参见李鹏:《立法与监督:李鹏人大日记》(上册),新华出版社、中国民主法制出版社 2006 年版,第 11 页;吴邦国:《吴邦国论人大工作》(上册),人民出版社 2017 年版,第 53 页。
④ 〔英〕洛克:《政府论(下篇)》,叶启芳、瞿菊农译,商务印书馆 1964 年版,第 89 页。

的规范性文件的权力。①

关于如何理解"特定国家机关",李林教授根据学者概括的立法权的概念,将其归纳为"结构主义解释"和"功能主义解释"两种类型。② 结构主义观点建立在分权理论之上,认为不同的国家权力以不同的国家机构为载体。在这一观点下,特定国家机关即代议机关;但功能主义在理解立法权时,并不考虑由谁来行使,而是着眼于是否具有立法职能。这就打破了立法权由代议机关垄断的思维,特定国家机关可以是代议机关,也可以是行政机关,甚至是司法机关。

从功能主义视角来看,可以说"立法权是相对独立的权力,是因为它同行政权、司法权的区分不是绝对泾渭分明,而是有所互相渗透。"③通常所说的行政立法,形式上是由行政机关行使行政权,而实质上是一种立法行为。普通法系国家的判例法,作为法官造法或者司法立法,形式上是由司法机关行使司法权,实际上也是一种立法行为。因此,立法权这一概念具有丰富的内涵:(1)狭义的立法权仅指国家立法权,即由一国的代议机关行使的立法权。我国宪法规定,全国人大及其常委会行使国家立法权。在我国,狭义的立法权即指全国人大及其常委会行使的立法权;(2)在一般意义上,立法权是指立法机关行使的立法权。在我国,不仅指国家立法权,还包括有立法权的地方人大及其常委会行使的立法权;(3)广义的立法权,还包括由行政机关行使的制定行政法规、规章的权力。

立法权的本质,不仅要能反映立法权的国家权力本质,又要能将其与行政权、司法权作出根本区分。立法权作为一种国家权力,无论从"结构主义解释"还是"功能主义解释"角度看,也无论从广义上理解,还是从狭义上理解,都是创制法规范的权力,即立法权本质上是一种创制权。相对而言,行政权和司法权在本质上属于执行权,而非创制权。

需要注意的是,现代立法权虽然不再承认自然法的法律效力,但这

---

① 参见刘莘主编:《立法法》,北京大学出版社 2008 年版,第 99 页。
② 参见李林:《立法理论与制度》,中国法制出版社 2005 年版,第 34—36 页。
③ 郭道晖总主编:《中国当代立法》(上),中国民主法制出版社 1998 年版,第 31 页。

并不意味着自然法不再在立法活动中发挥作用。一方面,自然法提供了法律的价值目标,这些价值往往被写入宪法文本,作为宪法原则仍然发挥着法律效力,以确保立法权的行使符合宪法价值;另一方面,在法律解释和法律适用活动中,解释机关和司法机关仍要尊重和贯彻自然法的原则,以维护法律的权威和实现法律的社会功能。此外,自然法还有一层含义,即作为客观条件和客观规律而存在。这在一定程度上体现为英国法哲学家哈特所谓的"最低限度的自然法",即任何社会组织想要存续下去都必须具备、也事实上存在的规则。① 十九大报告中所称的"科学立法"中"科学"一词也含有符合客观规律的含义。因而,尽管现代的立法权理论是以实证主义法学为基础而建构,但并不完全排斥自然法的作用。

第二节 立法权与制宪权、重大事项决定权的区分

现代社会的立法机关往往还同时行使着制宪权和重大事项决定权。这两类权力的行使方式与行权后果与立法权有许多相似之处。为明确立法权在国家权力之中的定位,需要将立法权与这两类权力加以区分。

一、立法权与制宪权的区分

(一) 制宪权的基础理论

1. 北美独立时期的制宪权观念

制宪权是一个晚于宪法出现的概念。一般而言,人们把《1787 年美国宪法》视为世界上第一部近代成文宪法。但 1787 年的美国制宪者们并未正面阐释一个制宪权理论。联邦党人论证费城会议的代表们有权制定宪法之时,采用的理由是新宪法只是对 1777 年《邦联条例》的修正。

---

① 〔英〕哈特:《法律的概念》,张文显、郑成良等译,中国大百科全书出版社 1996 年版,第 189 页。

麦迪逊提出：无论改变宪制性文件的名称，还是加入新的条款，只要原《邦联条例》旧条款还有一部分存在，就没有超出"修改旧条例"的授权。① 如此一来，制定新宪法的权力就被等同于修改《邦联条例》的权力。而1776年起草《邦联条例》之时，这份条例的性质甚至未引起美国人民的广泛关注。因为当时几乎没有人把13个州想象为一个单一的共和国；各州仍拥有独立的主权，统治权并未发生真正转移。② 故而后世的宪法学者一般认为，在严格意义上，《邦联条例》只是同盟条例而非宪法。③

1776—1780年间，美国各州掀起了一股制定州宪的热潮。当时的美国人民是从签订"社会契约"的角度来理解州的制宪的。对北美殖民地来说，宪制性的契约文件并不是抽象事物。弗吉尼亚、马萨诸塞等殖民地创立之前都从英国王室取得了特许状或宪章，以保障殖民地的权利和政治地位。④ 而这种统治者与被统治者之间的缔约，在英国的法律传统中可以上溯到1215年的《大宪章》。尽管在真实历史之中，殖民地制宪并不是《大宪章》的延续和发展，但在观念上，《大宪章》为制宪的正当性提供了一个古老的先例。例如制宪者之一的塞缪尔·亚当斯曾表示：《大宪章》就"非常明确"，唯有"通过具体协议条款"，权力才会受到限制。⑤ 除了统治者与被统治者之间的社会契约外，洛克的社会契约论在北美殖民地也有很大影响。即殖民地的人民之间共同缔约这一做法，在殖民地历史上同样有着先例，如普利茅斯殖民地制定的《普利茅斯联合协议》⑥。洛克的"公民契约"思想比起《大宪章》式的统治者与被统治

---

① 〔美〕亚历山大·汉密尔顿、〔美〕詹姆斯·麦迪逊、〔美〕约翰·杰伊：《联邦论》，尹宣译，译林出版社2010年版，第268—275页。
② 〔美〕戈登·S.伍德：《美利坚共和国的缔造：1776—1787》，朱妍兰译，译林出版社2016年版，第328—330页。
③ 王希：《原则与妥协：美国宪法的精神与实践》（增订版），北京大学出版社2014年版，第71页。
④ 王希：《原则与妥协：美国宪法的精神与实践》（增订版），北京大学出版社2014年版，第8—11页。
⑤ 〔美〕戈登·S.伍德：《美利坚共和国的缔造：1776—1787》，朱妍兰译，译林出版社2016年版，第250页。
⑥ 后人亦称之为《五月花号公约》。参见李剑鸣：《美国通史（第一卷）：美国的奠基时代1585—1775》，人民出版社2002年版，第116页。

者的缔约更符合北美各州的政治形势,因而在州的制宪过程中得到了更多认同。① 这一时期,美国人民是从契约或约法角度来看待他们的宪法,并据此理解他们制宪的权力的。

无论契约抑或约法,在西方观念中都带有浓重的自然法色彩。这种自然法观念具有宗教的和理性的两个来源。宗教方面,在北美殖民地有巨大影响的加尔文神学一直持有"圣约"观念。圣约神学的中心思想是上帝与人订立了约定。苏格兰神学家和启蒙思想家撒母耳·卢瑟福将圣约思想与政府理论相结合,提出上帝通过人民选择统治者,人民建立某种政体并选出担任统治者的人;上帝赋予政府权力,并对权力进行限制。② 社会契约由此和圣约结合,带上了宗教色彩。理性层面,在17世纪英国议会约束王权的斗争之中,爱德华·柯克法官提出"共同权利和理性"高于王权,随后他又把《大宪章》作为"共同权利和理性"的具体体现。这样,《大宪章》作为一份契约文件也就成了理性的化身。③ 社会契约的宗教和理性这两层背景最终在18世纪的自然神论学说中得到调和,并体现于《独立宣言》之中。④

2. 西耶斯的制宪权理论

法国政治活动家和思想家西耶斯正式确立了制宪权理论。在其1788年写成的《第三等级是什么?》一书中,西耶斯对制宪权进行了体系化和理论化的论证,在他看来,国民存在于一切之前,是一切之本源;"如果我们没有宪法,那就必须制定一部;唯有国民拥有制宪权"。⑤ 依据西耶斯的制宪权理论,国家权力可划分为制定宪法的权力和由宪法所创立

---

① 参见〔美〕戈登·S.伍德:《美利坚共和国的缔造:1776—1787》,朱妍兰译,译林出版社2016年版,第264—272页。
② 参见〔美〕约翰·艾兹摩尔:《美国宪法的基督教背景:开国先父的信仰和选择》,李婉玲、牛玥等译,中央编译出版社2011年版,第10—11页。
③ 参见〔美〕爱德华·S.考文:《美国宪法的"高级法"背景》,强世功译,生活·读书·新知三联书店1996年版,第39—58页。
④ 参见〔美〕约翰·艾兹摩尔:《美国宪法的基督教背景:开国先父的信仰和选择》,李婉玲、牛玥等译,中央编译出版社2011年版,第27—28页;〔美〕爱德华·S.考文:《美国宪法的"高级法"背景》,强世功译,生活·读书·新知三联书店1996年版,第66页。
⑤ 〔法〕西耶斯:《论特权 第三等级是什么?》,冯棠译,商务印书馆1990年版,第56页。

的权力。制定宪法的权力,也就是制宪权,具体包括宪法的制定权与修改权,应属于人民。由宪法创立的权力是指立法权、行政权与司法权,这三项权力受宪法约束,只有根据宪法才能行使。在这一理论下,制宪权是一种最原始的权力,优于"被宪法所制定的权力"。

西耶斯是在法国大革命前夕社会矛盾最为紧张之时提出制宪权观念的,因此他决然地将制宪权授予了第三等级——国民。第一和第二等级被西耶斯排除出了制宪权主体的行列。与英国《大宪章》赋予贵族的特权相似,法国第一和第二等级享有的特权是建立在古老的习惯法之上的。西耶斯为了拒斥特权的正当性,不再从历史传统中建构制宪权,而是转向社会契约论。据青年学者乐启良研究,西耶斯的社会契约论思想有别于霍布斯和卢梭。西耶斯借鉴苏格兰启蒙思想的成果,认为人类从自然状态进入社会状态是生产和交换的自然结果,这一步水到渠成,无须个体让渡自身的权利;仅仅当人类要进而组织政府之时,才需要牺牲部分财产和自由。因而这一阶段人民需要拥有高于政府权力的制宪权,以防止被宪法所制定的权力恣意妄为。因而,在西耶斯的理论中,制宪权绝对属于人民,也绝对高于政府的一切权力;但制宪权本身并不是一项无限的权力,它无权干涉个人的自由与福祉。在这个意义上,西耶斯的制宪权思想与卢梭的人民主权理论拉开了距离。西耶斯并不认同一种绝对的人民主权,主张制宪权起码要受到启蒙思想中蕴含的自然法则的限制。此外,基于苏格兰启蒙思想的社会分工学说,西耶斯主张只能通过代议制来行使制宪权,此处他和卢梭也有很大分歧。①

3. 施米特的制宪权理论

制宪权理论的再一次重大发展是由20世纪的德国政治哲学家卡尔·施米特作出的。施米特将制宪权定义为"一种政治意志,凭借其权力或权威,制宪权主体能够对自身政治存在的类型和形式作出具体的总

---

① 参见乐启良:《现代法国公法的诞生:西耶斯政治思想研究》,浙江大学出版社2017年版,第162—193、203页。

决断。"①他区分了作为根本政治决断的"宪法"和作为法律规范的"宪法律",②认为根本性的政治决断只能由主权者作出。如此一来,施米特就把制宪权和主权等同了起来。而在施米特的学说中,主权者并不一定就是人民。谁有权决定紧急状态,谁就是主权者。③且制宪权高于一切规范:"一种相当于宪法的政治决断不能反作用于制宪权主体,取消其政治存在。这种意志始终与宪法同在,并且高于宪法。"④

施米特的制宪权理论形成于20世纪德国政治形势最为动荡的魏玛时期。为德国的民族危机而忧心忡忡的德国知识分子对议会制民主的温和与保守特性感到失望,希望出现人格化的决断意志,即拥有魅力型权威的元首。⑤即便马克斯·韦伯这样政治上比较清醒的德国自由主义者,在一战后都转而倾向于领袖民主制。⑥因而,施米特也放弃了人民主权的理论,将人民行使制宪权的方式简单化和绝对化为"聚在一起的人群以口头——即喝彩——方式表示赞成或不赞成"。⑦后世研究者一般认为,施米特的这种立场已经从广场民主走向了专政。⑧

(二) 制宪权与立法权的差别

前文简明扼要地梳理了制宪权学说发展中的重要节点,在此基础上我们可以探究制宪权与立法权的不同之处。

1. "高级法"与人定法之别

制宪权往往带有"高级法"色彩,而立法权主要是规范性的。北美制宪者和西耶斯在阐发制宪权理论之时都从社会契约论中寻找支持。

---

① 〔德〕卡尔·施米特:《宪法学说》,刘锋译,上海人民出版社2005年版,第84—85页。
② 同上书,第25页。
③ 参见〔德〕卡尔·施米特:《政治的概念》,刘宗坤等译,上海人民出版社2004年版,第5页。
④ 〔德〕卡尔·施米特:《宪法学说》,刘锋译,上海人民出版社2005年版,第86页。
⑤ 参见〔加〕大卫·戴岑豪斯:《合法性与正当性:魏玛时代的施米特、凯尔森与海勒》,刘毅译,商务印书馆2013年版,第49—52页。
⑥ 参见〔德〕沃尔夫冈·J.蒙森:《马克斯·韦伯与德国政治:1890—1920》,阎克文译,中信出版社2016年版,第390—394页。
⑦ 〔德〕卡尔·施米特:《宪法学说》,刘锋译,上海人民出版社2005年版,第92页。
⑧ 参见〔加〕大卫·戴岑豪斯:《合法性与正当性:魏玛时代的施米特、凯尔森与海勒》,刘毅译,商务印书馆2013年版,第68页。

虽然各家对社会契约论的内涵解读不尽相同,但无不诉诸一种超越人定法的高级规则:或宗教、或自然法和自然权利理论。只有施米特的制宪权理论表现出强烈的意志论色彩,这是经过从卢梭到黑格尔的改造,以民族国家内在的道德正当性取代了自然权利理论的后果。① 但施米特同样赋予制宪权以超越规范的至高地位,区别仅仅是以主体内在的意志取代了外在的"高级法"——自然权利。

而立法权经过实证主义法学的阐释,已经被深深打上了规范法学的烙印。现代的立法权,从权力来源到行使方式再到实际效力,都必须被置于法律文本所构筑的规范体系之内。没有规范作为依据,立法权的行使就是不正当的和无效力的。

造成立法权与制宪权存在这一差异的原因,是实证主义法学无法处理"原始制宪权"的正当性问题。法国宪法学者雷蒙·卡尔·德·马尔贝格提出,制宪权总是和政变、革命影形不离:"在政变和革命引发的政治动荡中,既没有法律原则,也不存在宪法法律;此时的人不是置身于法律的领域,而是在面对武力。"②故而规范法学一般不涉及宪制发生学的问题。凯尔森论及法律的规范体系之时,把宪法视为"预定的基础规范"。③ 当政治行为违反基础规范之时,凯尔森称之为革命问题,因为这是在一个法律体系中以非法的方式寻求变革。如果政治行动者取得胜利,他们的行动就被称为政变,一个新的法律秩序同其自身的基本规范一起诞生。④ 故而规范法学只能等制宪权成功地被行使之后,再追认其对于规范体系的正当性。这种成王败寇的逻辑,显然无法被纳入规范法学体系。

---

① 参见吴增定:《利维坦的道德困境:早期现代政治哲学的问题与脉络》,生活·读书·新知三联书店 2012 年版,第 375—382 页。
② Carré de Malberg, Contribution à la Théorie Générale de l'Etat, tome II, P. 496,转引自乐启良:《现代法国公法的诞生:西耶斯政治思想研究》,浙江大学出版社 2017 年版,第 182 页。
③ 参见〔奥〕凯尔森:《法与国家的一般理论》,沈宗灵译,中国大百科全书出版社 1996 年版,第 142 页。
④ 参见〔加〕大卫·戴岑豪斯:《合法性与正当性:魏玛时代的施米特、凯尔森与海勒》,刘毅译,商务印书馆 2013 年版,第 180 页;〔美〕斯坦利·L. 鲍尔森:《伟大的谜题:凯尔森的基础规范》,载张龑编译:《法治国作为中道:汉斯·凯尔森法哲学与公法学论集》,中国法制出版社 2017 年版,第 175—201 页。

诚然,在制宪权理论发展过程中,一些思想家试图把制宪权规范化。如西耶斯倡导的代议制制宪论,将代议制作为行使制宪权的唯一方式。西耶斯提出,基于劳动分工原理,早在制宪权产生之前,代议制已经出现。制宪权可以决断代议的法律程序,却不能否决代议制本身。由此,作为在先原则的代议制赋予了制宪权以一定的规范性。西耶斯还在他起草的宪法方案中设想了代议制审查的具体程序。但是他的草案未得到国民公会批准。① 哈耶克也曾经设想过一种三级代议制结构:由最高一级代议制机构来负责制宪与修宪,但其制定的宪法只能规定组织规则,而不能包含实体性的规则。由于制宪的范围受到严格限制,因而一个机构行使的只是有限的制宪权,而不是主权。② 哈耶克这一构想也赋予制宪权以若干规范属性。然而,这些设想都还停留在理论层面,近代以来的各国制宪史往往还是伴随着革命、政变或紧急状态,缺少"原始制宪权"规范性行使的典型实践。

2. 制宪权高于立法权

制宪权高于包括立法权在内的其他国家权力,对其他国家权力形成制约。在这个意义上,可以把制宪权视为国家的最高权力。施米特的理论正是在这个意义上把制宪权直接等同于主权。但如前文所述,持制宪权有限论的西耶斯和哈耶克并不认同"主权"概念。在他们的理论中,制宪权仍处于自然权利的位阶之下。美国的制宪者们作为洛克的信徒,对制宪权是否有限度的认识显然更接近于西耶斯和哈耶克。③ 故而

---

① 参见乐启良:《现代法国公法的诞生:西耶斯政治思想研究》,浙江大学出版社 2017 年版,第 183—191 页。
② 参见〔英〕弗里德利希·冯·哈耶克:《法律、立法与自由》(第二、三卷),邓正来、张守东、李静冰译,中国大百科全书出版社 2000 年版,第 448—449 页。
③ 值得注意的是,当代美国政治学者对于美国人民的制宪权是否是有限度的权力的认识并不一致。契约论的当代旗手、美国政治哲学家罗尔斯曾谈到:如果以合宪的程序废除了美国宪法第 修正案,这种修宪仍然是无效的,因为这违背了美国的立宪传统,意味着宪法的崩溃(参见〔美〕约翰·罗尔斯:《政治自由主义》,万俊人译,译林出版社 2000 年版,第 253 页)。而共和主义的宪法学者阿克曼则认为,如果美国人民决定废除第一修正案关于政教分离的规则,他尽管内心不赞同,但仍会承认这次修宪的效力(参见〔美〕布鲁斯·阿克曼:《我们人民:奠基》,汪庆华译,中国政法大学出版社 2013 年版,第 13—14 页)。这种观点分歧正是美国制宪时代对制宪权缺乏清晰阐释的遗留问题。

在不同理论中,制宪权未必就是绝对的最高权力;然而若仅在国家权力的范围内讨论,所有制宪权理论都认同制宪权应高于其他国家权力。

这引发一个问题:如前文所述,很多西方思想家也把立法权奉为至高无上的权力,如前引洛克或博丹的论述。这两种至高权在逻辑上是否矛盾？如果两者都是至高权,区分两者又有何意义？

如前所述,博丹提出立法主权观念时,并未把自然法置于主权范围之内。博丹说:"如果权力仅仅服从于上帝法和自然法,除此之外别无限制,那么该权力就是绝对的和主权的权力。""如果法律的目的是正义,如果法律是君主的作品,并且君主是上帝的映像,那么,君主的法律就必须模仿上帝的法律。"可见在博丹的理论中,主权并非绝对不受限制的权力。自然法和上帝的意志仍然对主权形成约束。[①] 至于洛克,他的确在《政府论》中明确地写下立法权"是每一个国家中的最高权力"。但是,这是以政府遵守社会契约为其设定的目的,即保护人民的生命、财产和自由为前提的。所以洛克说:

> 立法权既然只是为了某种目的而行使的一种受委托的权力,当人民发现立法行为与他们的委托相抵触时,人民仍然享有最高的权力来罢免或更换立法机关……社会始终保留着一种最高权力,以保卫自己不受任何团体、即使是他们的立法者的攻击和谋算……所以可以说,共同体在这方面总是最高的权力,但是这并不能在任何政体下被认为是这样,因为人民的这种最高权力非至政府解体时不能产生。[②]

洛克说的"政府解体的时刻"正是凯尔森所称的革命问题,这正是制宪权出场的时刻。故而美国宪法学者考文指出,洛克所称的立法权至上是在法律范围内的至上,而不是高于法律的一种权力。实际上,洛克除了论及自然状态下"自由的、主权的"个人外,从不在描述的意义上使用"主

---

① Jean Bodin, On Sovereignty, P. 8. 45,转引自陈颐:《立法主权与近代国家的建构:以近代早期法国法律史为中心》,法律出版社 2008 年版,第 101—103 页。
② 〔英〕洛克:《政府论(下篇)》,叶启芳、瞿菊农译,商务印书馆 1964 年版,第 91—92 页。

权"这一术语。① 洛克的革命思想成为北美独立运动的理论武器之一。独立战争时期,波士顿的律师和政论家本杰明·希克鲍(Benjamin Hichborn)即认为:

> 公民自由不是指"依法施政",也不是指遵守宪章、权利法案和公约,而是指一种存在于全体人民的权力,人民可以在任何时候,以任何理由,或者根本没有理由,只是出于他们自己的主权意愿,就可以用该权力改变或废除任何以前存在的政府的形态和性质,并代之以新的政府。②

这样,博丹和洛克的立法权至上理论都承认了自然法和自然权利对于立法权的"高级法"地位。实证法学虽然回避了自然法问题,对于革命及其制宪后果却只能采取一种默认的态度,③而无法正面否决制宪权对立法权的优位。

3. 权力行使主体的不同

行使制宪权的主体可能不同于享有立法权主体。与享有立法权主体相比较,制宪权的行使主体一般更能够代表主权者。几乎所有制宪权理论都承认,制宪权不可能由主权者来直接行使。即便是施米特主张的"人民的集体喝彩",事实上也是要把制宪权交到人格化的决断者——元首手中。

依行使制宪权的主体的不同,可以把近代以来世界各国制宪实践划分为几种类型:一是国家立法机关兼任制宪机关;二是在国家立法机关之外成立临时特设的或非常设的制宪机关;三是由其他机关和国家立法机关共同行使制宪权;四是直接由全民公决制宪。我国采用的

---

① 〔美〕爱德华·S.考文:《美国宪法的"高级法"背景》,强世功译,生活·读书·新知三联书店1996年版,第69页。
② Niles, Priroiple and Acts 47,转引自〔美〕爱德华·S.考文:《美国宪法的"高级法"背景》,强世功译,生活·读书·新知三联书店1996年版,第92页。
③ 二战后的德国宪法学界在讨论德国基本法中的抵抗权的规范内涵时,几乎都谨慎地切割了革命权与抵抗权,避免将革命权纳入规范的权利体系。参见陈新民:《法治国公法学原理与实践》(上册),中国政法大学出版社2007年版,第266—268页。

是第一种形式：全国人民代表大会是国家最高立法机关，同时也是制宪机关，只是制宪的程序不同于普通立法：由专门成立的宪法起草委员会或宪法修改委员会来起草宪法草案或修宪草案，宪法草案需要由全国人大以绝对多数票数通过方可生效。第二种形式的例子如1787年美国制宪的实践：各州授权临时召开的费城制宪会议起草宪法草案，随后各州再分别组织召开非常设的民意代表大会，投票批准宪法草案，待草案取得全部13州中的9个州批准后即告生效。南京国民政府1946年制定的《中华民国宪法》则是由临时性的宪草审议委员会起草宪法草案，交每六年召开一次的非常设机关国民大会表决通过。① 第三种形式一般分为两步，先由国家最高立法机关或特设机关通过宪法草案，再提交各州立法机关或特设机关批准（联邦制下）或全民公决（单一制下）。前者如1949年西德制定《基本法》是由临时组建的议会理事会提出基本法草案，经四分之三以上的州议会批准该草案后，议会理事会确认《基本法》生效。② 后者如《日本宪法》第96条规定的修宪程序：先经国会两院各三分之二多数通过修宪提议，然后提交全民公决。③ 第四种形式如1958年法国制宪的实践，先由议会授权政府制定新宪法，政府起草宪法草案后直接交付全民公决通过生效。④

就主权的代表性程度衡量，全民公决在形式上无疑最贴近人民主权。但按照卢梭的人民主权理论来分析，全民公决至多只体现了卢梭所谓的"众意"而非"公意"。卢梭认为："使意志得以公意化的与其说是投

---

① 陈新民：《宪法学释论》（修订九版），2018年自版，第29—31页。
② 〔德〕克里斯托夫·默勒斯：《德国基本法：历史与内容》，赵真译，中国法制出版社2014年版，第20页。
③ 〔日〕芦部信喜著、高桥和之增订：《宪法》（第三版），林来梵、凌维慈等译，北京大学出版社2006年版，第344—346页。
④ 1958年法国制宪期间，国会两院都同意"自动"休会，放弃了对新宪法的审议。政府对整个修宪过程也高度保密，使得国会议员无从参与。参见郭华榕：《法国政治制度史》，人民出版社2005年版，第539—540页；李旦：《戴高乐主义与第五共和政体——法国政治"不能承受的轻和重"？》，载《欧洲研究》2017年第4期，第103页。

票的数目,倒不如说是把人们结合在一起的共同利益。"①他指出公意的形成需要智慧,人民却未必具有足够的分辨力:"公意永远是公正的,……但是并不能由此推论说,人民的考虑也永远有着同样的正确性。人们总是愿意自己幸福,但人们并不总是能看清楚幸福。"②全民公决只有"是"和"否"两个选项,这就可能犯下施米特式的错误,把人民行使制宪权的方式变成以广场上的集体喝彩来表达赞成或不赞成。然而,由于大众民主制在当代具有无可辩驳的政治正当性,全民公决常被用作解决代议制僵局的手段。例如法国1962年修宪,因为修宪草案无法获得议会多数支持,戴高乐总统选择解散议会,直接将草案提交全民公决通过。③ 鉴于《法国宪法》第89条规定:修宪草案必须经议会表决通过,全民公决反而不是修宪的必经程序,戴高乐采用的这一修宪程序显然存在违宪争议。参议院议长为此向法国宪法委员会申请合宪性审查。宪法委员会在巨大的争议声中选择了向"人民意志"妥协,宣布宪法委员会无权审议"通过全民公决方式由人民直接表达国家主权的法律"。④ 可见,尽管在政治学原理上,全民公决是否能够代表人民主权是一个仍需讨论的问题,但政治实践之中人们却往往承认全民公决比代议制立法机关更能体现作为主权者的人民的意志。

非常设制宪机关的典型是南京国民政府1946年制宪时的国民大会。1946年《中华民国宪法》规定国民大会每六年召集一次常会,平时视需要召开临时会。因此国民大会不是专为修宪成立的临时机构。国民大会主要行使总统和副总统的选举权及制宪权,不享有立法权。设立这一机构的构想最初来自于孙中山。孙中山的"五权宪法"思想将国家权力区分为"政权"和"治权",他的"政权"概念实际接近于"主权",而"治权"相当于"政府统治权",近于德国法上所谓的"高权"。因此在

---

① 〔法〕卢梭:《社会契约论》,何兆武译,商务印书馆1990年版,第43页。
② 〔法〕卢梭:《社会契约论》,何兆武译,商务印书馆1990年版,第39页。
③ 法国这次全民公决于1962年10月28日通过宪法修正案,议会选举于1962年11月举行,因此议会无法对该修正案进行表决。参见吕一民:《法国通史》,上海社会科学院出版社2002年版,第362页。
④ 参见吴天昊:《法国违宪审查制度》,中国政法大学出版社2011年版,第69—70页。

1946年《中华民国宪法》中,国民大会是主权代表机关。① 而立法院作为最高立法机关却不具有主权代表的身份。②

　　临时制宪机关一般是为了制宪而特设的一次性机构。制宪完成后即撤销。临时制宪机关又可以分为两种,一是为了起草草案而设立的机构,一般多由政治家、法学家、社会精英人士组成,人数较少,专业性较强,如美国费城制宪会议或西德的议会理事会。我国全国人大之下设立的宪法起草委员会或宪法修改委员会也可以归入此类。这类临时机构符合西耶斯设想的、基于社会分工而形成的代议制宪方式,但因主权代表性不足,这类临时机构并不具有独立批准宪法草案的权威。另一类临时制宪机关则是专门为审议和批准宪法草案而成立的代议制机构。例如美国1787年制宪期间,为了保证宪法的权威性和体现主权在民的思想,麦迪逊及其他制宪会议代表反对按传统做法,由各州议会来批准宪法草案。他们主张联邦宪法必须通过"人民的最高权威"来批准。1787年至1788年间,大多数州的选民分别选出本州特别代表大会,表决通过了宪法草案。③ 由特别代表大会批准宪法的意义在于,各州特别代表大会在整体上可以被视为一个全体美国人民的主权代表,而各州议会首先代表的是州的主权。特别代表大会批准宪法意味着选民直接把一部分人民主权交给了联邦政府,而不是由各州政府把一部分州主权让渡给联邦。因此美国宪法是一个全国人民的政治契约,而不是北美13个州之间的盟约。这一安排的意义要到七十多年后才能展示出来。南北战争

---

① 1946年初召开的政协会议上,民盟成员张君劢提出将"有形国大"改为"无形国大",即由全体国民共同行使制宪、选举、创制、复决等权。这一倡议得到参会的民盟和中共的支持。该倡议相当于把国民大会改成了全民公决。可见由国民大会行使主权是当时各党派的共识,中共和民盟的态度比国民党还要超前,希望把国民大会直接等同于主权者。参见邓野:《联合政府与一党训政:1944—1946年间国共政争》,社会科学文献出版社2003年版,第298—299页。

② 按孙中山原设想,国民大会还应当行使创制、复决二权。这两项权力实际带有一部分立法权职能。但由于南京国民政府在大陆统治的迅速崩溃,国民大会实际从未行使过立法机关的职能。参见陈新民:《宪法学释论》(修订九版),2018年自版,第313—316、433—434页。

③ See Abraham Lincoln, First lnaugural Address (4 Maroh 1861), in Messages and Papers, vol.7, 3206-3213,转引自王希:《原则与妥协:美国宪法的精神与实践》(增订版),北京大学出版社2014年版,第111—117页。

前夕,林肯在总统就职演说中宣称:联邦是由人民组成的,总统的职责是执行人民的意愿,没有州可以通过决议退出联邦,因为"从宪法和法律的角度来看,联邦是不能被分解的"。① 林肯这一宣示的法理基础可以回溯到由各州特别代表大会表决通过美国宪法的那一刻。由于特别代表大会相对于州议会具有更强的人民主权代表性,美国宪法才能成为联邦政府反击南方分离势力的一个政治武器。

综上,除了国家立法机关兼任制宪机关的情况不论,在全民公决、非常设制宪机关、特设临时性制宪机关几种情况中,制宪机关较之立法机关往往更能够代表主权者的意志。因此,当制宪权行使主体与立法权主体分离之时,制宪权行使主体往往拥有更高的政治地位。

(三) 我国制宪权与立法权的区分

最后回到我国的制宪权与立法权的区分之中。革命战争时期,中共对宪法的理解深受 1936 年斯大林对苏联宪法草案的论断的影响,即"纲领主要是说将来,宪法却是说现在。"② 毛泽东在《新民主主义的宪政》中著名的宪法定义即与之相似:

> 世界上历来的宪政,不论是英国、法国、美国,或者是苏联,都是在革命成功有了民主事实之后,颁布一个根本大法,去承认它,这就是宪法。③

从这一层意义理解,制宪权就只能是革命的产物,而不可能被规范化。作为中共意识形态的马克思主义学说当中起着类似"高级法"作用的,不是宗教观念或社会契约论,而是历史决定论。宪法必须确认革命事实,是因为革命事实反映了人类历史发展的客观规律,即人类物质生产活动中形成的生产力与生产关系的矛盾所引起的社会结构、社会制度和意识形态变

---

① See Abraham Lincoln, First Inaugural Address (4 March 1861), in Messages and Papers, vol.7, 3206-3213,转引自王希:《原则与妥协:美国宪法的精神与实践》(增订版),北京大学出版社 2014 年版,第 237 页。
② 《斯大林选集》(下卷),中共中央马克思恩格斯列宁斯大林著作编译局编译,人民出版社 1979 年版,第 398 页。
③ 《毛泽东选集》(第二卷),人民出版社 1991 年版,第 735 页。

革。国家立法作为上层建筑,必须服从于这一客观规律,而不能反过来用规范决定历史的走向。① 但据翟国强的研究,中国共产党的制宪思想在1954年制宪时经历了一次嬗变。②《五四宪法》草案起草过程中的一个争议是:宪法要不要写纲领性的内容。如果按斯大林对宪法的定义则不应写入,因为宪法只确认历史事实,不是未来适用的规范。但毛泽东明确表示应该将过渡时期的总路线和任务写入宪法。他认为:我们这个宪法有两部分,就是纲领性的,国家机构那些部分是事实,有些东西是将来的,如三大改造之类。③ 这就形成了毛泽东的另一个关于宪法的经典定义:

> 宪法就是一个总章程,是根本大法。用宪法这样一个根本大法的形式,把人民民主和社会主义原则固定下来,使全国人民有一条清楚的轨道,使全国人民感到有一条清楚的明确的和正确的道路可走,就可以提高全国人民的积极性。④

"根本大法"和"总章程"这一表述意味着宪法必须成为"基础规范",以此为基础建设层级化的法律规范体系。制宪权也就应当被纳入规范化的行使渠道。但这一转换的前提是必须对制宪权中超越规范的"高级法"成分加以限制。因为如果继续坚持历史决定论的制宪权观念,宪法就只能在"革命者"的实践身后亦步亦趋。故而当毛泽东在1957年开始发展"无产阶级专政下继续革命"理论之后⑤,就停止了对宪法的规范性的强调。于是《五四宪法》颁布后不久便被毁弃。"文革"结束后,中共中央在党的指导理论中重建了关于宪法的规范性论述。例如

---

① 参见张文显主编:《法理学》(第三版),高等教育出版社、北京大学出版社2007年版,第81—82页。
② 参见翟国强:《中国共产党的宪法观念史:超越事实论的变迁》,载《法学评论》2016年第1期,第156页。
③ 1959年3月1日,毛泽东在中共中央政治局扩大会议上的讲话记录,转引自韩大元:《1954年宪法制定过程》,法律出版社2014年版,第92—93页。
④ 《毛泽东选集》(第五卷),人民出版社1977年版,第129页。
⑤ 参见周兵:《"无产阶级专政下继续革命理论"历史命运考察》,载《现代哲学》2008年第2期,第68—69页。

《关于建国以来党的若干历史问题的决议》宣示:"完善国家的宪法和法律并使之成为任何人都必须严格遵守的不可侵犯的力量……决不能让类似'文化大革命'的混乱局面在任何范围内重演。"

然而,当国家根本任务转移到经济建设之后,"国家富强"和"民族复兴"同样成为一种历史使命,赋予了"改革"以超越规范的高级法地位。有研究指出:"改革既不同于革命又具有某种革命的意义,既依托原有体制又在很大程度上改造原有体制"。"革命宪法"的目的是确认和巩固革命成果;"改革宪法"同样需要确认和巩固改革的成果。"这决定了无论实体方面,还是程序方面,都在一定程度上允许违宪改革、违法改革"。① 从1988年到2018年五次行使修宪权的主要动因都是需要确认和巩固新的改革成果,而非强化宪法的基础规范功能。② 这就使得超越规范属性的历史决定论和规范化的"根本大法"两种观念同存在于《八二宪法》之中,构成《八二宪法》的内在张力。因而《八二宪法》实施三十多年来,其规范属性一直没有得到充分发挥;制宪权对立法权的优位在我国宪治实践中也没有很好地体现出来。

我国宪法规定全国人民代表大会以主权者代表的身份行使制宪权和国家立法权。但由于事实上还存在着历史决定论这一"高级法",全国人大行使的并非施米特意义上的无限决断权。但这一点在宪法文本当中并未被清晰地呈现。③ 如果仅仅阅读宪法的规范条文,全国人大何时行使制宪权、何时行使立法权,似乎完全取决于其依据自身意志选择采用制宪程序还是立法程序。这就引发了全国人大的立法是否可能违宪这样充满逻辑吊诡的争论。我国宪法理论权威张友渔说过:"全国人大违宪怎么办?这是绝对不可能的。这是对我们国家根本制度的怀疑!

---

① 夏勇:《中国宪法改革的几个基本理论问题》,载《中国社会科学》2003年第2期,第5页。
② 例如从20世纪80年代初起草《八二宪法》之时起,历次修宪都有人提出设置宪法委员会作为国家的合宪性审查机关,以强化宪法的规范功能。但直到2018年第五次修宪才初步实施了这项改革。
③ 参见黄明涛:《"最高国家权力机关"的权力边界》,载《中国法学》2019年第1期,第107—111页。

如果真的出现,那就是说整个国家成问题了。"①这一论断实际上是以制宪权的无限决断论为前提,认定绝对的主体意志不可能自相矛盾。如果出现自相矛盾则相当于作为至高权的主权发生了分裂,那确实是一个影响国家统合的重大问题。但实践中,由于宪法必须受到历史决定论的制约,承担起确认革命和改革成果的功能,制宪权就不可能完全凭借其主体意志来行使,也很难被纳入一种预先设计好的规范框架。而20世纪80年代以来,我国社会主义法律体系基本是沿着实证分析法学理论,在规范体系当中搭建起来的。在实践中,想要让超越规范的制宪权和高度规范化的立法权之间不出现矛盾,实际很难做到。

为此,学界提出我国制宪权研究的下一步目标应当转移到如何规范性地行使制宪权这个问题之上。有学者提出:"如果要追问国家权力的来源,那就没必要再去刻意地构筑制宪权体系,因为人民主权理论早已为这个问题提供了答案。鉴于自然法意义上的制宪权理论已经完成了它的历史使命,或许深入探讨制宪权的现实运作形态更有实际意义。"②简言之,制宪权在"高级法"层面的功能已经得到确认,但其在规范层面的实际运行,并通过实践体现的价值功能,更具有实践意义。

因此,区分制宪权和立法权在我国宪治中的意义是:对于立法权的配置而言,如果一国的立法体制面临妥善解决如何监督立法权的问题,则可考虑引入制宪权理论的规范功能,借助其价值,改善一国的立法体制。根据我国宪法规定,全国人民代表大会是最高国家权力机关,有权修改宪法;全国人大常委会有权解释宪法。同时,全国人民代表大会有权制定和修改法律,全国人大常委会有权制定、修改和解释法律。可见,全国人民代表大会既是立法机关,又是宪法监督机关。故而有学者指出,现行宪法的"制宪权"主体与"立法权"主体在逻辑上存在交叉。在法理上,就很难解释全国人大及其常委会所行使的"立法权"是否

---

① 张友渔:《张友渔学术精华录》,北京师范学院出版社1988年版,第149页。
② 苗连营:《关于制宪权的形而下思考》,载《上海交通大学学报(哲学社会科学版)》2003年第2期,第11页。

合宪。①

如何在坚持和完善我国的人民代表大会制度的基础上,引入制宪权理论,改善我国的立法体制,为立法权的科学配置提供理论支持,是我们考察制宪权理论的实践价值。

二、立法权与重大事项决定权的区分

(一) 重大事项决定权的源流

立法机关除了制定可以普遍、反复适用的规则之外,还可以就某一特定事务制定专门的、单次适用的规则。这一权力广泛存在于世界各国立法制度之中。从历史源流考察,这是由中世纪国家"司法治国"形态向现代国家"立法治国"形态转变的结果。梅特兰评论18世纪的英国议会立法时说:

> 这些制定法并未确立任何一般性规则,而只是处理某一特定的事件。……当时议会完成的工作比今天多得多。但仔细审视会发现,任何可在最严格意义上称之为立法的东西及任何对一般性法律规则的改动,当时又要比今天少得多。②

之所以如此,梅特兰指出,是因为光荣革命"一劳永逸地终结了国王在颁发逾令和批准豁免适用法律方面的权力",把这些工作转交给了议会。于是,"司法治国"时代执政者裁量单项事务的职能到"立法治国"时代就被移交给了立法者。诚然,英国的特殊之处在于议会作为主权者全盘接管了国王的权力,以致它要处理的事务特别繁多。但其他分权制国家的立法机关也或多或少从行政机关手中接过了参与决定特别重大事项的权力。

代议制人民主权观念的兴起也要求把决定重大事务的权力交给人民及其代表行使。英国政治思想家约翰·密尔指出:"理想上最好的政

---

① 参见莫纪宏:《为立法辩护》,武汉大学出版社2007年版,第444—445页。
② 〔英〕梅特兰:《英格兰宪政史》,李红海译,中国政法大学出版社2010年版,第246页。

府形式就是主权或作为最后手段的最高支配权力属于社会整个集体的那种政府",即代议制政府。① 罗尔斯也认为立宪政体的必备因素之一是"决定基本社会政策的权力存在于一个代表机构之中,这个代表机构……是一个有权制定法律的立法机关。"②

几乎所有现代分权制国家的宪法中都有关于立法机关行使重大事项决定权的规定。各类政体之中,最频繁地由立法机关行使重大事项决定权的政体当属大会政府,其次是议会内阁制,总统制国家的立法机关相对最少行使重大事项决定权。大会政府指的是由公众选举的立法会议拥有对其他国家机关的至上地位。英国资产阶级革命时期的长期国会和法国大革命中雅各宾派专政时期成立的行政委员会被视为大会政府的早期实践。随后,《法兰西第二共和国宪法》和《德国魏玛宪法》也都采用了大会政府体制。1918年《苏俄宪法》及1936年"斯大林宪法"实行的苏维埃制度,及受其影响的东欧、中国、越南、古巴等社会主义国家的体制也均可归入其中。③ 此外,我国学界一般将巴黎公社视为"议行合一"体制④,也属于大会政府。大会政府体制下,立法机关之下一般设立行政机关,受立法机关委托行使行政职能。但行政机关与立法机关之间不存在严格的分权,立法机关可以干预行政机关的各项事务。议会内阁制是现代国家最常见的政体。内阁政务官均为议会成员,内阁领导人一般由议会多数党领袖担任。因而原则上,重大政策均由议会和内阁共同确定,然后交由内阁执行。但实践之中,议会参与政策决定的程度还要取决于每个国家对议会内阁制的细节安排。⑤ 典型的总统制国家如美国实行最严格的三权分立,总统与国会之间共享的权力最少。但在

---

① 〔英〕J. S. 密尔:《代议制政府》,汪瑄译,商务印书馆1982年版,第43页。
② 〔美〕约翰·罗尔斯:《正义论》,何怀宏、何包钢等译,中国社会科学出版社1988年版,第212页。
③ 参见〔美〕卡尔·罗文斯坦:《现代宪法论》,王锴、姚凤梅译,清华大学出版社2017年版,第59—63页。
④ 参见浦兴祖主编:《中华人民共和国政治制度》,上海人民出版社1999年版,第68—69页。
⑤ 参见〔美〕卡尔·罗文斯坦:《现代宪法论》,王锴、姚凤梅译,清华大学出版社2017年版,第66页。

美国宪法列举的几类的重大事务上,国会拥有决定权,如征税、借款、批准政府预算、对外国宣战等。这也是西方政治传统中历来属于代议机关审议的事项。

(二) 我国人大的重大事项决定权

1. 重大事项决定权的规范依据

在我国,重大事项决定权是《宪法》《地方组织法》赋予人民代表大会、人大常委会讨论决定国家或本区域重大事务的一项重要职权。该权力直接体现了国家权力机关的性质和作用,具有广泛的适用性。我国由立法机关行使重大事项决定权的做法可以上溯到革命战争时期。1931年《中华苏维埃共和国宪法大纲》规定:"中华苏维埃共和国之最高政权为全国工农兵会议(苏维埃)的大会"。1934年《中华苏维埃共和国中央苏维埃组织法》第6条规定:"全国苏维埃代表大会……决定全国的大政方针",第24条列举了改订国家边界、划分行政区域、宣战与媾和、制定税率、发行内外公债、批准预决算、赦免等一系列属于全国苏维埃代表大会的权力。1931年《地方苏维埃政府的暂行组织条例》和1933年《中华苏维埃共和国地方苏维埃暂行组织法(草案)》中也相应规定了地方苏维埃享有的重大事项决定权。此后根据地的政权建设中均设置了代议制机构的重大事项决定权。作为人民代表大会前身的各界人民代表会议也被视为决定重大事项的机构。1950年,毛泽东在七届三中全会的书面报告中要求:"人民政府的一切重要工作都应交人民代表会议讨论,并作出决定。"①1954年,刘少奇在《关于中华人民共和国宪法草案的报告》也说:"人民代表大会制度既规定为国家的根本政治制度,一切重大问题就都应当经过人民代表大会讨论,并作出决定。"②《五四宪法》以来的各部宪法中都规定了人民代表大会的重大事项决定权。

我国现行宪法和法律体系之中关于重大事项决定权的规范依据,一是《宪法》第62条、第67条列举的全国人大及其常委会行使的职

---

① 《建国以来毛泽东文稿》(第一册),中央文献出版社1987年版,第395页。
② 《刘少奇选集》(下卷),人民出版社1985年版,第157页。

权,二是《宪法》第99条规定的地方各级人大职权,以及第104条规定县级以上地方各级人大常委会"讨论、决定本行政区域内各方面工作的重大事项"。《地方组织法》第8条和第44条也规定县级以上地方各级人大及其常委会"讨论、决定本行政区域内的政治、经济、教育、科学、文化、卫生、环境和资源保护、民政、民族等工作的重大事项"。

2. 重大事项决定权的范围

这些规范依据之中,对全国人大及其常委会的规定中未使用"重大事项"一词,对地方人大及其常委会的规定则概括叙述了"重大事项"的范围,未具体列举有哪些事项。为明确重大事项的内涵,理论界提出了几种见解。影响较大的是蔡定剑教授的归纳。他提出全国人大及其常委会的重大事项决定权包括(1)为保证宪法法律实施的决定;(2)为修改补充法律的决定;(3)关于国家机构组织建设的事项;(4)批准国家经济建设、改革和对外开放方面的重大事情;(5)授权决定等。① 浦兴祖教授则排除了立法权、任免权、监督权方面的事项,将全国人大的最高决定权归纳为(1)审查批准国家经济和发展计划;(2)审议预决算;(3)批准省级行政区划建置;(4)决定设立特别行政区;(5)决定宣战和媾和。② 田自勇博士在其博士论文中将重大事项的内容分为(1)有关法律问题的决定;(2)政策性决定;(3)具体大事的决定。③ 对比可见,各家之说的主要区别在于是否将一部分立法权事务如修改法律的决定也视为重大事项决定权。这几种观点都没有把任免权归入重大事项决定权之中。但1988年全国人大常委会的工作报告中称:"六届全国人大常委会……审议决定了一批重大事项,包括人事任免事项"。④ 然而,亦有研究者采用体系解释的方法,指出我国《地方组织法》第8条将重大事项决

---

① 参见蔡定剑:《中国人民代表大会制度》,法律出版社1998年版,第326—327页。
② 参见浦兴祖主编:《当代中国政治制度》,复旦大学出版社2011年版,第19页。
③ 参见田自勇:《人民代表大会重大事项决定权制度研究》,河北师范大学2012年博士学位论文,第16—17页。
④ 陈丕显:《全国人民代表大会常务委员会工作报告(1988年)——1988年3月31日在第七届全国人民代表大会第一次会议上》,载http://www.npc.gov.cn/wxzl/wxzl/2000-12/26/content_2090.htm,访问日期:2020年4月15日。

定权与决定经济和发展计划、审批预算、人事任免、授予荣誉称号等权力并列,则按逻辑推论,这些并列的权力不宜归入重大事项决定权中。① 可见重大事项决定权的范围目前尚无清晰定论。

地方各级人大及其常委会重大事项决定权的范围同样有待明确。2011年、2013年和2014年都有全国人大代表提出议案,建议修改地方组织法,明确重大事项的范围。② 在修法尚待时日的情况下,各级地方人大及其常委会通常以制定地方性法规的形式,先行明确本地人大审议的重大事项。截至2020年年底,大陆31个省、自治区、直辖市中,仅新疆、宁夏两地人大尚未制定本地的"讨论决定重大事项规定"。省级以下则有20多个设区的市、两个经济特区、2个自治县和自治旗制定了相应规定。③ 从立法技术来看,绝大多数省级人大的规定采用了"列举加兜底"的形式来明确重大事项的范围。以北京市为例,其规定的重大事项可分为(1)法律法规规定及中央机关、其他机关要求讨论决定的事项;(2)经济和发展计划;(3)预决算;(4)城市规划;(5)授予荣誉称号;(6)民主法治建设事务;(7)关系改革发展稳定大局的事务;(8)重大工程和建设项目等。④ 基本上,通过概括列举加兜底,地方制定的规定可以囊括绝大多数需要讨论的事项。

在实践之中,20世纪50年代中期全国人大就一些重大事项进行了讨论决定,包括关于根治黄河水害和开发黄河水利的综合规划、1956年

---

① 参见邹平学、刘海林:《论人大重大事项决定权的规范内涵及制度完善》,载《四川师范大学学报(社会科学版)》2018年第1期,第57页。
② 参见《全国人民代表大会法律委员会关于第十一届全国人民代表大会第四次会议主席团交付审议的代表提出的议案审议结果的报告》(2011年12月28日),载 http://www.npc.gov.cn/zgrdw/npc/xinwen/dbgz/yajy/2012-01/04/content_1685146.htm;《全国人民代表大会法律委员会关于第十二届全国人民代表大会第一次会议主席团交付审议的代表提出的议案审议结果的报告》(2013年12月25日),载 http://www.npc.gov.cn/zgrdw/npc/xinwen/2014-01/27/content_1825096.htm;《全国人民代表大会法律委员会关于第十二届全国人民代表大会第二次会议主席团交付审议的代表提出的议案审议结果的报告》(2014年12月28日),载 http://www.npc.gov.cn/wxzl/gongbao/2015-02/27/content_1932703.htm,访问日期:均为2020年4月15日。
③ 数据来源:北大法宝法律数据库,载 http://www.pkulaw.com,访问日期:2021年3月8日。
④ 参见《北京市人民代表大会常务委员会讨论、决定重大事项的规定》第4条。

到1967年全国农业发展纲要(修正草案)、关于改进工业管理体制、商业管理体制、财政管理体制、税收管理体制的决定等。① 20世纪80年代之后,各级人大行使重大事项的决定权的实践则有国民经济和社会发展的中长期计划、年度计划和预决算,关于兴建长江三峡工程的决议、调整省级行政区划、设立香港和澳门特别行政区等。据研究者统计,全国人大常委会2013—2017年作出的决议或决定中,带有主动性、创造性的针对具体重大事项作出的决定共21项,其中"决议"类有18项,"决定"类共有16项,包括《关于实行宪法宣誓制度的决定》《关于设立国家宪法日的决定》等。② 地方人大行使重大事项决定权的实践主要集中在经济建设、环境保护方面,亦有关于民主法制建设的事项。据研究者对1980年以来的数据的抽样调查统计,每届地方人大决定的实体性重大事项约在6—10件之间。③

3. 判断"重大"与否的标准

重大事项决定权中的"重大"当作何解,理论上和实践中目前没有统一见解。有观点认为,凡是宪法规定由全国人大及其常委会决定的事项,都是重大事项。不是重大事项的不会交给国家最高权力机关来决定。④ 从规范意义上说这么理解固无不可,但在实践中,全国人大及其常委会决定的事项中不可避免地会包括一些程序性或内部性事务,一概视之为重大事项略显机械,也无助于厘清"重大事项"的内涵。蔡定剑教授提出了判断"重大事项"的三原则:(1)以法定职权判断;(2)仅限于大事,即本地区内带有根本性、全局性和长远性的事务;(3)因事制

---

① 参见刘政、程湘清:《人民代表大会制度的理论和实践》,中国民主法制出版社2003年版,第10页。
② 参见邹平学、刘海林:《论人大重大事项决定权的规范内涵及制度完善》,载《四川师范大学学报(社会科学版)》2018年第1期,第62—63页。
③ 参见田自勇:《人民代表大会重大事项决定权制度研究》,河北师范大学2012年博士学位论文,第57—61页;邹平学、刘海林:《论人大重大事项决定权的规范内涵及制度完善》,载《四川师范大学学报(社会科学版)》2018年第1期,第63—64页。
④ 邹平学、刘海林:《论人大重大事项决定权的规范内涵及制度完善》,载《四川师范大学学报(社会科学版)》2018年第1期,第57—58页。

宜,结合具体形势判断。① 原全国人大常委会法工委副主任阚珂则提出全局性、根本性、长远性三个判断标准:"全局"指问题涉及的空间范围,"长远"指问题涉及的时间范围,"根本"指问题的重要程度。② 很多研究者还援引彭真的论述:

> 人大和人大常委是国家权力机关,它的任务是审议、决定国家根本的、长远的、重大的问题。③
>
> 不要代替政府工作,不要不恰当地干扰政府工作,只管重大原则问题。……重大原则问题,该管就管,少一事不如多一事;日常工作问题,不必去管,多一事不如少一事。④

但实践中如何理解和把握彭真的原则性论述仍是问题。富有人大工作经验的原全国人大常委会副秘书长刘政说:"这些指导性意见都是重要的,但实行起来很难。"⑤

(三) 我国重大事项决定权和立法权的区别

西方立法机关对重大事项决定权和立法权并未做明确区分。虽然在形式上可以区分决议案和法案。决议案的通过流程较为简单。如美国国会的简单决议案(Simple Resolution),只需要一院表决通过,也没有法律效力;可由议员动议发起,当场表决。但仍有大量重大事项决议是以法案的流程颁布的。如参众两院共同通过的联合决议案(Joint Resolution)的性质及效力与法案(Bills)一致,一般适用于小额或临时拨款、处理突发事件、宣战等。又如对英国 1951—1975 年间议会立法的统计

---

① 参见蔡定剑:《中国人民代表大会制度》,法律出版社 1998 年版,第 327—328 页。
② 阚珂:《人民代表大会那些事》,法律出版社 2017 年版,第 40 页。
③ 彭真:《论新时期的社会主义民主与法制建设》,中央文献出版社 1989 年版,第 329 页。
④ 彭真:《论新时期的社会主义民主与法制建设》,中央文献出版社 1989 年版,第 198 页。
⑤ 刘政:《我国人民代表大会制度的特点及其历史发展——九届全国人大常委会法制讲座第三讲》,载 http://www.npc.gov.cn/npc/c541/199809/ef185e57149cab7ee04ae1835a.shtml,访问日期:2021 年 3 月 2 日。

表明,除了标准的法律之外,其中还包括相当数量的为处理突发事件而作的紧急立法、年度的和临时的财政性立法、王室拨款相关立法、整合立法及删除过时的条文等非实体性的立法,在立法形式上并无严格区别。① 故而本书不讨论其他国家的重大事项决定权与立法权之别,仅就我国的情况加以区分。

1. 重大事项决定权与立法权的权力范围不同

重大事项决定权是否包含立法权,目前研究者意见不一。主张包含的观点认为:重大事项决定权与立法权在本质上是一致的。人民代表大会行使职权都是在对国家或者地方的重大事项表达意志。这一意志以法律法规的形式表现出来,就是行使立法权;以决定的形式表现出来,通常即是行使重大事项决定权。因此可以说,立法权是重大事项决定权的一种表现形式。② 在实践之中,确有一些本应由立法规定的事项是以全国人大决定的形式发布的。例如1991年发布的《全国人民代表大会常务委员会关于严禁卖淫嫖娼的决定》(以下简称《决定》)规定限制卖淫嫖娼人员的人身自由。1997年全面修订《刑法》时,这一《决定》被收入刑法典的附件二,并声明"有关行政处罚和行政措施的规定继续有效"。鉴于2000年《立法法》第8条规定"限制人身自由的强制措施和处罚"只能制定法律,该《决定》一直沿用至今,其法律地位显然为全国人大所认可。行政诉讼实务中也都确认这一《决定》可作为法律依据。③ 又如2016年全国人大常委会工作报告中称:"常委会审议通过《全国人民代表大会常务委员会关于实行宪法宣誓制度的决定》,以国家立法形式建立了我国的宪法宣誓制度……这是深入推进依法治国、依宪治国的重大举措。"④可见全国人大常委会亦将该项决定视为立法。这两个决定分

---

① 参见〔英〕迈克尔·赞德:《英国法:议会立法、法条解释、先例原则及法律改革(第六版)》,江辉译,中国法制出版社2014年版,第4—5页。
② 参见田自勇:《人民代表大会重大事项决定权制度研究》,河北师范大学2012年博士学位论文,第22页。
③ 参见何海波:《论收容教育》,载《中外法学》2015年第2期,第441—446页。
④ 张德江:《全国人民代表大会常务委员会工作报告——2016年3月9日在第十二届全国人民代表大会第四次会议上》,载http://www.npc.gov.cn/npc/c16115120160417768ffob174c42969468d5537c756150.shtml,访问日期:2020年11月25日。

别涉及公民人身自由及依宪治国,其事项不可谓不重大。以此观之,重大事项决定权包含了立法权在内。

然而,在1980年4月18日召开的省级人大常委会负责人第一次座谈会上,时任全国人大常委会副委员长彭真把地方人大常委会的职权总结为制定、颁布地方性法规;讨论、决定本地区重大事项;人事任免;监督一府两院的工作等四项。① 在此后的人大理论研究之中,一般都按彭真的论述,把人大的权力划分为立法权、重大事项决定权、人事任免权、监督权等并列的四权。很多研究者从这一理论出发,反对将立法权归入重大事项决定权,主张人大的"决定"应分为对重大事项的决定和立法性质的决定。秦前红教授提出:立法权是规则形成权,决定权是意愿表达权;决定通过监督权来保证实施;立法则通常通过司法适用来实施;决定对公民、组织的权利义务产生影响时,一般不能寻求司法救济。② 另有观点认为:立法事项侧重于普遍的、可反复适用的规范;内容多为规范政府及其部门行政行为或调整公民的权利义务。人大决定则侧重于一次性、年度性、阶段性的事项;程序性的事项,如计划预算的编制调整审批;仅涉及特定范围和特定对象,不具备普遍适用性的事项;推进政府工作的、决策性的事项;号召性、倡导性、宣示性的事项等。③

从适用效力和程序上看,重大事项决定权和立法权存在明显差别。在具体实践之中,重大事项决定权与立法权已经发展成为有各自特定内涵的单独职权,不宜混淆。将两权区分开来的观点更具有合理性。对于那些需要制定具有普遍性和反复适用性规则的重大事项,其主要内容涉及对权利与义务的配置,应以立法的形式加以规范;而对于那些不具普遍性或反复适用性,或者制定法律的条件尚不成熟的重大事项,则适宜以决定的形式作出。重大事项决定权在实践中具有一定的灵活性,能对立法权起到补充作用。尤其是在立法条件尚不成熟的情况下,行使重大

---

① 参见彭真:《论新时期的社会主义民主与法制建设》,中央文献出版社1989年版,第59—61页。
② 参见岳文英:《如何厘清人大决定事项与人大立法事项的讨论》,载《人大研究》2017年第10期,第23页。
③ 同上注,第22—23页。

事项决定权,既实现一定的规则之治,又能避免草率立法,保证法律的严肃性。① 虽然目前还有一些人大决定,难以从形式上区分其具有立法权性质还是重大事项决定权性质,但这个问题可以通过完善人民代表大会制度来解决。因而本书认为,在规范层面仍以将两权区分开来为宜。

2. 重大事项决定权与立法权的规范效力不同

行使立法权制定的规范性文件具有法律效力,在司法审判之中可以被人民法院作为裁判依据引用。2009 年《最高人民法院关于裁判文书引用法律、法规等规范性法律文件的规定》中明确规定可以用作裁判依据的是"法律及法律解释、行政法规、地方性法规、自治条例或者单行条例、司法解释",以及国务院或者国务院授权的部门公布的行政法规解释或者行政规章。其他规范性文件不能作为裁判依据,只能"根据审理案件的需要,经审查认定为合法有效的,可以作为裁判说理的依据"。如前所述,一些立法权性质的决定如《全国人民代表大会常务委员会关于严禁卖淫嫖娼的决定》在诉讼中也被法院确认具有法律地位。

行使重大事项决定权生成的决定具有什么效力,目前尚无定论。有观点认为:人大的决议与决定是权力机关依法行使职权的决策性文件,具有约束力;立法是权力机关依法制定的、社会普遍遵守的行为规范,具有强制性。也有观点认为,人大立法的效力和约束性应高于人大对重大事项的决定。前述秦前红教授的观点则是:对重大事项的决定不能在司法中适用,只能由人大实施监督。② 得到公认的是人大对重大事项的决定具有约束力,对违反人大决定的行为应追究政治责任和行政责任。但是否应追究法律责任及追究何种法律责任的问题则难以回答,因为人大关于重大事项的决定一般不具有完整的法律规范构成要素,尤其很少规定行为后果,难以适用。特别是号召性、倡导性的决定,其效力更难认定。如 2016 年《全国人民代表大会常务委员会关于开展第七个

---

① 参见田自勇:《人民代表大会重大事项决定权制度研究》,河北师范大学 2012 年博士学位论文,第 23 页。
② 参见岳文英:《如何厘清人大决定事项与人大立法事项的讨论》,载《人大研究》2017 年第 10 期,第 21—23 页。

五年法治宣传教育的决议》,决定"一切有接受教育能力的公民都要接受法治宣传教育""一切国家机关和武装力量、各政党和各人民团体、企业事业组织和其他社会组织都要高度重视法治宣传教育工作,按照'谁主管谁负责'的原则,认真履行普法责任"。如果该决定具有法律效力,那么这些规定应属于强制性规范还是任意性规范?这个问题似乎无法回答。从这个例子观察,至少一部分重大事项决定不宜认定为具有法律效力。

此外,当同一人大作出的关于重大事项的决定与立法发生抵触之时应如何处理,目前尚没有清晰规定。从实践来看,如果关于重大事项的决定出台于立法之后且与立法不一致,人大倾向于将重大事项决定视为对原有立法的修改或解释,赋予其同等法律效力。例如2017年《全国人民代表大会常务委员会关于批准〈内地与香港特别行政区关于在广深港高铁西九龙站设立口岸实施"一地两检"的合作安排〉的决定》,确定香港西九龙站内地口岸区由内地依照内地法律实施管辖,引发部分港人质疑该决定与《香港特别行政区基本法》相抵触。时任全国人大常委会副秘书长李飞在新闻发布会上回应质疑时指出:

> 全国人大常委会……具有国家立法权、法律的解释权和对法律实施的监督权。当中包括对香港基本法的解释权和监督香港基本法实施的职责。在香港实施的所有法律和发生的行为是否符合基本法、是不是与基本法相抵触,全国人大常委会具有最终决定权,因此,首先必须明确,全国人大常委会对实施香港基本法、处理重大法律问题所作出的决定具有宪制性地位,具有最高法律效力……①

可见,如果同一人大作出的决定变更了在先立法的规定,则该决定

---

① 全国人大常委会办公厅新闻发布会文字实录(2017年12月27日),载http://www.npc.gov.cn/zgrdw/npc/zhibo/zzzb36/node_5847.htm,访问日期:2020年4月15日。需要注意的是,李飞此处所说的"具有最高法律效力"与宪法序言最后一个自然段中的"具有最高的法律效力",应该不是同一含义。"一地两检"决定的效力应当是与香港基本法相等,而低于宪法。

相当于立法性决定。根据新法优于旧法的原则,此时决定具有法律效力且应被优先适用。

3. 重大事项决定权与立法权的行使程序不同

现行《立法法》第29、30条规定,法律案一般实行三审制,各方面意见比较一致的,可以经过两次审议,如果调整事项较为单一或者部分修改的法律案,各方面意见比较一致的,可以经过一次审议。第44条规定法律由国家主席签署主席令予以公布才能生效。重大事项决定的审议程序没有法律明文规定。《全国人民代表大会议事规则》第24条和第25条对法律案的审议程序作了专门规定。而涉重大事项的决定案或决议案,除了审查国家计划和国家预算的议案之外,其他事项并未规定专门的审议流程。议事规则中法律案与普通议案审议程序的主要区别在于:

(1)法律案由大会全体会议听取该案说明后再交审议;普通议案仅要求提案人提交说明,未规定听取说明的程序;

(2)普通议案可以交有关的专门委员会审议,但并非必经程序;法律案必须交宪法和法律委员会和有关的专门委员会审议;

(3)宪法和法律委员会审议法律案后应提出审议结果报告和草案修改稿,对重要的不同意见应当在审议结果报告中予以说明;而有关专门委员会对普通议案审议后应提出报告,但未对报告内容作明确要求;

(4)全国人大可就特定的法律成立特定的起草委员会,制定特定的审议程序。如1990年和1993年,全国人大分别为审议和表决港澳基本法制定了专门程序。[①] 而对普通议案无此规定。

《全国人民代表大会常务委员会议事规则》第15条对法律案、有关法律问题的决定的议案、修改法律的议案也规定了特别审议程序:法律委员会审议这几类议案后不必在本次常务委员会会议上即时提出审议结果的报告,而其他议案交有关专门委员会审议后应在本次会议上即提

---

① 见《第七届全国人民代表大会第三次会议关于〈中华人民共和国香港特别行政区基本法(草案)〉的审议程序和表决办法》(1990年3月29日)、《第八届全国人民代表大会第一次会议关于〈中华人民共和国澳门特别行政区基本法(草案)〉的审议程序和表决办法》(1993年3月20日)。

出报告。从这些规定可以看出立法权的行使程序比重大事项决定权要严谨和复杂得多。

比较特殊的是具有立法权性质的决定。这类决定仍是以决定案或决议案的形式提出的,由于并非法律案,不适用《立法法》三审制的规定。《全国人民代表大会常务委员会议事规则》第 15 条规定法律委员会审议法律案后,只能向下次或者以后的常务委员会会议提交审议报告;而有关法律问题的决定的议案和修改法律的议案,法律委员会审议后可以选择向本次或以后的常委会会议报告。可见具有立法权性质的决定可能经过一次审议通过即可公布生效,且无需由国家主席签署主席令公布。例如《全国人民代表大会常务委员会关于授权在部分地区开展人民陪审员制度改革试点工作的决定》《全国人民代表大会常务委员会关于设立国家宪法日的决定》及前述全国人大常委会关于香港"一地两检"的决定均未以主席令的方式公布,但都被视为具有法律效力。从形式上来看,这种做法不能向社会公众充分宣示这些决定的法律地位,容易引发对其法律效力的怀疑。为了维护国家法律的庄严,全国人大应考虑在未来修改对具有立法权性质的决定的审议流程,将其与审议法律案的程序和形式统一起来。

4. 条约批准权的权力属性问题

最后一个问题是全国人大常委会的条约批准权应属于重大事项决定权还是立法权。从我国《宪法》第 67 条的结构来看,第 15 项"决定同外国缔结的条约和重要协定的批准和废除"与第 2 项制定和修改法律的职能是并列的,显然在逻辑上全国人大常委会的立法权未包括条约批准权。而且《宪法》第 62 条规定了全国人大的立法权,但未规定全国人大享有条约批准权。如果立法权包含条约批准权,则从第 62 条中应当可以解释出全国人大也可以批准条约,这显然与制宪意图相违背。[①] 因此

---

① 《八二宪法》第 62 条未规定全国人大的条约批准权是沿用了《五四宪法》第 27 条的规定。《五四宪法》制定过程中,曾有建议赋予全国人大以批准、废除条约的职权,未被采纳。可见制宪意图即未赋予全国人大以条约批准权。参见韩大元:《1954 年宪法制定过程》,法律出版社 2014 年版,第 192 页。

一些研究者将条约批准权归入重大事项决定权。如李飞在十二届全国人大常委会组成人员履职学习讲座中介绍全国人大及其常委会的"四权"时,即将"决定同外国缔结的条约和重要协定的批准和废除"置于重大事项决定权部分。①

但另一方面,我国法学理论一贯承认条约是法的渊源之一。② 审判实践中也有直接引用条约作为裁判依据的情况,如(2012)浙甬民一初字第1号民事判决书引用了《联合国国际货物销售合同公约》作为裁判依据、(2005)浦民一(民)初字第12164号民事判决书引用了《经1955年海牙议定书修订的1929年华沙统一国际航空运输一些规则的公约》和《统一非立约承运人所作国际航空运输的某些规则以补充华沙公约的公约》作为裁判依据。后一案还被最高人民法院作为指导性案例发布。③ 可见无论在理论上还是实践中,条约在我国均具有法律效力。将条约批准权从立法权中割裂出来,将损害立法权的完整性,也无助于维护国家法制的统一。已有学者建议修改《宪法》及《立法法》,赋予全国人大以条约批准权,以维护国家最高立法权的统一。④ 本书亦持条约批准权应归入立法权的观点。

第三节 "立法权科学配置"的含义

在澄清立法权本质特征的基础上,本章进一步讨论"立法权科学配置"这一表述的含义。长期以来,"科学立法"是我国法制政策制定与法学研究的指导思想和价值取向之一。立法权的科学配置,顾名思义,属

---

① 参见李飞:《全国人大常委会的组织制度和议事规则——十二届全国人大常委会组成人员履职学习第二讲》,载http://www.ngd.org.cn/zlg/xxzl_zlg/25682.htm,访问日期:2020年4月15日。

② 参见张文显主编:《法理学》(第三版),高等教育出版社、北京大学出版社2007年版,第93页。

③ 参见最高人民法院审判委员会:《阿卜杜勒·瓦希德诉中国东方航空股份有限公司航空旅客运输合同纠纷案》(指导案例51号),载《人民法院报》2015年4月24日,第4版。

④ 参见谢新胜:《中国的条约缔结程序与缔约权——以〈缔结条约程序法〉立法规范为中心的考察》,载《华东政法大学学报》2012年第1期,第54页。

于"科学立法"概念的一个逻辑子集。故而在此先对"科学立法"概念的含义加以分析。

一、"科学立法"的含义

(一)"科学立法"成为我国立法工作指导方针的历史沿革

20世纪80年代中后期,我国法学界即已开展立法科学化、民主化的研究,为"科学立法"做了长期的理论积淀。1998年,全国人大常委会委员长李鹏主持九届全国人大常委会第四次法制讲座时提出:"建立一个科学的立法体制,对于正确处理中央与地方之间的关系、国家权力机关与其他国家机关之间的关系,做好立法工作,维护法律内部协调和法制统一,具有重要的意义。"[①]1999年4月,全国人大法律委员会主任委员王维澄在九届全国人大常委会第八次法制讲座上建议:"为了达到形成有中国特色社会主义法律体系的目标",应当"制定科学的立法纲要和立法规划"。[②] 这表明"科学立法"理论得到了党和国家决策层面的关注。

2000年,第九届全国人大第三次会议通过的《立法法》第4、5、6条分别规定:"立法应当依照法定的权限和程序,从国家整体利益出发,维护社会主义法制的统一和尊严";"立法应当体现人民的意志,发扬社会主义民主,保障人民通过多种途径参与立法活动";"立法应当从实际出发,科学合理地规定公民、法人和其他组织的权利与义务、国家机关的权力与责任"。2015年《立法法》修订后,这三个条款的内涵被全国人大法工委归纳为"依法立法""民主立法""科学立法",[③]成为"科学立法"在法律中的体现。

2006年3月,全国人大常委会委员长吴邦国在第十届全国人大第

[①] 李鹏:《李鹏委员长在主持九届全国人大常委会第四次法制讲座时的讲话》,载《人大工作通讯》1998年第21期,第3页。

[②] 王维澄:《关于有中国特色社会主义法律体系的几个问题》,载《求是》1999年14期,第11页。

[③] 参见全国人大常委会法制工作委员会国家法室编著:《中华人民共和国立法法释义》,法律出版社2015年版,第16—17、23、26页。

四次会议上作的全国人大常委会工作报告中提出:"进一步推进科学立法、民主立法,使之制度化、规范化和程序化。"该次会议通过的《国民经济和社会发展第十一个五年规划纲要》也要求:"贯彻依法治国基本方略,推进科学立法、民主立法,形成中国特色社会主义法律体系。"同年10月十六届六中全会通过的《中共中央关于构建社会主义和谐社会若干重大问题的决定》提出:"坚持科学立法、民主立法"。一年之后的十七大报告中再度提出:"要坚持科学立法、民主立法,完善中国特色社会主义法律体系。"至此,我国国家政策中形成了"科学立法"的清晰表述。

2012年,十八大报告提出:"要推进科学立法、严格执法、公正司法、全民守法"。即依法治国的"新十六字方针"。2014年十八届四中全会通过的《中共中央关于全面推进依法治国若干重大问题的决定》再次强调:"深入推进科学立法、民主立法。"2015年修订《立法法》,丰富完善了第5条"民主立法"和第6条"科学立法"的文字表述。2017年十九大报告中多次提到"科学立法",除了重申新十六字方针外,又提出:"推进科学立法、民主立法、依法立法,以良法促进发展、保障善治。"这是关于"科学立法"最新的权威论述。

(二)我国对"科学立法"含义的探索

1. 20世纪八九十年代对"立法科学化"的探索

"科学立法"的表述是在我国法治进程中逐渐形成的。因此其含义也有一个逐步探索的过程。20世纪80年代,中共中央在总结"大跃进""文革"等决策失误给国家和人民带来严重危害的历史教训基础上,提出了"决策民主化和科学化"的课题。要求把"实行决策的民主化和科学化"作为政治体制改革的一个极为重要的方面来推行。① 随后"党的决策的民主化和科学化"问题被写入十三大报告。这一时期法学界也对立法的科学化、民主化问题展开了研究。

---

① 参见万里:《决策民主化和科学化是政治体制改革的一个重要课题——在全国软科学研究工作座谈会上的讲话》,载《中国软科学》1986年第2期,第3—4页。

八十年代对"立法科学化"的认识,是与"立法经验化"相对立的。经验化是指立法者依据直观的、浅层的局部性认识来指导立法活动。反之,科学化要求立法遵循一定的客观规律,立法者应当通过科学理论和技术来认识客观规律,使得立法符合客观规律。为此需要在立法体制、程序、方法上贯彻科学化的要求。① 八十年代科学理论中流行的信息论、系统论、控制论等观念也常常被应用于立法科学化的研究。② 相关研究还普遍认为:立法的科学化和民主化是一体两面。民主化是科学化的前提与保证,科学化当中也蕴含着民主化的要求。③

2. 二十一世纪前十年对"科学立法"的研究

2000年《立法法》第6条在总结八九十年代理论研究的基础上,将"科学立法"表述为:"从实际出发,科学合理地规定公民、法人和其他组织的权利与义务、国家机关的权力与责任"。"从实际出发"无疑含有实事求是、符合客观规律之意,其核心意义则被解释为"从中国的国情出发",避免本本主义和照搬外国经验。④

2003年十六届三中全会提出将"科学发展观"作为党的指导思想。法学界也将科学发展观与"科学立法"研究相结合,提出科学发展观中"以人为本"的理念要求立法贯彻民主程序,体现人的尊严和人的价值⑤;"全面、协调、可持续发展"理念则要求建立统一的立法体系;在立法中正确处理公权力和私权利的关系;从国情出发,合理借鉴传统和外

---

① 参见程燎原、夏道虎:《论立法的科学化》,载《法律科学(西北政法学院学报)》1989年第2期。
② 参见倪正茂:《现代化与法学现代化简论》,载《上海社会科学院学术季刊》1986年第2期,第108页;谭伟:《立法规划初探》,载《当代法学》1987年第2期,经、第40页;邹平:《人口立法方式初探》,载《中国人口科学》1990年第5期,第35页。
③ 参见程燎原、夏道虎:《论立法的科学化》,载《法律科学(西北政法学院学报)》1989年第2期,第60页;杨海坤:《我国行政法的民主化、科学化发展展望》,载《中国法学》1992年第2期,第30页。
④ 参见全国人大常委会法制工作委员会国家法室编著:《中华人民共和国立法法释义》,法律出版社2015年版,第27页。
⑤ 参见张薇薇:《论科学发展观在立法制度创新中的体现》,载《湖北社会科学》2007年第8期,第142—143页;宗炜:《坚持以科学发展观引领立法工作》,载《法制与社会》2009年第25期,第7页。

国的法治资源。①

2006年十六届三中全会明确形成"科学立法"的表述后,理论界对"科学立法"的内涵作了大量研究。研究者普遍认为,科学立法的核心内容是立法应符合客观规律,要在立法理念、立法体系、立法程序、立法内容等方面全面贯彻科学性的要求。②有研究辨析了"科学立法"和八九十年代的"立法科学化"概念的差异,提出除了坚持实事求是之外,还要注重作为科学的法学自身的特点,将法理学、法律经济学、比较法学、立法学的研究成果应用于科学立法的实践之中。③还有研究意识到"科学立法"概念具有广义和狭义之分:从最广泛的意义上说,立法过程中一切具有相对合理性的要素都可以视为立法"科学性"的组成部分。这就把立法的民主性、程序性、合宪性等都吸收在内。而狭义的"科学立法"则是作为一个与"民主立法"并列的概念,不包括立法民主性的要素。④

3. 十八大以来对"科学立法"含义的阐释

十八大提出新十六字方针之后,党和国家领导人多次对科学立法进行阐释。2013年2月,中共中央总书记习近平在主持十八届中央政治局第四次集体学习时指出:"实践是法律的基础,法律要随着实践发展而发展。要完善立法规划,突出立法重点,坚持立改废并举,提高立法科学化、民主化水平,提高法律的针对性、及时性、系统性。"⑤同年10月,全国人大常委会委员长张德江在第十二届全国人大常委会立法工作会议上也指出:"科学立法,就是要求法律准确反映和体现所调整社会关系的

---

① 参见郭榛树:《科学发展观的法学解读》,载《河北法学》2006年第1期,第5—6页;陆德生、纪荣荣:《以科学发展观统领立法工作》,载《人大研究》2007年第2期,第18—19页。
② 参见朱景文:《提高立法质量与科学立法民主立法》,载《光明日报》2011年2月24日第15版;周俐、闫鹏涛:《关于科学立法的几个层次》,载《人大研究》2012年第11期,第38—40页。
③ 参见崔英楠:《从立法科学化到科学立法》,载《新视野》2010年第2期,第62—63页。
④ 参见关保英:《科学立法科学性之解读》,载《社会科学》2007年第3期,第75—76页。
⑤ 习近平:《习近平谈治国理政》(第一卷),外文出版社2014年版,第144页。

客观规律,同时遵循法律体系的内在规律。"①

新十六字方针将十七大报告中的"科学立法、民主立法"表述浓缩为"科学立法",理论研究对此普遍认为,应将新十六字方针中的"科学立法"做广义理解,此处提的"科学"同时也蕴含了"民主"的含义。②

2015年修订的《立法法》完善了第6条"科学立法"的条文,在原表述中添加了一个分句:立法应当"适应经济社会发展和全面深化改革的要求",并新添加了一款作为该条第2款:"法律规范应当明确、具体,具有针对性和可执行性"。新加的这两处文字细化了"科学"的内涵。前者是对"立法应当从实际出发"的补充,强调了立法应适应国情、服务于国家的重大目标任务;后者为立法质量设立了科学的评判标准。

2016年,全国人大常委会法制工作委员会主任李适时撰文提出:"立法工作要更加自觉地遵循经济规律、自然规律、社会发展规律和立法活动规律,科学合理地规范公民、法人和其他组织的权利与义务,科学合理地规范国家机关的权力与责任,使每一项立法都符合宪法精神、反映人民意志、得到人民拥护。"③

2017年的十九大报告将我国的立法原则进一步扩充为"科学立法、民主立法、依法立法",这再次丰富了广义"科学立法"的内涵。同时十九大报告中提出的"良法"概念,也为"科学立法"设立了新的标准。

二、"立法权科学配置"的含义

（一）我国理论研究中对"立法权科学配置"的认识

从前述研究可以看出,"科学立法"是一个范围很广的概念,涉及立

---

① 张德江:《提高立法质量 落实立法规划——在全国人大常委会立法工作会议上的讲话》,载《中国人大》2013年第21期,第12页。
② 参见刘作翔:《关于社会治理法治化的几点思考——"新法治十六字方针"对社会治理法治化的意义》,载《河北法学》2016年第5期,第3—4页;钱蕃、钱挺:《全面推进依法治国的四个维度》,载《学理论》2013年第13期,第50页;方军贵:《科学立法的内涵及实现路径初探》,载《安徽工业大学学报(社会科学版)》2013年第6期,第48页;刘松山:《科学立法的八个标准》,载《中共杭州市委党校学报》2015年第5期,第85—86页。
③ 李适时:《加强社会主义民主法治建设 推动全面依法治国迈上新台阶(下)》,载《中国人大》2016年第11期,第13页。

法精神、体制、程序、方法等多个方面。立法权的科学配置作为科学立法的组成部分，主要涉及立法体制和立法程序领域，具体包括立法权在各立法主体之间如何分配的问题，以及各立法主体在立法活动中如何领导、监督、协调的问题。"科学立法"的科学性内涵，也同样适用于"立法权科学配置"概念。

"立法权科学配置"的本质含义是立法权配置必须符合客观规律。在多种客观规律中，最重要的规律是我国基本国情。但基本国情仍是一个复杂的概念，对于立法工作，最重要的国情应当是我国的经济社会发展状况和全面深化改革的任务要求。立法权的配置状况必须符合经济社会发展水平，必须能够促进经济社会发展、能够推动实现全面深化改革的目标，这是科学性的基本要求。

除基本国情外，立法权配置也有自身的客观规律。各个现代国家的立法权配置虽不尽相同，但都有公认的价值观念如民主性、公正性等，以及相似的制度安排，如法律保留制度、合宪合法性审查制度等。我国虽不可盲目照搬外国经验，但应总结、借鉴和吸收各国立法权配置中合理共通的成分，这是科学配置的另一层含义。

立法权科学配置之中还蕴含着民主性和专业性的要求。专业性要求权力配置尊重每一个细分领域内的内在规律。如赋予行政机关和地方国家机关以立法权，即是建立在行政机关对所管辖行业内部客观规律，和地方国家机关对本地区具体情况有更深入认识的基础之上。民主性是广义上的科学性的组成部分。民主性首先要求立法权配置能够保障立法活动中人民群众的广泛参与和意见的充分表达；还要求立法权配置能够贯彻大多数人的意志，同时保障个体的尊严和价值。

最后，立法权配置的科学性之中还包含了系统性、可预测性、可行性的要求。系统性要求把前述各项科学性的要求结合为一个有机的、自洽的整体，弥合各项要求之间的张力，例如将立足基本国情和吸收各国先进经验相结合，将尊重专业性和发扬民主性相结合。可预测性要求建立一套有效的指标，在配置立法权之前有所规划，配置立法权之后能够评估和检测配置的效果;可行性则要求以实践作为科学性的衡量标准,能够及时有效的解决立法权配置实践中出现的问题,不断优化配置方案。

(二) 国际学界对"立法权科学配置"的认识

欧美社会科学之中的"科学性"肇始于近代机械论的自然哲学,注重以经验归纳,寻找客观现象之间因果关系。经验观察方法在十九世纪发展为实证主义社会科学。实证主义研究首先区分事实和非事实命题,只有关于事实的说明才是科学。① 马克斯·韦伯在事实与价值二分的基础上进一步讨论了社会科学中"规律"的客观性。韦伯指出,社会科学不可能建立像自然科学那样精密的因果联系。因为社会科学现象的原因要素过于广泛。研究者只能依据个人的经验和专业训练,选择在某些事件之间建立因果联结。所以,"对社会规律的认识并不是对社会现实的认识,而仅仅是我们的思维为了这一目的所使用的各种不同的辅助手段中的一个"。② 而"手段对于给定的目的的适当性问题,是绝对可以进行科学考察的"。③ 在韦伯的理论中,目的是与观念、信仰等价值选择相关联的。社会科学的科学性仅体现在"手段"与目的的适当性之中。这样一来,对价值的考察就从社会科学中被排除了。社会科学研究是一种"价值阙如"的研究。④ 即科学性只涉及手段是否适合于目标,而不关注目标的价值取向。

遵循这种思路,立法权科学配置问题就是一个何种配置手段能够实现配置目标的问题。具体地说,配置手段要解决的是国家机关之间,及中央地方之间的立法权分配问题;配置目标则往往由各国宪法的价值原

---

① 参见陈聪富:《韦伯论形式理性之法律》,载《清华法学》(第二辑),清华大学出版社2003年版,第35页。
② 〔德〕马克斯·韦伯:《社会科学方法论》,李秋零、田薇译,中国人民大学出版社1999年版,第21页。
③ 〔德〕马克斯·韦伯:《社会科学方法论》,李秋零、田薇译,中国人民大学出版社1999年版,第3页。
④ 〔德〕马克斯·韦伯:《社会科学方法论》,李秋零、田薇译,中国人民大学出版社1999年版,第92页。

则来规定。在现代学术视野中,这一问题常常被归入政治学、政府学或宪法工程学的研究领域,常见的研究方式是历史研究法和比较法。1994年,美国比较法学者大卫·S.克拉克的论文《政府结构的不同类型与立法权的配置》被译介到国内,是国内较早能接触到的以各国政府结构比较的方法来研究立法权配置的外国学术成果。[1]

20世纪60年代以来兴起的宪法工程学主要在两个领域开展立法权配置研究。一是立法机关和行政机关的关系,这类研究一般是在总统制和议会制这两种常见的政体制度之间进行比较。由于欧美政治制度的分权制衡特点,这种比较较少关注立法权在行政机关和立法机关之间的事权分工,重点放在立法程序中立法机关和行政机关的权力分享与相互控制上。对于议会立法,其关注的是政府的否决权;对于政府的立法提案,其关注的是议会的修改权、搁置权及政府的反制手段:解散议会的权力。此外相关研究还涉及紧急状态下政府的发布法令权,及全民公决制度等。[2] 二是中央和地方的关系,主要是在联邦制和单一制的国家结构之间比较,讨论何种央地分权模式更可取。其中也必然涉及立法权分配的问题。

宪法工程学的研究者普遍承认,由于各国的的历史社会条件、政治和法律文化等不同,适合的制度就是最好的制度。[3] 但另一方面,不同制度要达到的目标基本相似。即在确保政治参与和政治竞争的条件下,如何维系民主政体的稳定性与有效性,以及如何塑造有效的国家能力或政府效能。[4] 这是评价某项制度是否适合的具体标准。

尽管我国的具体政治制度与欧美不同,难以直接将国外宪法工程学的研究成果应用于我国。但在立法权配置制度中,对制度的民主性、有

---

[1] 〔美〕大卫·S.克拉克:《政府结构的不同类型与立法权的配置》,陈端洪译,载《中外法学》1994年第6期。

[2] Giovanni Sartori, *Comparative Constitutional Engineering: An Inquiry into Structures, Incentives and Outcomes (Second Edition)*, Macmillan Press, 1997, pp.162-169. 参见〔美〕卡尔·罗文斯坦:《现代宪法论》,王锴、姚凤梅译,清华大学出版社2017年版,第144—151页。

[3] Giovanni Sartori, *Comparative Constitutional Engineering: An Inquiry into Structures, Incentives and Outcomes (Second Edition)*, Macmillan Press, 1997, p.135.

[4] 包刚升:《民主转型中的宪法工程学:一个理论框架》,载《开放时代》2014年第5期。

效性、长期稳定性以及与国家发展目标的一致性这些价值目标的追求,我国与其他国家并无二致。按照韦伯的社会科学理论,立法权配置的科学性研究的也就是研究何种配置手段能够实现这些价值目标,将配置手段与价值目标之间相对客观的因果规律揭示出来。

第二章 党的领导与人大立法

第一节 党与人大关系的宪法分析

一、《宪法》确认了党的领导

我国《宪法》有六处规定了"中国共产党领导",其中五次规定在序言中,具体位次为序言第 5 段一次、第 7 段两次、第 10 段两次。《宪法》规定的党的领导既是事实命题,也是规范命题。《宪法》序言第 2 段至第 6 段叙述了中国人民经过斗争掌握国家权力的历程,并在第 7 段将其总结为两件大事:"新民主主义革命的胜利"和"社会主义事业的成就",同时强调这两件成就是"中国共产党领导中国各族人民"完成的,体现了"党的领导"这一事实命题。

接下来,《宪法》确认了我国将长期处于社会主义初级阶段,规定了国家的根本任务。基于这一现实,"国家的主人"决定:"中国各族人民将继续在中国共产党领导下……把我国建设成为富强民主文明和谐美丽的社会主义现代化强国,实现中华民族伟大复兴。"在这里引入制宪权理论,人民出场,用一个"将"字把既成事实转化为普遍性规则,即通过人民行使制宪权肯定了党的领导。①

2018 年通过的《宪法修正案》第 36 条在宪法第 1 条第 2 款"社会主义制度是中华人民共和国的根本制度"后增写一句:"中国共产党领导是中国特色社会主义最本质的特征。"这一修宪使得"党的领导"正式成

---

① 参见焦洪昌主编:《新编宪法学》,北京师范大学出版社 2011 年版,第 16 页。

为了我国宪法的一个规范命题。①

二、领导权是党的领导的核心内容

（一）从"革命党"转向"执政党"，领导党地位不变

我国《宪法》在确认党的领导的同时，还规定了我国的政党制度：中国共产党领导的多党合作和政治协商制度将长期存在和发展。"这一政党制度的显著特征是：共产党领导、多党派合作，共产党执政、多党派参政。"②可见，共产党兼具领导党与执政党的双重身份，且一党长期执政。我们需要结合党的执政来理解党的领导。

执政是指执掌国家政权。通常来说，执政党是指通过制度性选举或暴力革命而执掌一国政权的政党。在西方国家，政党通过议会制度和选举制度上升为执政党，通过拥有议会中的多数议席，或其党魁成为国家元首或政府首脑来取得执政地位。在我国，共产党不是通过选举执政，共产党长期执政，是历史和人民的选择。我国不存在西方国家那样的执政党和在野党，但当共产党以执政党的身份出现时，也同样遵循着政党执政的普遍规律。具体来说，是指在微观层面上执掌国家权力，通过国家机关中的党员领导干部去实施。国家机关中的党员是"党组织的代表"，是"党的执政的直接主体"③，具有双重身份，既是党员，也是国家公务员。由此，党的执政转化为党员公务员履行法律职责。

领导是指党在宏观层面上带领引导国家和社会的行为，通过各级党组织实现对政治、思想和组织的领导，发挥领导核心作用。党不仅领导国家，还领导社会；不仅领导政治生活，还领导经济生活、文化生活等。

---

① 2018年第五次修宪之前，林来梵教授就通过对《宪法》第1条国体条款的规范分析，从"工人阶级领导"和"社会主义"这两点推导出共产党的领导，认为国体概念隐含了"党的领导"。参见林来梵：《宪法学讲义》（第二版），法律出版社2015年版，第199页。

② 《中共中央关于进一步加强中国共产党领导的多党合作和政治协商制度建设的意见》（中发[2005]5号）。

③ 张恒山：《中国共产党的领导与执政辨析》，载《中国社会科学》2004年第1期，第9页。

可以说,党兼具的双重身份,分量是不一样的。"领导党"这一概念比"执政党"要宽泛得多,"领导党"概念本身包含了"执政党"的含义。尽管"领导党"经常以"执政党"身份出现在国家政权活动中,但党的领导不同于党的执政。

(二) 党的领导权既是权力,也是权利

对于党的领导权的性质,学界看法不一。具代表性的观点有:(1)"党的领导权首先是一种社会权力,党成为执政党之后,领导权就是一种政治权威"①;(2)党的领导首先应该是一种权力,是一种国家权力②;(3)党的领导权是一种政治权利,同时应被视为一种特殊的宪法权力③。我们认为,党的领导权既是权力,也是权利。"同一主体,可同时享有权利和拥有权力。"④在国家权力体系之外,党的组织和国家机构相结合,履行国家公共职能,此时党的领导权表现为一种公权力;在国家权力体系之内,党的组织依据国家法律规定,享有一定的权利。

笔者以为:首先,党的领导权不是国家权力。党不直接享有国家统治权。党的主张需要经过一定的法律程序转变为国家意志。《宪法》第三章明确规定了国家机构,党的组织不是国家机构,党的领导权也不会是国家权力。⑤ 其次,党的领导权是一种社会公权力。特定的社会主体,基于自身的资源优势,会对国家、社会和个人产生一定的影响力。例如西方国家将媒体比喻为"第四权力"。社会权力与国家权力的最大区别是社会权力并非由国家强制力所保障,不对公民产生普遍的约束力。

---

① 郭道晖:《权威、权力还是权利——对党与人大关系的法理思考》,载《法学研究》1994年第1期,第10页。
② 参见匡克:《论法治国家与党的领导法治化》,载《社会科学》1999年第7期,第3—5页。
③ 参见陈云良、蒋清华:《中国共产党领导权法理分析论纲》,载《法制与社会发展》2015年第3期,第46—50页。
④ 郭道晖:《试论权利与权力的对立统一》,载《法学研究》1990年第4期,第2页。
⑤ 有学者认为"中国人民政治协商会议、中国共产党中央委员会及其政治局和政治局常委会与全国人大及其常务委员会一样,必须被理解为中国宪法中明确规定的国家机关"。见强世功:《中国宪法中的不成文宪法——理解中国宪法的新视角》,载《开放时代》2009年第12期,第24页。本书赞同中国存在不成文宪法,但不赞同在如此宽泛的意义上理解不成文宪法。

当社会权力履行公共职能时,就是一种社会公权力。最后,党的领导权是一种政治权利。依据人大代表选举法,党可以推荐代表候选人。代表候选人推荐权是党的法定权利。

三、党对人大的领导

(一) 党的领导权的内容

1. 党在政治上领导人大

《党章》规定,"党的领导主要是政治、思想和组织的领导。"这是对党的领导权内容的原则性规定。就人大立法工作而言,主流观点认为,党对立法工作的领导主要是政治领导,即方针政策的领导。① 本书亦赞同此说。此外,我们认为,从人大立法实践的角度看,党的领导还体现在对立法工作的协调上。来自地方的经验显示,地方人大主动争取地方党委领导,主要是争取党委对立法工作的协调。立法是对各种利益的协调和再分配。尽管党中央高度重视立法工作,并在全会决定中提出由人大主导立法。事实上,在我国现实的权力运行中,人大受到多方面影响。人大在立法中遇到难题,需要党委来统筹、协调。

2. 党通过组织领导人大

党通过机关党组,以党内程序领导人大,而不是在组织上领导人大。文革中产生的1975年《宪法》第16条规定:"全国人民代表大会是在中国共产党领导下的最高国家权力机关。"1978年《宪法》和《八二宪法》都删去了"在中国共产党领导下的"这一定语。对此,有学者认为,"这不是否定党的领导,而是表明执政党不能作为在组织上凌驾于人大之上的更高一级的领导机关或权力机关"②,进而认为党对人大的领导是对人大工作的领导,而不包括组织领导。《八二宪法》实施以来,共有四次修改,每次都是先由党中央提出修宪建议,这已成为一种宪法惯例。党中央提出修宪建议的方式是直接向全国人大常委会提出,而不是通过在

---

① 参见蔡定剑:《中国人民代表大会制度》,法律出版社2003年版,第288页。
② 郭道晖:《权威、权力还是权利——对党与人大关系的法理思考》,载《法学研究》1994年第1期,第12页。

组织上指示全国人大常委会党组来提出。这一做法印证了上述观点。通过组织领导,具体来说,从领导方式上,是通过党组织动员、教育党员的方式,间接领导立法;从领导形式上,坚持贯彻民主集中制,由集体而非个人来领导。

3. 党以思想领导人大

我国《宪法》序言第七自然段规定:"中国各族人民将继续在中国共产党领导下,在马克思列宁主义、毛泽东思想、邓小平理论、'三个代表'重要思想、科学发展观、习近平新时代中国特色社会主义思想指引下……把我国建设成为富强民主文明和谐美丽的社会主义现代化强国,实现中华民族伟大复兴。"可见,在思想上,党对人大的领导体现为以党的先进理论指引人大工作,包括人大立法工作。

(二) 党的领导权与人大立法权的关系

通过分析,我们认为党的领导权与人大立法权之间有本质区别:人大立法权是一项国家权力。党的领导权是一种社会权,而非国家权力;它既是权力也是权利,但主要体现为权力。二者既然是两种不同的权力,就有其各自发生效力的领域,不能相互混淆、不可相互取代;同时,依据"没有不受约束的权力"这一法治原理,二者都应受到法治规范的制约。人大立法权作为一项国家权力,理应由国家法律进行规范;党的领导权虽由宪法确认,但其作为一种社会权,不应由国家法律大范围地进行规范,而应另行构建一套法治规范对其进行规制。

同时,党的领导权与人大立法权之间有着密切联系。基于党既是领导党又是执政党的双重身份,党在领导立法时,必然与人大立法权产生权力场域的交会。我们认为,党对国家事务实行政治领导的主要方式是使党的主张经过法定程序变成国家的意志。从内容上看,党通过行使立法建议权(广义)来直接实现政治领导,即通过宪法修改建议权、立法规划建议权、立法建议权(狭义)与法律草案审查建议权等作用于作为立法机关的人大。

第二节 党对立法的领导权

一、党领导立法的三个场域

党领导立法,即党对立法行使领导权的行为。① 党对立法的领导权具体体现是什么？党如何实施领导,又如何实现领导？这一系列问题在建设法治中国的今天,具有重大理论与实践意义。正如有研究指出的,由于党在国家政权的各个层面和系统所面临的情况和任务不同,党的领导方式在上述不同的层面和系统应当有不同的具体内容。② 党的十八届四中全会《决定》提出了"四个善于",其中之一为善于使党的主张通过法定程序成为国家意志。这一要求直接体现了党领导立法的任务。对于党的主张成为国家意志的过程,有观点认为其必经三个程序:(1)党的主张产生程序;(2)党的主张提交程序;(3)国家意志形成程序。并认为规范党领导立法的程序,就是要规范这三个程序,规范每一个程序中主体的权利义务关系。③ 在本书看来,党对人大立法工作的领导同样体现在三个场域:(1)党的主张产生场域,即党行使立法决策权的场域④,这是党的内部场域;(2)党的主张提交场域,即党行使立法建议权的场域,这是连接党与人大的场域;(3)国家意志形成场域,即人大行使立法权的场域,这是人大的内部场域。这三个场域都离不开党的领导,也是党对立法的领导权的广义范围。但在三个场域中,党的领导有不同的方式,遵循不同的程序。

---

① 为便于表述,在没有特别指明的情况下,本章所称的"立法"系指人大及其常委会的立法。
② 参见张恒山、李林等:《法治与党的执政方式研究》,法律出版社2004年版,第7—8页。
③ 参见林荫茂:《规范党领导立法的程序》,载《毛泽东邓小平理论研究》2004年第21期,第34—35页。
④ 有学者认为中国政体问题的解决之道是横向把党的领导权分为决策权、执行权和监察权,分别交由决策委员会、执行委员会和监察委员会行使。参见李永忠:《论制度反腐》,中央编译出版社2016年版,第82—90页。

在党行使决策权时,主要依靠党内民主,强调组织纪律,同时也离不开党的领导人,尤其是党内高层领导的个人影响力。十八届四中全会《决定》提出,完善党对立法工作中重大问题决策的程序以及党委依法决策机制。本书认为这里的"依法决策"主要是指依据党内法规进行决策;在党行使立法建议权时,主要依靠请示报告制度①,通过人大机关党组领导立法。十八届四中全会《决定》要求法律制定和修改的重大问题由全国人大常委会党组向党中央报告,正是确保党中央充分、有效行使立法建议权的重要保障。当前,学界一致认为党的立法建议权亦应受法治规范,但对于应由国法体系还是党内法规进行规范,认识不一。我们认为,党的领导权不宜大规模国家法化,应由党规来规范党的立法建议权;在人大行使立法权时,主要依靠人大机关中的党员和党员代表,强调其政党意识和党员义务来领导立法。《党章》规定了党员的义务,要求党员贯彻执行党的基本路线和各项方针、政策。人大机关中的党员干部以及党员代表应坚决贯彻党的路线方针政策,贯彻党委的立法决策。需要指出的是,我国《宪法》规定,人大是国家权力机关。人大应依据《宪法》和法律,在国法体系内行使立法权。人大立法时党的领导,亦应遵守国法体系,在国法规定的范围内行使领导权。

从上述三个场域看党的领导权,我们将对其有更清晰的认识。在研究党对立法的领导时,人们容易将党对内的领导权与党对外的领导权相混淆。《党章》规定,党员个人服从党的组织,下级组织服从上级,全党服从中央。这既是民主集中制的体现,也是党的纪律要求,即党通过自身的组织实现内部的统一领导。当我们探讨党的内部如何领导立法时,应着眼于党内如何形成、执行立法决策并监督执行决策行为的问题,即党通过听取党组立法报告、审查党组立法建议、决定重大立法事项

---

① 请示报告制度是中国共产党一项重要的组织制度。不按照有关规定或者工作要求,向组织请示报告重大问题、重要事项是违反请示报告制度的一种表现。参见王勇主编:《党规党纪》,中共中央党校出版社2016年版,第82—83页。党的十八届四中全会《决定》规定的"凡立法涉及重大体制和重大政策调整的,必须报党中央讨论决定"与"法律制定和修改的重大问题由全国人大常委会党组向党中央报告"正是请示报告制度的具体要求。2019年制订的《中国共产党重大事项请示报告条例》则将这一制度上升为党内法规。

等形式形成立法决策,借助党的组织体系通过党内职务任免、党员管理等执行立法决策,并通过党纪监督决策的执行。但当我们探讨党对外的领导权时,不应着眼于党内权力的行使,而应面对作为国家权力机关的人大,通过行使立法建议权的方式领导人大立法。

二、党对立法的领导权的行使方式

(一) 直接表现形式:立法建议权

如上所述,党内对立法问题进行决策的过程也是广义上的党对立法的领导。但从党与人大的关系角度,最直接的形式是党向人大提出立法建议,行使广义上的立法建议权,即通过《宪法》修改建议权、立法规划建议权、立法建议权(狭义)与法律草案审查建议权等作用于立法机关。与其他组织或公民的立法建议权利不同,党作为领导党,其立法建议权是党领导立法时领导权的具体体现,主要是一种立法建议权力。

因为《宪法》的最高法地位,修改《宪法》非比寻常。不少学者将党的《宪法》修改建议权单独列出[①],以示其重要性。不容否认,从人民主权与国家权力关系的角度强调制宪权与立法权的区分,有重大意义。但是结合各国宪法规定来看,修宪权作为一项国家权力,一般由议会享有。从议会作为立法机关的角度看,将修宪权纳入广义的立法权未尝不可。为了表述简明,我们将党享有的宪法修改建议权纳入广义的立法建议中。

人大的立法规划,实践中一般称"经党批准了",如中共中央批准了《十二届全国人大常委会立法规划》。从而,有一种观点便认为党对人大的立法规划享有批准权。分析党对人大立法规划的权力的性质,要从立法规划权的性质着手。我们认为,党对人大的立法规划享有建议权,而非批准权。狭义的立法建议权与法律草案审查建议权比较好理解,对其具体的行使方式与程序将在下文集中探讨。

---

① 参见汪习根、宋丁博男:《论党领导立法的实现方式》,载《中共中央党校学报》2016年第4期,第77—87页。

在此需要指出的是,有学者认为应赋予党组织提案权,并保证党组织的立法提案进入审议程序,以成为党对立法工作领导的重要途径之一。① 我们认为,这一观点值得商榷。首先,党在立法提案上的法益可以通过党员代表的提案权来具体实现②;其次,我国实行中国共产党领导的多党合作制度,共产党是领导党,各民主党派是参政党。

我国《宪法》对党的领导权的规范是以"各政党"的形式涵盖共产党,并没有对党的领导权作单独规定③;我国法律规定政党权利与义务时,也是以"各政党"的形式涵盖共产党,没有单独规定党的法定权利④。如果赋予党组织提案权,是否也应赋予各民主党派的党组织享有提案权?两种提案权能否有本质上的区别?我们认为,我国不宜实行一些西方国家的议会党团制度。在实行议会党团制的国家,议会是各政党的竞争重地。各党设在议会中的党团谋求本党利益最大化。在我国,各政党没有自己的特殊利益,这是我国的人大代表大会制度与政党制度所决定的。此外,在我国的人大制度中,党员代表的来源是以地区选举为主,军队选举为辅,不同于西方国家的议会党团。党员代表首先要以代表身份,依法向选民负责。

(二) 间接表现形式:干部推荐权和人大代表推荐权

1. 干部推荐权

从各国议会立法实践来看,各政党在很大程度上都可以借助议会委员会影响立法过程。在我国,党管干部的主要内容便是向国家机关推荐

---

① 参见陈乃蔚:《党的立法与修法主张成为法律的途径探析》,载《毛泽东邓小平理论研究》2004 年第 12 期,第 33—34 页。
② 《全国人民代表大会组织法》第 10 条规定,一个代表团或者 30 名以上的代表,可以向全国人民代表大会提出属于全国人民代表大会职权范围内的议案。可见,30 名以上的党员代表依法享有提案权。
③ 《宪法》序言第 13 段规定,各政党"必须以宪法为根本的活动准则";《宪法》第 5 条规定,各政党"必须遵守宪法和法律。一切违反宪法和法律的行为,必须予以追究"。
④ 如《全国人民代表大会和地方各级人民代表大会选举法》第 29 条规定,各政党、各人民团体,可以联合或者单独推荐代表候选人;《国家安全法》第 11 条规定,各政党有维护国家安全的责任和义务。

重要干部。干部推荐权是党的领导权的一项重要内容。① 人大的立法权不仅表现为制定、修改、废止等实体性权力,还表现为提案、审议、表决和通过等程序性权力。在立法程序中,人大机关享有很大的权力,如全国人大主席团对议案的审议、各专门委员会的建议、宪法和法律委员会对法律案的统一审议等,实际上影响着立法权的运行。可见,党通过向人大机关推荐干部,依靠在人大机关中任职的干部贯彻、执行党的立法决策来实现对立法的领导。这是党领导立法的一个重要层面。

2. 人大代表推荐权

在西方多党制国家,代表候选人如果没有政党的支持,很难在议会选举中获胜。进入议会的政党议员,会被要求在议会行使权利时,维护本党利益。在英国,议员出席议会会议前,都会接到本党的政策倾向说明书。对重要议案,要求议员在发言和表决时与本党的决定保持一致,否则将受到党纪处罚,甚至除名。我国全国人大和地方各级人大选举法规定了党的人大代表候选人推荐权;《解放军选举全国和地方人大代表办法》规定,党在军队中的组织,可以推荐代表候选人。人大代表推荐权不仅是党的法定权利,也是党对立法行使领导权的间接表现形式。党推荐的候选人当选人大代表后,自然也应遵守党内组织纪律,贯彻、执行党的立法决策,赞同党的立法建议,在行使代表权利时与党的立法政策和决定保持一致。

(三) 权力特征:集体行权

民主集中制是党的根本组织原则,也是党的根本组织制度和领导制度。《党章》规定,党的各级委员会实行集体领导和个人分工负责相结合的制度。凡属重大问题都要由党的委员会集体讨论,作出决定。立法是创制规则的行为,在国家与社会生活中尤为重要。党对人大立法工作的领导,是集体行为,而不是个人行为。这便是我们所强调的,党领导立法的权力特征是集体行权。

---

① 有学者称之为"政要提名权",参见陈云良、蒋清华:《中国共产党领导权法理分析论纲》,载《法制与社会发展》2015 年第 3 期,第 46 页。

在党领导立法时,应注意党的领导干部,特别是高级干部对立法的建议,是以个人身份提出的立法建议,还是作为特定党组织的代表提出的党组织对立法的建议。如果是个人建议,尽管基于其特殊身份必将有不同于普通公民的影响力,但毕竟不是党对立法行使领导权。这便要求规定对立法行使领导权的程序规则。

正如有学者指出的,如果一部法律草案向党中央请示,党的领导人个人对其中的问题发表了意见,该如何看待?接下来,当法律草案经原则批准后,在立法机关审议程序中,如果党的领导人发表意见,该意见有何效力,该如何处理?① 来自地方的经验也显示,地方党委提出立法建议在形式上,以党内领导人讲话、对请示报告的批复与批示、会议决议、会议纪要等形式提出的较多;在提出主体上,主要是党委书记、副书记、常委以批示的形式作出,党委以集体名义向人大提出的立法建议较少。② 2016年10月27日,党的十八届六中全会通过了《关于新形势下党内政治生活的若干准则》,要求领导干部特别是高级干部做到可以行使的权力按规则正确行使,该由领导班子集体行使的权力,班子成员个人不能擅自行使,不该由自己行使的权力决不能行使。在党领导立法时贯彻落实上述规定尤其重要,制定相关程序规则是当前的紧迫任务。

(四)行使主体:党中央和特定的地方党委

享有立法权的人大是特定的,相应的,党领导立法的主体也是特定的,并非所有的党组织。从直接领导来说,在中央层面,党中央领导全国人大及其常委会立法;在地方层面,地方省委领导省人大及其常委会立法以及享有立法权的市的市委领导市人大及其常委会立法。同时,根据下级组织服从上级组织、全党服从中央的规定,上级党的委员会间接领导下级党组织所直接领导的人大立法。

---

① 参见刘松山:《中国立法问题研究》,知识产权出版社2016年版,第237页。
② 参见青岛市人大常委会法制工作室:《论加强和完善党对立法工作的领导》,载http://www.npc.gov.cn/zgrdw/npc/lfzt/rlyw/2015-09/25/content_1947254.html,访问日期:2020年1月3日。

在讨论中央与地方关系时,有学者曾指出:"中央地方关系的核心不是全国人大与地方人大的关系,也不是中央政府与地方政府的关系,而是党中央与地方党委的关系。"① 不容置疑,党的领导权对国家权力有至关重大的影响。党对立法的领导权,不仅涉及在政体层面党与人大的关系,还涉及国家结构层面中央与地方的关系。在地方立法权扩容的背景下,地方党委该如何领导立法,在行权方式与程序上与党中央直接领导的立法有何不同?在立法领域,党中央如何处理与地方党委的关系,尤其是关涉央地关系的立法难题?这些都是需要深入研究的现实问题。

第三节 党领导立法的具体权力

一、修改宪法建议权

根据人民主权原则,修宪权的主体是人民。我国《宪法》规定,人民行使国家权力的机关是全国人大和地方人大,且规定全国人大行使修宪权。党对修宪的领导直接表现为党的修改宪法建议权。在《八二宪法》实施以来的四次修宪中,形成了一个宪法惯例,即由中共中央向全国人大常委会提出修改宪法部分内容的建议,进而正式启动宪法修改。学界有一种观点认为应将党的修宪建议权法治化,以更好地体现党对修改宪法的领导。十八届四中全会《决定》指出,党中央向全国人大提出宪法修改建议,依照宪法规定的程序进行宪法修改。通过上述规定,党的修宪建议权"正式成为一项政治权力"②。我们认为,这是党对修宪建议权的自我宣示,同时也体现了党尊重、维护宪法权威,自觉在宪法范围内活动,依照宪法行使权力的决心。宪法修改兹事体大,而党的修宪建议权

---

① 强世功:《中国宪法中的不成文宪法——理解中国宪法的新视角》,载《开放时代》2009年第12期,第28页。
② 汪习根、宋丁博男:《论党领导立法的实现方式》,载《中共中央党校学报》2016年第4期,第85页。

是党的领导权在立法领域的具体体现,不同于其他组织或公民的修宪建议权利,具有非常高的影响力。结合四次修宪情况,修宪建议权不仅将启动宪法修改程序,其建议的内容还将成为全国人大常委会的宪法修正案草案内容,提交给全国人大,进而成为最终的宪法修正案。① 因此亦应受法治规范,依程序行使。

(一) 提交场域修宪建议权的启动

首先,在启动主体上,修宪建议权的启动主体是党中央。这也符合党章关于党的中央委员会在全国代表大会闭会期间,领导党的全部工作,对外代表中国共产党的规定。

再者,在启动程序上,主要由党中央以《中国共产党中央委员会关于修改宪法部分内容的建议》的书面形式向全国人大常委会提出。1993年修宪时,党中央向第七届全国人大常委会提出书面修宪建议后,又在第八届全国人大会议期间,向会议主席团提出补充建议。有人大代表指出,由大会主席团提出宪法修正案议案,不符合宪法规定。后经法律专家研究,采取了以代表联合签名赞同党中央修宪补充建议的方式,提出补充修正案草案。② 可见,这一修宪补充议案是依据《宪法》第64条的规定,由五分之一以上全国人大代表行使修宪提案权。相应的,党的修宪补充建议虽名义上向大会主席团提出,实际上是面向人大代表。

事实上,这次补充建议之所以在启动程序上不同,是因为其启动时

---

① 在四次宪法修改中,全国人大常委会均完全接纳了党中央的修宪建议,只字未改,将其内容转化为宪法修正案草案,提交全国人大审议;全国人大经审议,均完全采纳其常委会的修正案草案,只字未改,即党中央的修宪建议经党的修宪建议权、全国人大常委会的宪法修改提案权、全国人大的修改宪法权,最终成为正式的宪法修正案。在此需指出的是,2004年宪法修正案与党中央的修宪建议有两个不同,删除了两个逗号,分别为《宪法》第10条中的"可以依照法律规定对土地实行征收或者征用并给予补偿"、第13条中的"可以依照法律规定对公民的私有财产实行征收或者征用并给予补偿"。修宪建议中的逗号均加在"并给予补偿"之前。四次修宪建议内容与历史资料参见王培英编:《中国宪法文献通编》,中国民主法制出版社2007年版,第83—140页。

② 参见王培英编:《中国宪法文献通编》,中国民主法制出版社2007年版,第103—104页。

间不同。党中央向全国人大常委会提出书面修宪建议,以及全国人大常委会讨论后提出宪法修正案草案,提请全国人大审议的时间均在全国人大开会之前。一旦大会开始,根据宪法规定,由主席团主持会议。此时,如果党中央有修宪补充意见,能否再向全国人大常委会提出?全国人大常委会能否再提请大会审议补充修正案草案?对此,我国宪法未做规定,人大组织法等宪法相关法亦未规定。我们认为,为了体现修宪的严肃性,答案应是否定的,即在一次大会期间,全国人大常委会不应再提请审议补充修正案草案。如此一来,党中央若有补充意见,只得面向人大代表提出,以促使五分之一以上全国人大代表行使修宪提案权。

尽管此次修宪补充建议是一个例外,但引发我们思考在不同的场域,党如何领导宪法修改。有资料显示,上述补充修正案草案由北京市等 32 个代表团 2383 名代表联名签署,而 1993 年第八届全国人大审议两个修宪议案时,参加投票的代表有 2892 人,显然多于联名签署的代表人数。① 据统计,第八届全国人大代表总计 2978 人,其中,中共党员 2037 人。② 在未经查证的情况下,我们无法确切得知联名代表的政治面貌情况。可确定的是,联名的 2383 名代表中,有一小部分非中共党员代表。根据上文分析,在人大内部场域,党应依靠党员代表领导立法。非中共党员代表赞同党的修宪建议的,亦可联名。这里强调的是,党员代表有政党义务赞同党的修宪建议,而非党员代表没有政党义务。总的来说,这次修宪补充建议的做法值得肯定。今后若还出现在大会期间有补充建议的情况,应参照这一做法,并可将相应的程序制度化。

最后,在建议的形式上,四次修宪建议均用条文列出了当时宪法的原文,随后列明了建议修改为的条文。我们认为,既然修宪建议对最终的宪法修正案有全面、深刻地影响,应在建议文本后另附修改建议的说明。1993 年修宪时,党中央向第八届全国人大会议主席团提出补充建议。该补充建议附件二即为关于修宪建议的说明。这种以附件方式另

---

① 参见王培英编:《中国宪法文献通编》,中国民主法制出版社 2007 年版,第 94、104 页。
② 参见全国人大常委会办公厅秘书二局编:《立法工作备要》,中国民主法制出版社 2006 年版,第 341 页。

附说明的做法应该成为制度化的规定。这不仅使得修宪建议更具说服力,也是将来解释宪法时十分重要的修宪材料。

(二)党的内部场域修宪建议权的决策

首先,在提议主体上,修宪建议的提议主体呈多元化,党的领导人、党中央直属机构、全国人大常委会党组等都可能最先提议修改宪法。

其次,在决策程序上,有了修宪提议后,党中央将召开会议作出专门部署,往往成立中共中央宪法修改小组,发出征求修宪意见的通知,召开座谈会听取意见。广泛征求各方意见后,修宪小组讨论、草拟关于修改宪法部分内容的建议(征求意见稿);中央政治局原则批准后,再次征求各方意见,形成关于修改宪法部分内容的建议(讨论稿),提交中央全会审议通过。直至最后,党中央正式向全国人大常委会提出书面修宪建议。

最后,从民主决策来看,主要体现三种民主形式:第一,党内民主。党中央发出征求修宪意见的通知后,各级党组织应积极响应,调动党员积极参与,以实现党内最大范围的征求意见。第二,协商民主。党的领导人主持召开与各民主党派、全国工商联以及无党派人士的座谈会,征求意见。经验显示,协商过程中,一些修宪意见往往被党中央采纳,成为最终的修宪建议。第三,公共参与。中央修宪小组往往会召开座谈会听取法学、经济学等专家的意见。但听取专家意见主要是科学决策的问题,并非意在民主决策。党在重大决策时,怎么让人民真正地参与到决策中,让人民有发言权,至关重要。相应地,如何让广大人民参与到修宪建议的决策过程中,是当前有待完善的。这不仅是党的群众路线的要求,也是人民当家做主的重要体现。修宪建议稿公开征求意见机制和公众意见采纳情况反馈机制,是拓宽公民有序参与修宪建议程序的有效途径,值得探索。[①]

[①] 参见汪习根、宋丁博男:《论党领导立法的实现方式》,载《中共中央党校学报》2016年第4期,第77—87页。

(三) 修宪建议权的界限

宪法修改权是否有界限,在宪法学理论中存在争议。① 多数国家的宪法对修宪权作出了一定的限制,如法国宪法规定,共和国政体不得成为修宪对象,德国宪法规定联邦制的基本原则不得修改等。我国宪法未明文规定修宪权的界限问题。鉴于修宪建议权的直接效力是促使全国人大启动修宪权,而修宪建议的内容直接影响修宪的内容,在宪法未规定修宪权界限的现实下,党应保持高度的权力自觉,尊重一些逐渐形成的惯例,待惯例明朗化后,可尝试以党内法规划定修宪建议权的界限。

二、立法规划建议权

(一) 立法者享有立法规划权

立法规划权是一项"准立法权",是国家立法权力体系的重要组成部分。一定的立法规划权,应当归属于行使相应立法权的主体。②

就人大立法来说,在中央层面,全国人大及其常委会享有国家立法权,也便同时享有国家立法规划权;在地方层面,享有地方立法权的人大享有地方立法规划权。行使立法规划权的程序可比照立法程序,包括规划草案的提出、审议、表决和公布等。其中,提案主体是多元的③,而审议和表决作为核心程序,必须由享有立法规划权的主体行使。对于公布程序,宪法规定国家主席根据全国人大及其常委会的决定,公布法律。对于立法规划的公布,我们认为由享有立法规划权的主体行使即可。

---

① 具体观点参见韩大元:《宪法学专题研究》(第二版),中国人民大学出版社 2008 年版,第 218—221 页。
② 参见郭道晖总主编:《当代中国立法》(下),中国民主法制出版社 1996 年版,第 1227—1228 页。
③ 在十二届全国人大常委会立法规划中,条件比较成熟、任期内拟提请审议的法律草案有 76 件,提请审议机关或牵头起草单位有委员长会议、全国人大专门委员会、最高法院、最高检察院、国务院、中央军委等多个主体。参见《十二届全国人大常委会立法规划》,载《中华人民共和国全国人民代表大会常委会公报》2015 年第 4 期,第 808—811 页。

然而,全国人大常委会向社会公开的立法规划并没有明确的制定和发布主体;从权力归属来看,修改宪法、制定或修改基本法律的立法规划权属于全国人大,全国人大常委应在立法规划中注明"拟提交全国人大审议的法律案",以示区别①。此外,截至目前,全国人大常委会还没有表决通过一件立法规划。可见,在理论上完善立法规划权归属制度将对立法实践有重要制度意义。

(二) 党的立法规划建议权

党对人大的立法规划享有建议权。通常所说的,审批立法机关制定的立法规划是党领导立法的一种方式②,在表述上并不严谨。一般来说,审批是指有管理职责的主体行使的一项权力,可以是上级对下级请示报告的审批,也可以是对被管理者的许可。例如行政审批,是指国家行政机关审核并决定是否批准相对一方某种要求的行政活动。就审批立法规划来说,应该是上级党组织审批下级党组(织)就立法规划的请示报告。

1991年,七届全国人大常委会制定了《全国人大常委会立法规划(1991年10月—1993年3月)》,尽管这一立法规划是在距离任期届满还剩一年半的时间才作出的,但却是全国人大常委会作出的第一个正式的立法规划。此后,从八届开始,每届全国人大常委会在届初制定五年立法规划已成为一种立法惯例③,截至十二届共制定了五个五年立法规划。相应的,1994年1月26日,中共中央发布文件,同意《中共全国人大常委会党组关于〈八届全国人大常委会立法规划〉的请示》。2013年,中共中央同意并转发了《中共全国人大常委会党组关于〈十二届全国人大常委会立法规划〉的请示》。中共中央对立法规划的同意,是批准了全国人大党组的请示,是赞同全国人大常委会的立法规划,没有修改意

---

① 如十届全国人大常委会立法规划中,第一项为宪法修正案。根据宪法规定,全国人大常委会享有宪法修改提案权,该立法规划实际上是全国人大常委会拟使该权力的计划。
② 参见廖健、宋汝冰:《加强党对立法工作领导的路径分析》,载《红旗文稿》,2015年第5期,第15—16页。
③ 参见易有禄:《关于制定十二届全国人大常委会立法规划的几点思考》,载《人大研究》2013年第5期,第25—30页。

见,并通过转发的形式强化立法规划的效力。这已成为一项惯例。

立法规划在实施过程中会有所调整。立法机关对立法规划作出修改,以回应党对立法规划和立法提出的建议。如党的十八届三中、四中全会决定明确提出了一些立法项目,实际上是对全国人大及其常委会的立法建议。随后,十二届全国人大常委会立法规划增加了相关立法项目,调整后再次公布。此外,在我国人大立法实践中,除了每届五年一次的立法规划,还有届内每年一次的立法计划。立法计划是为了分步实施立法规划,是对立法规划的细化。在中央层面,"立法规划调整后,对有关方面根据经济社会发展需要新提出的立法项目,如确实必要、可行,可通过全国人大常委会年度立法工作计划予以安排"①。从地方层面,来自地方的经验显示,党委可对立法计划提出修改建议。如中共湖南省委坚持在年初审议省人大常委会当年立法计划草案,由省人大常委会根据省委意见修改完善后报主任会议审议发布。②

三、立法建议权

在狭义上,党的立法建议权是指党提出具体立法建议,直接参与国家立法过程。就所涉事项来说,有些是已经在实践中实施,经过实践检验且宜长期适用的党的政策。党提出立法建议,将这部分政策转化为国家法律;另有一些是未曾付诸实践的,是党在改革背景下提出的具体建议,其本身即是改革的配套措施,同时亦是为党的重大改革提供法律依据。狭义上的立法建议权是党实现对立法领导的重要权力。规范党的立法建议权,是为了党更好地提出立法建议,领导立法。

(一) 行权方式

1. 主动提出立法建议

党主动提出立法建议,是领导立法最直接的表现。结合上文所述,首

---

① 《十二届全国人大常委会立法规划作出调整 增加编纂民法典等34件立法项目》,载《人民日报》2015年8月6日,第4版。
② 参见杜钢建、赵香如等:《加强和完善党领导国家立法调研报告》,载杜钢建主编:《法治湖南与区域治理研究》(第7卷),世界图书出版有限公司2012年版,第31页。

先,就其建议所涉事项来说,有政策转化型建议和改革保障型建议。当然,实践中两种类型是彼此融合的状态,并非泾渭分明。对于政策转化型建议,鉴于相关政策已经实施,有实践基础,在建议立法时,经验总结尤为重要。此时,应注重发挥基层党组织的群众工作优势,及时向上级党组织乃至党中央反馈基层经验。对于改革保障型建议,很多情况下是为了使改革创新有法律依据,实现"重大改革,于法有据",多数情况下没有直接的经验积累。此时,在建议立法过程中,立法决策,尤其是民主决策更为重要。

其次,提出建议的形式主要有三种:一是在党的文件中提出。党的重要文件一般是党的会议作出的决议。党的十八届四中全会决定就提出了不少具体的立法建议。例如该决定提出,"加强互联网领域立法,完善网络信息服务、网络安全保护、网络社会管理等方面的法律法规,依法规范网络行为"。在该建议下,2016年11月,全国人民代表大会常务委员会通过了《网络安全法》。二是以会议纪要的形式提出。会议纪要具有灵活和便捷的特点,尤其在地方实践中,可操作性强。但是,会议纪要的效力低于会议决议,其决策程序和严谨程度也不如会议决议。相对来说,会议纪要的形式更适合提出宏观立法建议,如建议对某一项立法的必要性和可行性进行研究,而非具体的立法建议。三是党的领导人在讲话时提出。党的领导人在特定场合的讲话代表相应党组织的意志。党的领导人以讲话的形式提出立法建议,相较于党的会议纪要,是一种更为灵活的形式。同样的,这一形式更适合于提出宏观的立法建议,启动或实质性推进相关立法的具体调研工作。

2. 以批复、批示请示报告的形式提出

国家机关处理重大事项时,尤其是那些牵涉面广、所涉利益关系复杂、影响深远的重大决策,往往向相应的党组织请示、汇报。党组织在对请示报告作出批复、批示时,可能同意请示机关的立法建议或者指示请示机关启动某项立法调研、开展某项立法活动等。以这种形式提出立法建议,不同于党主动提出建议的形式,本质上是党在决策重大事项时,对涉及立法事项的决策,并将相应决策以批复、批示的方式作出。

(二) 行权原则——明示原则

党既是领导党，又是执政党，具有相当高的权威。党的政策性文件，尤其是党中央的政策性文件具有很大的影响力和导向性。然而，党的政策性文件在反映党的立法主张时，并非总与国家法律相一致。恰恰相反，党有权提出与现行国家法律不尽一致的主张和意见。这些主张和意见，不是命令性、强制性的，而是建议性、导向性和号召性的。① 这也正是党行使立法建议权的重要形式。然而，正因为党的文件与国家法律有不一致，甚至相冲突之处，会引起人们的误解，"让人误以为党的文件要求与国法规定不一致"②，所以，党在行使立法建议权时，应遵循建议明示原则，即在相应的文件中，明确写出"建议"二字，如"建议建立……制度""建议探索……机制"等。

(三) 行权保障

党行使立法建议权，同党行使其他领导权一样，都需要行权的保障制度。总的来说，党的组织和纪律是保障党有效、集中行使领导权的内部制度保障。具体来说，党在行使立法建议权时，有一项非常重要的保障制度，即听取相关党组织或党组的立法报告，这是直接保障党能够有效行使立法建议权的有效措施。

依照党章规定，党的下级组织服从上级组织；党组必须服从批准它成立的党组织领导。可见，下级组织或党组向上级组织或其批准组织报告工作，既是党的组织纪律，也是工作纪律。相应的，听取下级党组织或党组的立法报告，是党在内部组织上和工作上享有的一项权力；更重要的是，这项权力能保障党有效地行使立法建议权。通过听取专项立法报告，党可以集中地、有针对性地掌握立法动态，了解立法面临的困难，提出可执行性的立法建议。因此，将听取立法报告制度化、常态化，是保障党领导立法的重要举措。来自地方的经验显示，地方立法机关在立法工作中往往面临着诸多难题，可通过向党委报告工作的方式，积极主动争

---

① 参见宋功德：《党规之治》，法律出版社2015年版，第511页。
② 宋功德：《党规之治》，法律出版社2015年版，第513页。

取党对立法工作的领导。① 可见,报告制度能在上下级组织之间建立有效联系。

四、法律草案审查建议权

如果说立法建议权是在立法机关启动立法程序之前,党向立法机关提出的建议,那么,法律草案审查建议权则是党在立法机关的立法程序中行使的一项重大权力。从上文论及的"三个场域"来看,党在行使该项权力时,立法机关已经开启国家意志的形成过程,即在人大的内部场域中行权。这便要求党行使该项权力时,更加注重行权方式和程序,以充分尊重人大的立法职权和程序。

(一)行权方式

与狭义的立法建议权一样,党可以主动行使该项权力,亦可在立法机关请示后以批示的方式,提出意见。相对来说,立法建议权以主动行使为主,而法律草案审查建议权以批示请示为主。在此,需要强调的是集体行权。事实上,如上文所述,党行使领导权的方式即集体行权。基于法律草案审查建议权是在人大内部场域行权的特殊性,在此再次强调其集体行权方式。党在行使狭义的立法建议权时,因为形成的是相对宏观的、整体的建议,党内容易达成共识,党的领导人在特定场合可以代表党的意志,以讲话的方式提出建议。但党在行使法律草案审查建议权时,因为是针对具体的法律草案,甚至聚焦于争议较大的具体条款,往往需经过严谨的党内决策才能形成统一意见,并以会议决议的形式体现。党的领导人的讲话,往往应在决议之后,表达决议中的意见;在决议作出之前,总的就是人应慎重发表个人意见;在决议作出之后,应带头遵守决议,避免发表与决议不一致的意见。

可以说,在行使该项权力时,需要解决的一个关键问题是如何在坚

---

① 参见青岛市人大常委会法制工作室:《论加强和完善党对立法工作的领导》,载http://www.npc.gov.cn/zgrdw/npc/lfzt/rlyw/2015-09/25/content_1947254.html,访问日期:2020年1月3日。

持和完善民主集中制的基础上,通过党内程序形成集体建议? 如何处理党的领导人的建议与党集体的建议的关系? 正如有学者指出的,如果一部法律草案向党中央请示,党的领导人个人对其中的问题发表了意见,该如何看待? 接下来,当法律草案经原则批准后,在立法机关审议程序中,如果党的领导人发表意见,该意见有何效力,该如何处理?① 2016年10月27日,党的十八届六中全会通过了《关于新形势下党内政治生活的若干准则》,其中关于加强对权力运行的制约和监督的规定,要求领导干部特别是高级干部做到可以行使的权力按规则正确行使,该由领导班子集体行使的权力班子成员个人不能擅自行使,不该由自己行使的权力决不能行使。这一规定有利于规范该项权力的行使。

(二) 行权程序

该项权力行使发生在人大的内部场域,人大作为立法机关,形成国家意志的过程已经开始。这便要求,党行使该项权力应该遵循更严格的程序。具体表现为:第一,提出建议的时间原则上应该在法律草案审议之前;第二,针对草案的整体性意见以及针对个别争议性条款的意见应该遵循不同的程序。如果在草案一审、或二审之后,发现了新问题,出现了新情况,需要补充意见的,应主要针对个别争议性条款,且按照相关决策程序,由党组织再次决议后提出。

第四节　党领导立法的发展与完善

发展、完善党对立法的领导权,同样应遵循权力运行的一般规则,以党内法规、规范性文件的形式明确党领导立法的内容和程序,以保障党行使对立法的领导权的规范化、制度化。《中央党内法规制定工作五年规划纲要(2013—2017年)》(以下简称《五年规划纲要》)提出,要完善党的领导和党的工作方面的党内法规,进一步改进党的领导方式和执政方式。其中,便提出要加强和改善党对立法工作的领导,修改《中共中央

---

① 参见刘松山:《中国立法问题研究》,知识产权出版社2016年版,第237页。

关于加强对国家立法工作领导的若干意见》(以下简称《对立法工作领导的意见》),规范党领导国家立法的工作程序,更好地使党的主张通过法定程序成为国家意志。

鉴于《对立法工作领导的意见》是较为宏观、整体性的实施意见,为加强党对立法的领导,可通过制定可操作性强的规范性文件来细化党对立法行使领导权的具体内容、行使权力的程序和党内决策程序等。具体可包括如下内容:(1)党主要依照组织纪律与工作纪律,通过党组织、机关党组实现对立法的领导;(2)原则上,党应通过党内民主决策程序,形成立法建议;(3)党有权主动向立法机关提出立法建议,也可通过批复、批示请示报告的形式提出立法建议;(4)建立、健全立法报告制度。立法机关党组就重大立法事项向其上级党委做专门立法报告。听取重大立法事项报告,是党有效行使立法建议权的重要保障。

第三章　我国国家立法权的科学配置

第一节　我国国家立法权的主要内容

立法权是国家权力体系的重要组成部分,是相对于行政权、司法权而言的国家权力。在我国,立法权通常是指特定机关制定、修改、废止法律、法规的权力。[①] 它是国家权力体系中最重要的权力。国家立法权是指由最高国家权力机关行使的,以国家和社会中基本的、带有全局性的社会关系为调整对象的立法权。在一元性立法体制的国家,国家立法权是源,地方立法权是流,是由国家立法权派生的。[②] 在我国,全国人大为最高国家权力机关,全国人大及其常委会行使国家立法权。

当然,全国人大和全国人大常委会行使的国家立法权是有区别的。从行使立法权范围来看,全国人大的立法权限是广泛的,其立法所调整的范围涉及国家政治、经济、文化、社会的方方面面,是具有基础性地位的立法权限;而全国人大常委会的立法权是有限制性的,其立法无权过问国家法律机构和法律体系布局,更无权决定国家宪法架构。从权力位阶来看,全国人大的立法权要高于全国人大常委会的立法权,前者享有修宪和制定基本法律的权力,并有权改变和撤销后者制定的不适当的法律。因此,全国人大所掌握的立法权限才是真正的核心,具有完整性;而全国人大常委会的立法权限受制于全国人大的立法权限,具有局限

[①] 周旺生:《立法学》,法律出版社 2004 年版,第 15 页。
[②] 参见郭道晖:《论国家立法权》,载《中外法学》1994 年第 4 期,第 9—19 页。

性,具有第二层次的立法权限。①

在我国,国家立法权主要包括全国人大的立法权、全国人大常委会的立法权及两者将自身立法权转授其他国家机关行使三个方面内容。

一、全国人大的立法权

全国人大行使的立法权是建立国家基本法律制度的立法权,由宪法和法律确定,主要规定在《宪法》和《立法法》当中,包括以下三个方面:

(一) 制定和修改基本法律权

为保证国家制度真正体现宪法精神和按照宪法确认的根本原则来构造,必须要有一系列基本法律来体现宪法的根本原则。根据《宪法》和《立法法》相关规定,全国人大对刑事、民事、国家机构和其他的基本法律有制定权和修改权。

(二) 立法监督权

根据《宪法》规定,全国人大可以行使以下两个方面的立法监督权:一是对全国人大常委会不适当的决定有权改变或撤销;二是有权监督宪法的实施。《立法法》则进一步规定为,全国人大有权改变或者撤销全国人大常委会制定的不适当的法律,有权撤销全国人大常委会批准的违背宪法和立法法规定的权限范围的自治条例和单行条例。

(三) 其他立法权

《宪法》第62条16项规定,全国人大还可以行使其他有关立法权。其他立法权,主要是授权有关主体立法的权力。《立法法》第9条规定"本法第八条规定的事项尚未制定法律的,全国人民代表大会及其常务委员会有权作出决定,授权国务院可以根据实际需要,对其中

---

① 参见李林:《关于立法权限划分的理论与实践》,载《法学研究》1998年第5期,第3—5页。

的部分事项先制定行政法规,但是有关犯罪和刑罚、对公民政治权利的剥夺和限制人身自由的强制措施和处罚、司法制度等事项除外。"第74条规定"经济特区所在地的省、市的人民代表大会及其常务委员会根据全国人民代表大会的授权决定,制定法规,在经济特区范围内实施。"全国人大可以授权国务院、经济特区所在地的省、市人大及其常委会制定有关法规。

二、全国人大常委会的立法权

我国全国人大常委会是全国人大的常设机关,负责在全国人大闭会期间处理应由国家最高权力机关处理的各种事项。全国人大最主要的工作就是立法工作。因此,全国人大常委会在全国人大闭会期间处理的事项,最主要的也是立法事项,每次召开常委会会议的主要议程也是制定或修改法律。根据《宪法》规定,全国人大常委会享有的国家立法权主要包括以下五个方面:

(一) 解释法律权

《宪法》第67条第4项规定,全国人大常委会有权解释法律。《立法法》第45条明确规定,法律解释权属于全国人民代表大会常务委员会,并且规定了全国人大常委会行使法律解释权的两种情形:一是法律的规定需要进一步明确具体含义的;二是法律制定后出现新的情况,需要明确适用法律依据的。

(二) 制定和修改其他法律权

根据《宪法》第67条第2项、《立法法》第7条第3款之规定,全国人大常委会有权制定和修改除应当由全国人大制定的法律以外的其他法律。

(三) 部分修改和补充基本法律权

《宪法》第67条第3项、《立法法》第7条第3款规定了全国人大常委会在闭会期间可以对全国人大制定的法律进行部分补充和修改,但不得同该法律的基本原则相抵触。

(四）立法监督权

根据《宪法》和《立法法》相关规定，全国人大常委会行使以下立法监督权：一是监督宪法的实施；二是对同宪法、法律相抵触的行政法规、决定和命令，对同宪法、法律和行政法规相抵触的地方性法规和决议，对省级人大常委会批准的违背宪法、立法法的自治条例和单行条例有权撤销；三是裁决法律之间的冲突；四是接受有权立法主体的立法备案和批准有关法律规范性文件。

（五）其他立法权

根据《宪法》和《立法法》相关规定，全国人大常委会还可以行使全国人大授予的立法权，同时，还可以授权国务院进行立法。

三、全国人大和全国人大常委会的授权立法

在我国的立法中，全国人大和全国人大常委会除了自己行使宪法法律规定的立法权外，鉴于立法条件不成熟，也可以授权相关国家机关行使，待条件具备时再制定相应的法律。授权立法起始于英国的委任立法，德国、美国的授权立法制度比较成熟，我国《立法法》第9、10、11、12条在吸收借鉴西方委任立法经验的基础上，从我国根本政治制度及实际情况出发对授权立法作了相应规定。[①]

根据《立法法》规定，我国授权立法的主体有两个，即全国人大和全国人大常委会。全国人大对其他国家机关授权，既可以授予其他国家机关行使全国人大的部分立法权，也可以授予其他国家机关行使全国人大常委会的部分立法权。实践中，由全国人大进行授权立法的情况较少，大多数授权立法是由全国人大常委会作出的。

从授权的内容看，有针对特定事项的专项授权，如1983年六届全国人大常委会二次会议授权国务院对五届人大常委会二次会议原则批准的《国务院关于安置老弱病残干部的暂行办法》和《国务院关于工人退

---

① 参见张锋：《论立法法中的授权立法》，载《国家检察官学院学报》2000年第3期，第33—38页。

休、退职的暂行办法》的部分规定作一些必要的修改和补充;还有综合授权,如六届全国人大三次会议授权国务院在经济体制改革和对外开放方面可以制定暂行的规定和条例。

从被授权的主体看,接受全国人大或全国人大常委会授权立法的主体有两类:一类是行政机关,一类是地方国家权力机关。行政机关接受授权进行立法又有两种情况:一种情况是国务院根据授权进行立法。根据《宪法》规定,国务院享有行政法规制定权。但是,国务院享有的制定行政法规的法定立法权限是为了实施宪法和法律而设定的,其行使要以宪法和法律为直接依据。在国家法律对某些方面未作规定予以调整的情况下,国务院无权制定这方面的行政法规。而根据全国人大和全国人大常委会的授权,国务院可以先于法律的制定,在授权范围内制定现实生活急需的法规。另一种情况是没有规章制定权的地方政府,根据全国人大或全国人大常委会的授权,制定规章。例如,深圳市、厦门市、汕头市、珠海市的市政府本没有规章制定权,但根据授权就可以制定规章在本经济特区内实施。①

权力机关接受授权进行立法也有两种情况:一种情况是省人大和省人大常委会本来有地方性法规制定权,但全国人大或全国人大常委会又在其立法权限之外对其作出授权。例如,1981年全国人大常委会作出的关于授权广东省、福建省人大及其常委会制定所属经济特区的各项单行经济法规的决议。另一种情况是全国人大或全国人大常委会对没有地方性法规制定权的地方国家权力机关,授权其制定地方性法规。例如,1994年全国人大作出关于授权厦门市人大及其常委会和厦门市政府分别制定法规和规章在厦门经济特区实施的决定。②

---

① 参见郭道晖总主编:《当代中国立法》(下),中国民主法制出版社1998年版,第902—903页。
② 参见郭道晖总主编:《当代中国立法》(下),中国民主法制出版社1998年版,第903页。

第二节　全国人大和全国人大常委会行使立法权的现状分析

一届至四届最高权力机关的立法工作推进缓慢，尤其是1959至1978年遭受重挫一度停滞，1978年十一届三中全会后即五届全国人大以来，立法工作迅速得到恢复，全国人大与全国人大常委会积极行使立法权，制定和修改了诸多对我国经济社会发展和民主法制进程产生重大影响的法律。以下主要探讨五届人大以来，我国的立法工作情况。

一、国家立法权行使情况

（一）制定法律情况

从数量看，五届全国人大以来，截至十三届全国人大四次会议闭幕，全国人大与全国人大常委会共制定了309部法律，平均每年制定8部法律（详见表3-1）。其中，全国人大制定54部，占总数的17%；全国人大常委会制定255部，占总数的83%。①《八二宪法》明确规定全国人大常委会与全国人大共同行使立法权之前，大部分法律由全国人大审议通过。之后，全国人大立法数量逐步减少，甚至许多年份全国人大没有立法任务。而全国人大常委会的立法数量不断增加，特别是20世纪90年代以来，立法比重逐年增强。从近年的发展趋势看，我国法律制定权的行使主体主要是全国人大常委会，绝大多数法律都是由全国人大常委会制定的。

---

① 五至十二届全国人大立法统计数据来源于中国法律法规信息库，http://law.npc.gov.cn/FLFG/index.jsp，访问日期：2019年8月16日；十三届全国人大立法数据据全国人大常委会公报统计。

表 3-1 人大以来全国人大及其常委会立法情况

届次	全国人大立法数	全国人大常委会立法数	合计
五届	17	16	33
六届	6	31	37
七届	11	33	44
八届	8	54	62
九届	3	32	35
十届	3	28	31
十一届	1	19	20
十二届	2	21	23
十三届	3	21	24
合计	54	255	309

从立法涉及的法律部门情况看,全国人大制定的法律主要集中于宪法类、经济法类和民商法类。而全国人大常委会制定的法律主要集中于行政法类、经济法类和民商法类。具体从二者的立法实践可以看出,全国人大制定的法律一般主要涉及刑事、民事、国家机构等方面的重大事项。相比而言,全国人大常委会的立法涉及的内容广泛得多,政治、经济、文化、社会、教育、科学、医疗卫生、环境保护、自然资源等领域都有所涉及。

(二) 修改法律情况

1. 法律修改情况

五届人大以来,截至十三届全国人大四次会议闭幕,全国人大与全国人大常委会共制定了 309 部法律,对其中 191 部法律进行了 358 次修改,占制定法律总数的 62%。其中,全国人大对 7 部法律进行了 10 次修改;全国人大常委会对 184 部法律进行了 348 次修改。[①] 由此可知,我国

---

① 五至十二届全国人大立法统计数据来源于中国法律法规信息库,http://law.npc.gov.cn/FLFG/index.jsp,访问日期:2019 年 8 月 16 日;十三届全国人大立法数据据全国人大常委会公报统计。

法律修改较为频繁,且主要由全国人大常委会主导修改工作。同时表明,我国法律修改权主要由全国人大常委会在行使(详见表3-2)。

表3-2　1979年到2019年7月修改法律情况统计表

届次	全国人大修改法律数	全国人大常委会修改法律数	修改法律总数
五届	2	0	2
六届	0	5	5
七届	1	4	5
八届	2	14	16
九届	1	39	40
十届	0	41	41
十一届	2	49	51
十二届	1	119	120
十三届	1	77	78
合计	10(7部法律)	348(184部法律)	358

2. 基本法律修改情况

五届人大以来,截至十三届全国人大四次会议闭幕,全国人大制定的基本法律共45部,其中有31部被修改过,累计修改91次。其中,全国人大对除《宪法》之外的7部法律累计修改10次,占修改总次数的11%,包括对《全国人大组织法》《地方组织法》《立法法》《刑法》各修改1次,对《选举法》《刑事诉讼法》《中外合资经营企业法》各修改2次;全国人大常委会对28部基本法律进行了修改,占修改次数的89%。[①] 可以看出,在立法实践中,基本法律的修改工作主要由全国人大常委会承担。

从修改主体看,仅有《全国人大组织法》《立法法》两部法律由全国人大自己修改,部分法律全国人大和全国人大常委会都进行过修改,如《选举法》《地方组织法》《刑法》《刑事诉讼法》《中外合资经营企业法》

---

① 统计数据来源于北大法宝法律数据库,https://www.pkulaw.com,访问日期:2021年3月17日。此处只统计了明确具有法律形式的立法,而不含具有法律性质的决定等。

都是全国人大进行过修改,之后又由全国人大常委会修改。其中《选举法》的修改最为特殊,1982 年由全国人大第一次修改,之后全国人大常委会对其进行三次修改,但 2010 年全国人大对其进行第五次修改,2015 年和 2020 年全国人大常委会又对其进行了两次修改。

从修改涉及的法律部门情况看,属于宪法类的基本法律有 9 部,分别是《全国人大组织法》《地方组织法》《选举法》《民族区域自治法》《法院组织法》《检察院组织法》《代表法》《立法法》《国防法》;属于民商法类的基本法律有 3 部,分别是《民法通则》《婚姻法》《经济合同法》;属于经济法类的基本法律有 8 部,包括《中外合资经营企业法》《中外合作经营企业法》《外资企业法》《全民所有制工业企业法》《企业所得税法》《个人所得税法》《预算法》《中国人民银行法》;属于刑法类的基本法律有 1 部;属于行政法类的基本法律有 4 部,分别是《教育法》《义务教育法》《兵役法》《行政处罚法》;属于程序法类的基本法律有 3 部,即《刑事诉讼法》《民事诉讼法》《行政诉讼法》;属于社会法类的基本法律有 3 部,即《工会法》《慈善法》和《妇女权益保障法》。可以看出,基本法律修改的主要对象是宪法类法律与经济法类法律,这反映出随着我国经济体制改革和政治体制改革的不断深化,法律也及时作出相应的调整和修改以适应变化。

从修改次数看,1979 年以来,修改五次及五次以上的基本法律有 4 部,分别是《刑法》修改了 14 次,《选举法》与《个人所得税法》修改了 7 次,《地方组织法》修改了 5 次;修改四次的基本法律有《法院组织法》和《中外合作经营企业法》;修改三次的基本法律有 9 部,即《代表法》《兵役法》《人民检察院组织法》《行政处罚法》《教育法》《义务教育法》《刑事诉讼法》《民事诉讼法》《中外合资经营企业法》;修改两次的基本法律有 7 部,即《国防法》《预算法》《行政诉讼法》《工会法》《妇女权益保障法》《外资企业法》《企业所得税法》。这其中,全国人大仅对《地方组织法》和《刑法》进行过一次修改,对《选举法》《刑事诉讼法》和《中外合资经营企业法》进行过两次修改,其他都是由全国人大常委会修改的。从修改的频率看,全国人大常委会对基本法律的修改还是比较频繁的。

从修改内容看,修改内容最多的是《刑法》《个人所得税法》《选举法》《地方组织法》。以《刑法》的修改为例,在 14 次修改中,全国人大常委会对全国人大在 1979 年制定的刑法,先后制定了 24 部单行刑法,而单行刑法、附属刑法增补的罪名已超过 230 个。此后又对全国人大在 1997 年修改的刑法至今已通过 11 个修正案。这 11 个修正案累计修改了超过 210 个条文。对原法律一半以上条文进行了修改的基本法律包括《刑法》《婚姻法》《民族区域自治法》《个人所得税法》《妇女权益保障法》,大部分内容都是由全国人大常委会修改的。由此可见,全国人大常委会对基本法律的修改范围幅度也是很大的。

二、国家立法取得的成就

《五四宪法》颁布以来,特别是改革开放 40 多年来,我国的立法工作取得了长足的进步和瞩目的成就,主要体现在三个方面:

(一) 逐步形成科学的立法宗旨、理念和原则

我国在 60 多年的立法实践中,始终坚持马克思主义法学观的指导思想,不断探索和改革完善,努力实现立法从国家利益本位到以人为本的转变,牢固树立"以人为本"的立法宗旨,从根本上解决好"立什么法、为谁立法"的问题。随着立法宗旨的明确,实践中立法理念也正努力实现转变。一是从权力本位向权利本位的转变,权力是由公民权利让渡或授予的,这就决定了公民权利的实现和保障始终是立法的起点和归宿,立法应始终坚持体现人文关怀和权利保障优先;二是从以经济建设为中心向加强国家和社会治理转变,加强社会立法,注重民生问题的解决;三是从国家本位向社会本位转变,新型社会关系的出现需要法律及时作出应对,依靠国家有时显得力不从心,而确立社会本位的立法理念可以使社会公共利益在立法中予以明确和保障,更好地发挥市民社会在法治国家建设中的作用。[①] 同时,在立法工作的不断探索实践中,形成了一系列的基本原则,如法治原则、科学性原则、民主性原则等。

---

① 参见高其才:《现代立法理念论》,载《南京社会科学》2006 年第 1 期,第 85—90 页。

(二) 探索形成一系列行之有效的立法制度机制

通过不断探索积累,我国形成了一套独具特色的立法制度机制。

一是形成了"三审制"。我国立法实行的"三审制"与西方国家实行的"三读"制不同。所谓"三审制",是指列入全国人大常委会会议议程的法律草案,一般应当经过三次常委会会议审议后才能交付表决。这个审议制度是经过长期探索形成的。在20世纪50年代和80年代初,立法实行"一审制",即一个法律草案提交全国人大常委会会议审议,单次会议审议即可通过。从1983年开始实行"两审制",1999年改为"三审制",并在2000年通过的立法法中予以制度化、法律化。实行"三审制"便于常委会组成人员对法律草案进行充分的审议,使立法更加切合实际,保证立法质量。

二是形成了分别审议与统一审议相结合的制度。根据《立法法》规定,全国人大各专门委员会在审议法律草案方面的分工是:先由有关专门委员会就相关法律草案进行审议,然后法律委员会负责统一审议。分别审议与统一审议相结合是立法工作的基本制度,既发挥了各专门委员会的专业优势,又发挥了法律委员会作为立法综合部门把握全局、协调分歧的优势,确保制定的法律与宪法保持一致,与有关法律相衔接,从立法源头上维护法制统一。

三是形成了一系列的开门立法制度。为保障立法过程中公众的有效参与,充分听取各方面意见建议,我国建立了听证会、论证会、座谈会、向社会公布法律草案公开征求意见等一系列制度。实践证明,这些立法制度对保证科学立法、民主立法,提高立法质量,发挥了极其重要的作用。[①]

(三) 形成中国特色社会主义法律体系

法律体系是指按照一定的原则把一个国家的所有法律规范组成一个有机统一整体。我国的法律体系,从法律规范构成讲,宪法是核

[①] 参见陈斯喜:《新中国立法60年回顾与展望》,载《法治论丛》2010年第2期,第7—14页。

心,法律是主干,行政法规、地方性法规、自治条例和单行条例是重要补充。① 2011年十一届全国人大四次会议上,时任全国人大常委会委员长吴邦国宣布,一个立足中国国情和实际、适应改革开放和社会主义现代化建设需要、集中体现党和人民意志的,以宪法为统帅,以宪法相关法、民法商法等多个法律部门的法律为主干,由法律、行政法规、地方性法规等多个层次的法律规范构成的中国特色社会主义法律体系已经形成。截至2017年3月底,除宪法外,我国现行有效的法律258件,分散于七个法律部门。法律是我国法律体系中的主要部分,从这个角度讲,全国人大和全国人大常委会的立法工作对中国特色社会主义法律体系的形成贡献最大。

三、国家立法中存在的问题

在看到我国立法取得重大成就的同时,我们也要看到目前国家立法中存在诸多问题。如立法权行使混乱无序,基本法律修改权失范,立法冲突现象时有发生;授权立法过于笼统宽泛,被授权方滥用立法权,缺乏有效监管机制;法律结构不够完备,立法理念与思路需要进一步转变,民主立法、科学立法有待加强。

(一) 立法权行使方面的问题

1. 全国人大立法权行使不到位,全国人大常委会行使立法权越位

从前面对立法情况的梳理可以看出,全国人大的立法活动越来越少,全国人民代表大会的议程中根本就没有审议法律安排。就法律修改权的行使而言,更是如此。近40年来的立法实践表明,相对全国人大而言,全国人大常委会已成为事实上的主要立法机关,成为法律的主要制定者和修改者。② 国家立法权的行使主体已经从建国初期的全国人大

---

① 参见李林:《完善中国特色社会主义法律体系任重道远》,载《中国司法》2011年第4期,第16—22页。
② 参见封丽霞:《论全国人大常委会立法》,载周旺生主编:《立法法研究》(第1卷),法律出版社2000年版,第95页。

逐步向全国人大常委会转移,这不仅与全国人大和全国人大常委会共同作为我国国家立法权主体地位不相符,而且与二者的宪法地位不相符。全国人大常委会在立法权的行使上有越位之嫌。

2. 全国人大与全国人大常委会立法权行使混乱

立法实践中,因为"基本法律""其他法律"等概念的内涵与外延不明确,导致全国人大与全国人大常委会在基本法律制定权上经常行使混乱,更有甚者相互错位地行使对方的立法权。具体表现在三个方面:一是全国人大常委会超越自身立法权限,制定了本应由全国人大制定的基本法律,如1981年通过的《惩治军人违反职责罪暂行条例》和《人民解放军选举全国人大和地方人大代表的办法》,1982年通过的《民事诉讼法(试行)》分别属于刑事、国家机构、诉讼制度的基本法律,是全国人大的专属立法权,实践中却由全国人大常委会制定通过;二是从事务性质与重要性看,有些相对重要的法律由全国人大常委会制定,而某些相对不是很重要的法律却由全国人大制定。如涉及公民宪法基本权利和自由的法律《游行示威法》《逮捕拘留条例》《治安管理处罚条例》等,由全国人大常委会制定,而《经济合同法》等纯属经济关系的技术性法律却由全国人大制定;三是有些性质和重要性相当的法律,一部分由全国人大制定的,另一部分由全国人大常委会制定。如,《行政处罚法》由全国人大通过,而《行政许可法》《行政强制法》《国家赔偿法》却是由全国人大常委会通过;《村民委员会组织法》由全国人大审议,授权全国人大常委会通过,但《居民委员会组织法》却由全国人人审议通过;《工会法》由全国人大制定,《劳动法》却由全国人大常委会制定。[①]

3. 基本法律修改权失范

根据宪法和立法法规定,全国人大常委会有权在全国人大闭会期间对其制定的基本法律进行部分补充和修改,但是不得同该法律的基本原则相抵触。但是从多年的立法实践看,全国人大常委会对基本法律的修改早已突破了现行法对基本法律修改权的限制,主要表现在两个方面:

---

① 参见章乘光:《全国人大及其常委会立法权限关系检讨》,载《华东政法学院学报》2004年第3期,第40—46页。

一是从修改的数量看,全国人大常委会对基本法律的修改已经超过了"部分"的界限。例如,经过1986年、1995年和2015年三次全国人大常委会的修改,选举法和地方组织法两部法律的大部分条文都进行了修改;《民族区域自治法》原有法律条文67个,全国人大常委会总共修改了43个,占原条文数的64.2%;《婚姻法》原有条文37个,共计修改了39个,占原条文数的105.4%。因此,有学者认为将这种大范围的修改定性为"法律的重新制定"更为恰当。①

二是从修改的内容看,全国人大常委会对基本法律有些内容的修改一定程度上构成对"该法律的基本原则相抵触"的情形。以对1979年刑法的修改为例,全国人大常委会的修改涉及刑法的空间效力、法律溯及力、犯罪主体、共同犯罪、定罪和处罚、刑罚种类、量刑制度、一罪和数罪、缓刑制度、分则罪名(由110多个增加到近200个)、罪状、法定刑、罚金适用、法条适用等13个方面。② 另外,1995年全国人大常委会对《选举法》的修改中,将省级和全国的城乡代表比例由1∶5和1∶8修改为1∶4。代表比例是选举平等原则的重要体现,很难说对代表比例的修改不属于基本原则问题。③ 上述基本制度的修改都涉及法律的核心部分和主要内容,一定程度上与该法的基本原则相抵触。

4. 法律冲突解决方式不完备

我国《立法法》第92、96条规定确立了新法优于旧法、特别规定优于一般规定、上位法优于下位法等原则,以期解决法律冲突。只出现一种情况的法律冲突运用其中一个原则能够顺利解决,但同时出现几种情况就有争议了。虽然《立法法》第94条规定"法律之间对同一事项的新的一般规定与旧的特别规定不一致,不能确定如何适用时,由全国人民代表大会常务委员会裁决。"有两种情况还是无法据此判定:一种是全国人大常委会制定的新法与全国人大制定的旧法相冲突,如2007年全国人

---

① 参见林彦:《基本法律修改权失范及原因探析》,载《法学》2002年第7期,第22页。
② 参见蔡定剑:《中国人民代表大会制度》,法律出版社2003年版,第268页。
③ 参见韩大元:《"全国人大修改选举法"与基本法律的修改权》,载《法学杂志》2010年第7期,第19—20页。

大常委会修订后的《律师法》与全国人大此前制定和修改的《刑事诉讼法》部分内容相冲突;另一种是全国人大制定的一般规定与全国人大常委会制定的特别规定相冲突。退一步讲,即使全国人大制定的新的一般规定与其制定的旧的特别规定不一致时,由全国人大常委会裁决也有违二者的宪法地位。①

(二) 授权立法方面的问题

1. 授权过于笼统宽泛,造成对国家立法权自身的侵犯

以 1985 年全国人大对国务院的授权决议为例,该决议授权国务院可以在经济体制改革和对外开放方面制定暂行规定和条例。可想而知,经济体制改革与对外开放的范围有多宽泛,可以囊括国家与社会生活的绝大多数领域。授权过于宽泛,主要带来两方面的负面影响:一是可能造成国家立法权旁落,行政立法权急剧扩张;二是可能损害公民的基本权利和自由,这以税收授权立法最为典型。1984 年全国人大的授权决定还只限于工商税制,而且是"草案试行";1985 年全国人大的授权决定则扩大为一切税种,而且形式上也不是"草案试行"了。② 2015 年修订《立法法》将税收立法权收回,使得这一状况得到改变,一定程度上反映最高立法机关在授权立法权限上的审慎态度。

2. 被授权方滥用授权,直接损害国家和公民利益

立法实践中,被授权方滥用立法授权概括讲主要有四种情形。一是超出授权范围立法。如按照 1985 年全国人大及其常委会的授权范围,国务院进行授权立法的范围仅限于"经济体制改革和对外开放方面",但国务院在这类暂行规定或条例中,有的却属一般的经济法规或其他方面的法规,有的甚至涉及政治体制改革;二是立法形式与授权规定不符,立法内容与法律相冲突。如按 1984 年全国人大常委会的"授权决定",国务院制定有关税收条例应"以草案形式发布试行",然而根据授

---

① 沈朝阳:《论全国人大和全国人大常委会立法权限划分》,中央民族大学 2010 年硕士学位论文,第 42 页。

② 参见蒋云飞、陈运来:《我国授权立法存在的主要缺陷及完善举措》,载《湖南大学学报(社会科学版)》2001 年第 2 期,第 105—108 页。

权决定所制定的 23 个税收条例中,以草案形式发布试行的只有 6 个;三是立法法修订以前,将授权转授现象时有发生。以一般授权立法为例,这些一般授权立法明文规定有关国家机关可以根据法律或法律的实施细则制定具体的实施办法;四是授权立法部门利益化、地区利益化现象严重。有些部门或地区囿于本部门和地区的利益,将自己的立法置于法律和行政法规之上,借授权立法之机,滥设处罚。①

3. 对授权缺乏有效监督,容易引起法律冲突

立法法修订前,对授权立法没有监督,修订后由于监督程序和机制不完备,监督效果也很一般。一是监督意识不强,最高权力机关往往将立法权授给其他机关后便完全"撒手不管"了;二是监督主体受会期等因素影响难以履行好监督职责,我国的授权立法监督机关即全国人大与全国人大常委会,由于全国人大的"年会"制度、全国人大常委会两个月一次的会议制度,实践中大多数监督工作都是由专门委员会"代劳",监督的孱弱由此可见一斑;三是缺乏完备的监督程序,当前,授权机关对于授权立法的监督主要采用备案、撤销、审查程序,对于备案的具体操作、审查的方式、撤销决定的表决等没有明确的程序衔接;四是授权立法监督中司法审查功能不足,由于我国没有建立司法审查制度,只有法院可以在实践某些环节对授权立法进行审查,效果很有限。②

(三) 立法质量方面的问题

1. 法律体系尚需完善

我国法律体系虽已形成,但还存在许多需要改进的问题。一是目前基本上各个领域有法可依,但还难以做到所有社会关系都有法律予以规范调整,不可避免存在立法空白,如宪法相关法律中有关公民政治权利的法律缺失,行政法中一直呼吁的《行政程序法》阙如;二是各部门法发展不平衡,法典化进程缓慢,传统的刑法、经济法立法比较完善,社会立

---

① 参见蒋云飞、陈运来:《我国授权立法存在的主要缺陷及完善举措》,载《湖南大学学报(社会科学版)》2001 年第 2 期,第 105—108 页。

② 参见原晓斌:《论我国授权立法的发展、问题与完善》,中共中央党校 2016 年硕士学位论文,第 17 页。

法最为薄弱,难以适应转型时期的需要,亟待加强;三是已有立法质量不高,部分法的规定不完备,存在法律漏洞,部分法的规定过于粗糙,可操作性不强,部分法的规定已过时,难以满足社会需要,部分法的规定未能与国际接轨,无法适应经济全球化发展要求。①

2. 立法理念需要进一步更新

如前文所述,60多年来我国立法的理念逐渐走向成熟。但是,立法的本位主义还依然存在,"国家立法权部门化,部门立法权利益化,部门利益通过部门立法合法化"的现象还难以完全避免,立法为民的立法思想、人本主义的立法理念还未牢固树立,人大主导立法的体制机制还有待健全。立法理念对立法质量的影响至关重要,直接决定所立的是"良法"还是"恶法"。

3. 立法技术有待进一步提高

这一方面的具体问题有:一是立法规划的编制还不够科学规范,灵活性、随意性较大,直接影响立法的进程;二是立法过程中的民主参与不够,公民参与立法的渠道有限,参与的深度与广度不够,直接影响立法的民主性和科学性;三是立法论证、立法评估形式化、程序化、走过场现象严重,没有切实发挥立法论证、立法评估对提升立法质量的作用;四是立法语言的规范使用还有所欠缺,许多法律规范还存在歧义,还不够严谨。

第三节 完善我国国家立法工作的建议

一、完善有关宪法、法律规定,使全国人大及其常委会的立法权限划分具体化、明确化、可操作化

当前,要解决好全国人大与全国人大常委会立法权行使混乱,实现两者立法权的科学配置,有三个路径可供选择:一是修改《宪法》,以宪

---

① 参见许于静:《论中国特色社会主义法律体系的完善》,华东政法大学2011年硕士学位论文,第23页。

法修正案的形式对全国人大和全国人大的立法权限作进一步的规定,进而明确两者之间立法工作的具体分工;二是修改《立法法》,进一步细化相关规定,明确"基本法律""其他法律"的范围,确保全国人大和全国人大常委会的立法权限划分清楚;三是全国人大常委会行使宪法解释权,对《宪法》第62、67条作出解释,进而明确全国人大和全国人大常委会的立法权限,使两者的立法权能够实现真正分离。

本书认为,修改宪法兹事体大,启动需要相应时机,而且程序复杂,短期内难以实现。通过修改《立法法》或全国人大常委会行使宪法解释权,明确"基本法律""其他法律"的内涵与外延,明确法律修改权的具体分工,以便全国人大与全国人大常委会立法权行使顺畅,不越位、不扯皮。

无论是通过修改《立法法》,还是行使宪法解释权的方式解决全国人大与全国人大常委会立法权限分配问题,要确保划分明确、具体和可操作,以下两个问题亟待解决。一是要对"基本法律"的范围作明确列举,而不能沿袭过去"全国人大制定有关国家主权、刑事、民事和国家机构方面的基本法律"的笼统规定。关于"基本法律"的范围,笔者倾向于周旺生教授的观点,"基本法律"至少应该包括:刑法典和其他重要的刑事法律;民商法典和其他重要的民商事法律;国家机构组织法;选举法;规定国家立法制度的法律;规定国家司法制度的法律;较为系统的规定公民基本权利和义务方面的法律;系统的规定国家军事制度方面的法律;系统的规定国家经济制度方面的法律;系统的规定教育、科学、文化等带有全局性重大事项的法律等十个方面的内容。[①]

二是要进一步限制全国人大常委会对全国人大制定的法律进行修改和补充的权力。这里建议分两步走,首先,明确规定全国人大制定的法律修改权由其专属享有,但全国人大可以在《宪法》允许范围内通过授权立法的方式授权全国人大修改由其制定的法律;其次,要对《宪法》第67条第3项进一步规范细化,具体讲就是对"部分补充和修改"的修

---

① 参见周旺生:《立法学》,法律出版社2004年版,第197页。

改方式、修改内容"不得同该法律的基本原则相抵触"的情形作进一步细化规定,改变过去相关规定过于原则和含糊不清的状况。有学者从数量角度分析,认为"部分"应以三分之一为限①;也有学者认为可以是三分之一或二分之一②;还有学者提出从内容和数量两个标准予以进一步明确:内容标准要求不得修改法律的指导思想、基本原则及根本性条文,数量标准要求"部分"修改要有个问题限制③。笔者认为,《宪法》对全国人大常委会修改基本法律的权限已有"质"的限制性规定,此处的"部分"限制宜看做是对数量的限制,而所谓"部分"是与整体比较而言的,如果超过了二分之一显然有点多了,规定所补充修改的法律条文总数不得超过三分之一比较合适。至于"不得同该法律的基本原则相抵触"如何细化理解,笔者赞同蔡定剑教授提出"相抵触"的三种情形:违反,即修改法律违反法律的基本法原则;越权,即法律的原则对某问题有明确限定,修法时超其限定,增减权利义务;缺少法律依据,即某些法律或问题宪法法律明确规定只能由全国人大立法,排除常委会修改的可能,常委会就不能对其修改。④

二、完善授权立法,确保国家立法权的规范行使

授权立法不仅涉及面宽,而且规制难度大,授权立法体制的完善是我国国家立法权科学配置的重要内容之一。在当前的环境下,建议主要从限制授权范围、建立健全授权立法程序和机制、加强授权立法监督方面着手完善授权立法工作。

第一,严格限制立法机关的授权范围。尽管我国《立法法》对专属全国人大及其常委会的立法事项作了列举式规定,但同时规定对于立法条件不成熟的可以授权国务院先行制定行政法规,即除了有关犯罪和刑

---

① 参见林彦:《全国人大常委会基本法律修改权实践分析》,华东政法学院2003年硕士学位论文,第36页。
② 参见封丽霞:《论全国人大常委会立法》,载周旺生主编:《立法法研究》(第1卷),法律出版社2000年版,第95页。
③ 参见韩大元:《宪法学基础理论》,中国政法大学出版社2008年版,第346页。
④ 参见蔡定剑:《宪法精解》,法律出版社2006年版,第334页。

罚、对公民政治权利的剥夺和限制人身自由的强制措施和处罚、司法制度等事项外都可以授权国务院制定行政法规。在现有法律规定与立法条件下，一方面全国人大及其常委会要慎重授权，属于其权责范围内的原则性、专属性事项，涉及国家和人民的重大利益事项不得授权国务院立法。① 其他事项即便因特殊情况需授权国务院立法，也是一事一授权，授权决定要尽量具体明确；另一方面，在中国特色社会主义法律体系形成后，国家政治、经济、文化、社会生活的各个方面都有法可依的前提下，不盲目追求立法数量，而要从完善人民代表大会制度入手，提高立法效率和质量。

第二，建立健全授权立法的程序和机制。在我国的授权立法中，无论是法条授权，还是单独授权决定，都缺乏相应的程序。在法条授权中，我国大部分授权采取的是立法保留原则和不得越权原则，即除不可以授权的事项之外都可以授权。现有的法律法规体系中，对这样的法条授权决定的出台缺乏程序规定，为行政机关获得批发式授权创造了条件。在单独的授权决定中，我国也没有建立授权立法决定程序。②

建立专门的授权立法决定程序，至少包括两个方面内容：一是对于法条授权，要建立规范性文件制定过程中的单独表决制度，要对"一揽子授权"中的权力进行细分，授权机关要对拟授予的权力进行可行性论证，既包括立法时的集中论证，也包括授权时的具体论证；二是对于单独的授权决定，要明确提出授权请求的主体、提出授权请求的程序、负责审查是否可以授权的主体、是否可以授权的论证报告、授权的范围、授权的期限以及针对单独授权决定的表决程序，以此达成授权立法的科学性与合理性，最大限度控制授权立法的风险。③

第三，加强授权立法的监督。一是加强监督意识，从维护国家法制统一，维护法律权威的高度，积极主动地履行监督职责；二是加强法律法

---

① 参见蒋云飞、陈运来：《我国授权立法存在的主要缺陷及完善举措》，载《湖南大学学报（社会科学版）》2001 年第 2 期，第 108 页。
② 参见原晓斌：《论我国授权立法的发展、问题与完善》，中央党校 2016 年硕士学位论文，第 23 页。
③ 同上注。

规备案审查办公室的建设,充实工作力量,确保授权立法备案审查的全覆盖;三是完善备案、审查、批准、撤销制度,采取备案无异议后生效制度取代现行的生效后备案制度,即授权立法完成后立即报授权方备案审查,经过一定期限后,授权方无异议则授权立法自行生效,如有异议则需要修改或不发生法律效力;四是进一步强化授权立法的司法监督,加强授权立法的公众参与和民主监督。

三、完善立法冲突的解决机制,加强对立法的监督

当前,我国的合宪性审查制度尚在建设之中,缺乏专门的立法监督机构,现行《宪法》《立法法》也没有对全国人大与全国人大常委会之间的立法权限冲突的处理作出具体规定,只是简单地确立了"下位法不得违反上位法""新法优于旧法""特别规定优于一般规定"的原则。① 实践中,多种情况同时出现时如何处理存在争议,如根据《立法法》第94条规定由全国人大常委会裁决,则不符合全国人大与全国人大常委会二者的宪法地位。2018年修宪之后,全国人大宪法与法律委员会作为常设机构,负责推动宪法实施、开展宪法解释、推进合宪性审查、加强宪法监督、配合宪法宣传等工作。

为加强立法监督,宪法与法律委员会可考虑进一步改革:第一,它应享有充分的合宪性审查权,即不但监督全国人大常委会、国务院和地方权力机构的立法活动,而且应监督全国人大自身的立法活动。第二,它应该隶属于全国人大,地位类似于专门委员会。对该机构的职权应分为两部分:对基本法律、法律的违宪、不合法问题,该机构无权自行处理,只能向全国人大提出审查报告。这样做,可以避免少数人即可否定全国人大及其常委会多数人通过的法律的弊端。对行政法规、地方性法规的违宪、不合法问题,该机构审查后可以依法自行处理。这样做,可以使该机构具有处理经常性的法规、规章冲突、抵触问题的能力。第三,它既可以主动行使审查权,也可以应国务院、最高人民法院等国家机关的请求对

---

① 参见胡玉鸿、吴萍:《试论法律位阶制度的适用对象》,载《华东政法学院学报》2003年第1期,第38—45页。

法规违宪性、合法性问题进行处理。① 第四，它的组成人员应当由全国人大代表构成。鉴于立法监督是一项专业性和技术性很强的工作，它的组成人员应该是法律专业人才。为了满足立法监督对法律专业人才的需求，可以从司法机关和科研院校遴选部分专业人士充实到立法监督委员会队伍中，还可以聘请一定数量的法律专家作为宪法与法律委员会顾问。

四、进一步转变立法工作理念，提升立法工作质量

这一方面，笔者提出如下具体建议：第一，切实坚持以人为本的立法宗旨，坚持解放思想、实事求是的原则，以改革创新的精神开展立法，实现"立法引领改革，改革推动立法"的立法工作新局面。具体来说，新时期立法工作要切实从以经济建设为中心转向关注民生民情，在继续完善经济领域立法的同时，更要加强社会领域立法，重点做好改善民生、促进可持续发展方面的立法；确保各项工作有法可依的前提下，立法要从数量型向质量型转变，切实补齐法律的缺项和短板，进一步完善我国现有的法律体系，更加注重立良法、求实效，努力通过立法来引领和推动改革。②

第二，完善立法制度机制，提高科学立法、民主立法水平。一是完善立法规划制度，在主动接受党的领导同时，切实发挥人大在立法工作中的主导作用，结合实际编制好立法规划，通过一定的程序机制保证立法规划的科学性、合理性、可操作性。更重要的是，要通过程序使立法规划获得准法律地位，一旦确定后，保证严格按规划推进立法进程，确保规划按期完成，除非有特殊情况按照法定程序才能改变规划内容和进程。③ 二是完善立法表决制度，实现整体表决与逐步表决相结合。审议

---

① 参见郭道晖总主编：《当代中国立法》（下），中国民主法制出版社1998年版，第886页。
② 参见张德江：《提高立法质量 落实立法规划——在全国人大常委会立法工作会议上的讲话》，载《中国人大》2013年第21期，第8—13页。
③ 同上注。

中对法案个别条款的重大问题分歧较大、不能达成一致意见时,可以通过辩论制度或修正案制度加以协调统一,即先表决这些有争议的条款,待其通过后再就整个法案进行表决,从而将整体表决与逐步表决相结合,使表决程序和表决结果能够比较客观、全面地反映表决人的意愿。① 三是完善立法听证制度,使立法听证成为某些立法的法定程序,而不是选择性程序。同时,要明确听证的主体、客体、法律效力等,规范听证的程序,避免听证走过场、形式化。四是建立健全公众参与制度,创新公众有效参与的形式与渠道。借鉴有些地方立法的经验做法,建立各级人大代表与选民的联系机制,搭建好各级人大代表之间及各级代表联系选民的平台,立法项目通过联络平台听取意见就更加全面客观。

第二,加强立法队伍建设,提高整体立法水平和能力。全国人大下设宪法和法律委员会承担其职责范围内的具体立法工作,全国人大常委会下设法制工作委员会负责由其承担的立法工作,而基本上是一套人马。换言之,无论是全国人大制定的立法,还是全国人大常委会制定的法律,基本都是由一套人马起草的。与当前的立法任务和要求相比,全国人大常委会法制工作委员会的人员数量与能力水平都需要进一步强化、优化。一方面,需要充实立法队伍,尤其要多选拔了解基层工作、有相关行业工作经验和地方立法经验的人员;另一方面,要加强立法队伍的系统培训,既要系统培训立法相关专业知识,更要综合提高立法技术水平与能力,以期更好地推进改革事业所需各项立法。②

五、改革和完善人大制度,更好地行使国家立法权

第一,改革全国人大会期制度,增加法律案审议时间。当前,每年召开一次全国人民代表大会,每次会期大约 15 天,在这 15 天里代表们要

---

① 参见张芸:《试论我国立法中的单独表决制度》,华东政法大学 2015 年硕士学位论文,第 38 页。
② 参见封丽霞:《立法民主与立法者的职业化》,载周旺生主编《立法研究》(第 3 卷),法律出版社 2002 年版,第 221 页。

听取和审议政府工作报告,审查和批准国民经济和社会发展计划、国家预算,制定和修改重要法律,换届时还有选举和表决国家机构领导人等,如此繁重的任务与短暂的会期决定了代表们没有过多的时间和精力讨论立法案,这种会期制度严重影响立法案的审议质量。① 建议在坚持每年集中一次开会的同时,根据需要可以召集代表在省会城市召开视频会议,这样可以增加会期,适当增加法律案的审议时间,给代表们充足的时间进行深入分析论证,充分反映民意、传递民情民生,为提高立法质量提供充分的时间保障。

第二,优化代表结构,建立专职委员制度。提高国家立法权行使的质量关键在于代表和委员。目前考虑到全国人大代表的代表性、广泛性等因素,导致具备一定法学素养和实践能力的代表和委员人数有限,直接影响立法过程中的整体审议质量。为更好地适应"人大主导立法"的要求,切实提高国家立法权行使质量,一方面完善选举制度,进一步优化代表结构,将更多的具有法学专业背景和法律实践经验的人充实到代表队伍中;另一方面,鉴于全国人大常委会是当前立法任务的主要承担者,要探索建立专职委员制度,设置一定数量具有法学专业背景和法律实践经验的专职委员,可以更好地提高常委会对法律案的审议水平和质量。②

第三,加强代表履职培训,发挥好代表在立法工作中的主体作用。正如封丽霞教授所言:"议会立法发展到当代,一个明显的趋势就是越来越凸显职业立法的地位,立法职业者在立法过程中的地位举足轻重。议员不再是简单意义的民选代表,而是专职的立法者。职业立法虽是议会立法的一种辅助、补充形式,但在相当程度上已构成现代议会立法的主体。"③而立法是一项专业性很强的工作,需要有经验和受过训练,而且

---

① 参见沈朝阳:《论全国人大和全国人大常委会立法权限划分》,中央民族大学2010年硕士学位论文,第21页。
② 参见席文启、李正斌:《人大常委会设立专职委员的实践与思考》,载《新视野》2013年第3期,第30—34页。
③ 封丽霞:《立法民主与立法者的职业化》,载周旺生主编《立法研究》(第3卷),法律出版社2002年版。

通过长期而辛勤的研究训练有素的人来做。① 因此,必须加强对代表的立法工作专业培训,通过科学而系统的立法工作培训,确保代表具备参加立法工作、在立法工作中切实履行代表职责的专业知识。唯有如此,我国整体的立法质量才能实现跨越,法律的生命力才能展示出来,人大才能真正主导立法。

---

① 参见〔英〕密尔:《代议制政府》,汪瑄译,商务印书馆1984年版,第76页。

第四章 行政立法权的科学配置

从20世纪80年代开始,我国行政立法呈现明显的扩张趋势。到九十年代,行政立法已经实现几何数字的增长,①导致了一定的立法无序现象。②《立法法》的制定是规范行政立法的有利契机,但《立法法》于2000年生效后情况并没有得到根本改变。甚至,《立法法》通过扩大规章制定主体范围③等方式反而进一步推动了行政立法的扩张。行政立法的膨胀在一定程度上助长了部门利益和地方利益合法化、制度化,使得立法权和司法权对行政权的监督进一步虚化,同时也挤占了国家立法权的空间。④ 在行政立法中,行政法规在全国范围内适用,在位阶上仅低于法律,在数量上远远多于法律,其能够对法律的地位构成挑战。明确国务院的行政立法权,合理限定国务院和国家立法机关之间的立法权限划分,有利于保障行政立法活动规范有序、维护立法机关的地位。

第一节 国务院的行政立法权

"当立法权和行政权集中在同一个人或同一个机关之手,自由便不复存在了。"⑤行政立法概念的提出,首先必须回答行政机关有无立法权这一问题。根据分权原则,立法权、行政权和司法权分属于立法机关、行

---

① 蔡定剑:《法律冲突及其解决的途径》,载《中国法学》1999年第3期。
② 郭道晖总主编:《当代中国立法》(上),中国民主法制出版社1998年版,第180页。
③ 《宪法》第90条规定"各部、各委员会"发布规章,《立法法》第80条将这一范围扩大到"各部、各委员会、中国人民银行、审计署和具有行政管理职能的直属机构"。
④ 袁明圣:《行政立法权扩张的现实之批判》,载《法商研究》2006年第2期,第54页。
⑤ 〔法〕孟德斯鸠:《论法的精神》(上),张雁深译,商务印书馆1961年版,第156页。

政机关和司法机关,互相制衡。但一战以后,福利国家兴起,国家职能也大为扩张,有关产业、劳工、失业、贫穷、卫生等问题无一不由国家解决。① 如果依旧遵照"无法律,即无行政"的原则,国家将无法运作。法治国家的思想希冀行政机关积极作为而不违法。以绝对的权力分立主义来限制行政机关的活动,已不合时宜。因此,委任立法的观念应运而生。②

在我国,行政机关的立法权也经历了从无到有的历史转变。1949年的《中国人民政治协商会议共同纲领》(以下简称《共同纲领》)和《中央人民政府组织法》规定:"中华人民共和国的国家政权属于人民。人民行使国家政权的机关为各级人民代表大会和各级人民政府。""国家最高政权机关为全国人民代表大会。全国人民代表大会闭会期间,中央人民政府为行使国家政权的最高机关。"根据《共同纲领》和《中央人民政府组织法》的这些规定,当时的中央人民政府实质上并不是现在意义上的人民政府,它集立法、行政、司法的最高权力于一身,具有最高国家权力机关和行政机关的双重性质。在《共同纲领》授予中央人民政府以法律制定权的基础上,《中央人民政府组织法》又通过第15条和第19条的规定,隐含或明确地授予政务院及其各部、会、院、署、行和各级政府发布规范性法律文件的权力,这些规定,为中华人民共和国成立初期行政立法的产生提供了临时性的法律依据。③《五四宪法》第一次对我国各国家机关的设立和其权限的划分作出规定,其中规定国务院可以根据宪法、法律和法令规定行使行政措施、发布决议和命令及行使全国人民代表大会和全国人民代表大会常务委员会授予的其他职权;各部部长和各委员会主任在本部门的权限内,根据法律、法令和国务院的决议、命令,可以发布命令和指示。这些规定,为国务院及其有关部委进行行政

---

① 丁宁:《法律保留视野下的行政立法权限研究》,载《天水行政学院学报》2013年第1期,第84页。
② 参见吴万得:《论行政立法的概念及其意义》,载《行政法学研究》2000年第2期,第38页。
③ 参见郭道晖总主编:《当代中国立法》(上),中国民主法制出版社1998年版,第550页。

立法的地位及立法权限范围提供了依据。①《八二宪法》第89条第1款规定:"国务院行使下列职权:(一)根据宪法和法律,规定行政措施,制定行政法规,发布决定和命令……"首次从规范层面明确了中央行政机关享有立法权。2000年制定的《立法法》第56条详细规定了行政法规的立法权:"国务院根据宪法和法律,制定行政法规……"至此,国务院的立法权在宪法确认的基础上得以具体确立。国务院所制定的行政法规,既包括根据全国人大及其常委会授权进行的立法(授权立法),又包括直接依据宪法和组织法赋予的职权制定的立法(职权立法)。

第二节 国务院立法权配置的改革方向

一、国务院职权立法权的自我限制——应对之策

授权立法依赖于国家立法者授权,天然受立法者控制。相比之下,国务院的职权立法所受监督强度较低。国务院立法对国家立法权的可能挑战,主要来自其职权立法。合理界定国务院职权立法权的范围对于解决目前行政立法权所出现的问题具有重要作用。

就国务院在多大程度上具有职权立法权的问题,学界就《宪法》第89条国务院"根据宪法和法律"制定行政法规的表述,提出了依据说、授权说和职权说等三种代表性观点。目前没有任何一种观点成为主流观点,相关理论和实务争议陷入了僵持状态。探讨这个问题可以另辟蹊径,不笼统探讨国务院的职权立法权,而是分别研究国务院在多大限度内能够自主制定执行性立法和创制性立法。就执行性立法的制定权而言,虽然实践中存在法律规定国务院制定实施条例或者实施细则的做法,域外也有一些议会内阁制国家要求任何行政立法都以法律授权为前提,但是,对法律进行具体化并对执法所涉及的行政组织

---

① 参见郭道晖总主编:《当代中国立法》(上),中国民主法制出版社1998年版,第550页。

和程序予以规范,为行政权的固有内容,国务院制定执行性立法具有充分宪法依据。就创制性立法的制定权而言,固然人民代表大会制要求全国人大及其常委会的立法权占主导地位,然而,分析现行宪法分散配置立法权的总体思路、对规范国务院地位和职权的宪法条款和《立法法》所确立的法律保留制度可知,国务院具有制定创制性立法的一定权限。

学界研究国务院立法权时通常将注意力集中在《宪法》第 89 条国务院"根据宪法和法律"制定行政法规的表述,因此形成了三种代表性观点。① (1)"依据说"将这一规定理解为国务院应当"根据宪法和法律的具体规定"制定行政法规,因此,国务院只可以为了执行已有法律而制定行政法规,即可以依职权制定执行性立法,不得制定创制性立法②;(2)根据"授权说",国务院"根据宪法或者法律的授权"制定行政法规,即国务院得到立法者授权之后才能够制定执行性立法和创制性立法③;(3)按照"职权说",这一措辞应当解释为"根据宪法和法律规定的国务院的职权",即国务院可以依据宪法和组织法所赋予的职权,制定包括执行性立法和创制性立法,尤其是可以制定创制性立法④。这三种观点之间的区别,如下表所示:

---

① 笔者收集的文献未能明确谁第一次提出了这些观点,下文所引用的著述介绍了这些观点并予以辨析,但是并非表明这些观点的初始出处。
② 参见许安标:《关于中央与地方立法权限的划分》,载《中国法学》1996 年第 3 期,第 42 页。
③ 刘春华介绍了授权说,不过没有说明出处。参见刘春华:《国务院立法权限若干疑难问题探讨》,载《中外法学》1998 年第 5 期,第 90 页。
④ 参见陈斯喜:《论我国立法权限的划分》,载《中国法学》1995 年第 1 期,第 16 页;许安标:《关于中央与地方立法权限的划分》,载《中国法学》1996 年第 3 期,第 41 页。需要注意的是,职权说还有一个版本,即主张行政立法主体在未经授权的情况下只能够制定执行性立法,不得制定创制性立法。见陈章干:《关于行政机关依职权立法问题》,载《现代法学》1999 年第 3 期,第 96—97 页。刘春华对这三种观点的批判性吸收基础之上形成的自己的看法。他对这三种观点都进行了反驳,在此基础上提出了自己的看法,但其观点与职权说并没有本质区别。见刘春华:《国务院立法权限若干疑难问题探讨》,载《中外法学》1998 年第 5 期,第 91 页。

未经立法者授权时，国务院可否依职权制定	依据说	授权说	职权说
执行性立法	可	不可	可
创制性立法	不可	不可	可

对"根据宪法和法律"作出的不同解释，除了这三种代表性观点之外，还存在两种解释。第四种观点可以称为"不抵触说"，主张根据原则要求行政立法不得与法律相抵触。① 第五种可称为"程序说"，这种观点认为，根据原则要求行政立法当符合上位法规定的"目的、内容、形式和程序等要求"。② 也有学者同时认可"根据"的这五种含义，认为在不同情况下，具体含义不同。③ 看似都有一定的说服力，但有关学者并没有对其观点提出充分的论证，因此，也无法通过对其论证过程的考察来辨析有关观点是否正确。不考察论证、只关注观点本身，则停留在"公说公有理婆说婆有理"的僵局，无法令人信服地界定国务院的立法权范围。为此，下文换一个思路，不拘泥于《宪法》第 89 条中国务院"根据宪法和法律"制定行政法规的表述，而是从各个可能角度探讨国务院在未经立法者授权之下的立法权。鉴于国务院的立法分为执行性立法和创制性立法，我们分别讨论国务院在未经立法者授权的情况下，在何种程度上享有制定执行性立法和创制性立法的权限。

（一）国务院制定执行性立法的权限

在未经授权的情况下，国务院是否可以依职权制定执行性立法？从《八二宪法》制定以来，这个问题就存在争议。全国人大于 2000 年制定、2015 年修改《立法法》，都没有正面明确这个问题。《立法法》第 65 条第 1 款、第 2 款，措辞如下："国务院根据宪法和法律，制定行政法规。行政法规

---

① 郭道晖等：《立法——原则·制度·技术》，北京大学出版社 1994 年版，第 148—149 页。
② 参见蒋朝阳：《论部委规章制定权的授予、行使和监督》，载罗豪才：《行政法论丛》（第 1 卷），法律出版社 1998 年版，第 133—135 页。
③ 参见陈章干：《论行政立法的"根据"》，载《行政法学研究》1999 年第 2 期，第 38 页。

可以就下列事项作出规定:(一)为执行法律的规定需要制定行政法规的事项;(二)宪法第 89 条规定的国务院行政管理职权的事项。"或许有学者认为,该条第 2 款第 1 项已经明确规定国务院可以制定执行性行政法规。然而,这一结论是欠妥的。对该条第 2 款的理解,仍然要结合第 1 款。第 1 款几乎原封不动沿袭了《宪法》第 89 条"国务院……根据宪法和法律……制定行政法规"的措辞,与《宪法》第 89 条第 1 款对行政法规制定权的规定具有相同含义。要明确国务院制定行政法规的权限,仍然无法绕开宪法第 89 条第 1 项和《立法法》第 65 条第 1 款的规定。学术界同时存在肯定和否定观点。下文先对否定观点进行考察。

1. 对否定观点的辨析

"依据说"和"职权说"都肯定国务院无需立法者授权即可制定执行性行政法规。与此不同,"授权说"主张国务院制定行政法规需要法律授权。持有授权说的学者中,持有两种观点。一是不区分执行性立法和创制性立法,认为国务院制定所有行政法规都需要立法者的授权。按照这种观点,国务院制定执行性行政法规,以立法者授权为前提。① 二是肯定国务院在未经特别授权的情况下有权制定执行性立法,但只能在获得立法者授权时才可以制定创设性立法。下文针对授权说的第一种观点进行辨析。

初步看来,实践中法律条文往往规定国务院制定实施条例或实施细则,这似乎说明国务院获得法律授权才能够制定执行性立法。迄今为止,国务院根据此类法律条文,制定了一系列执行性立法。例如,根据 1988 年制定的《标准化法》第 25 条中"本法实施条例由国务院制定"的规定②,国务院制定了《标准化法实施条例》;根据《矿产资源法》第 52 条"本法实施细则由国务院制定"的规定,国务院制定了《矿产资源法实施

---

① 刘春华介绍了这种观点,但没有说明具体出处。参见刘春华:《国务院立法权限若干疑难问题探讨》,载《中外法学》1998 年第 5 期,第 90 页。

② 从立法技术上说,2000 年《立法法》第 56 条规定国务院可以"为执行法律的规定需要制定行政法规"之后,单行法中就无须对此再做规定。故而 2017 年修改后的《标准化法》删除了"本法实施条例由国务院制定"这一条文。但 2001 年全国人大常委会修改 1991 年制定的《税收征收管理法》时,仍保留了"国务院根据本法制定实施细则"的条款。这应是当时我国立法技术尚不成熟所致。

细则》;根据《税收征收管理法》第 93 条"国务院根据本法制定实施细则"的规定,国务院制定了《税收征收管理法实施细则》。这些立法实践似乎说明,国务院并没有制定执行性立法的固有权力,否则立法者无需在相关法律中明确规定国务院制定实施条例。根据法无授权不得为的原理,在立法者没有作出这些规定的时候,国务院自然就无权制定法律的实施条例。然而,这种看法并不全面。实践中国务院除了根据法律的明确规定制定实施条例以外,也在相应法律没有作出规定的时候制定大量执行性立法。例如,虽然《道路交通安全法》和《土地管理法》都没有明文规定国务院制定实施条例,国务院都分别制定了《道路交通安全法实施条例》和《土地管理法实施条例》。这就说明,无论法律条文中是否作出特别规定,国务院都有权制定相应的执行性立法,否则就无法解释为什么国务院在相关法律没有作出规定时也制定实施条例。因此,法律条文中关于国务院制定实施条例的规定,并不是对国务院的授权,而是对国务院设定的制定执行性立法的义务。也就是说,国务院本来就有权制定或者不制定执行性立法,无需立法者授权。立法者有时候在法律中直接规定国务院制定执行性立法,是因为立法者认为国务院应当进行相应立法,因此直接在法律条文中作出义务性规定,以免国务院基于自由裁量怠于立法。①

此外,国务院只能根据授权进行行政立法的观点,似乎能够在比较法上得到印证。在一些西方国家,行政部门只能根据议会授权进行立法。例如,根据议会主权原则,英国行政部门只能根据议会的授权制定授权立法(delegated legislation),无权自主立法;在德国,根据《基本法》第 80 条,只有获得了联邦议会的授权,联邦政府和联邦部长才可以制定法规命令(Rechtsverordnung)。英国和德国都是议会内阁制国家,其政权组织形式的特点是议会占有主导地位,行政部门向议会负责。由此,似乎可以得出行政部门不得未经授权而制定立法的普遍规律。然而,这一推理存在一些漏洞。第一,从比较法角度来看,行政立法以授权

---

① 乔晓阳:《〈中华人民共和国立法法〉导读与释义》,中国民主法制出版社 2015 年版,第 94—95 页。

为前提并非放之四海而皆准的普遍规律,也有一些国家的行政部门并不向议会负责,能够就法律的执行而制定行政立法,甚至有进行创制性立法的权限。例如,美国"三权分立"的宪法架构之下,总统和国会分别由选民选举产生,一定程度上平起平坐。在国会立法程序中,总统虽然不在积极意义上分享国会的立法权,但是享有否决权,从而享有消极意义上的立法权。此外,根据美国最高法院在 Youngstown Sheet & Tube Co. v. Sawyer 案[1]中确立的规则,总统可以为了促进法律的实施而制定行政命令(Executive orders),对法律进行解释。在法国,行政部门享有广泛的立法权。根据第五共和国《宪法》,议会和行政部门对不同事项分别享有立法权,立法机关只对法国《宪法》第 34 条明确规定的事项制定法律,根据法国宪法第 47 条第一款,在法律范围以外的其他事项,都由行政部门通过条例予以规范,议会不得染指。由此可见,不同国家的宪法体制下,行政部门在不同程度上享有行政立法权,并非都需要立法者授权。第二,即便我们承认我国的人民代表大会制和英国、德国的议会内阁制度存在更多共同点,与美国的总统制、法国的半总统制宪法体制存在更大区别,也不应当照搬英国宪法和德国宪法上的结论。归根到底,比较法上的考察,参考意义有限。不同国家制度安排各不相同,英国和德国不承认行政部门有权自主立法,美国总统有权制定行政命令以促进法律实施,法国行政部门则可以对法律保留之外的事项进行排他性规范,这些不同的制度实践只是为探讨我国国务院的行政立法权提供了一个可能的方向。我国宪法上立法部门和行政部门之间的立法权限分配,固然可以参考国外的制度和实践,但归根到底取决于我国的宪法体制。

总而言之,只有经过立法者授权国务院才可以制定执行性立法的观点,不具有充分说服力。

2. 国务院制定执行性立法的宪法依据

国务院是否可以在未经授权的情况下制定执行性立法,下文从正面

---

[1] 343 U.S. 579(1952).

予以探讨,考察是否存在支持这一权限的充分理由。执行性立法主要包括两类规范,一类规范对法律规范的事实要件和法律后果作出更为详尽的规定,即对实体法律规定进行具体化,还有一类则规范行政组织和行政程序,明确哪些行政主体按照何种程序执行有关法律。国务院有无制定执行性立法的职权,取决于国务院是否有权在这两个方面作出决断。

(1)对法律进行具体化的权限

和所有法律规范一样,行政机关执行的法律规范可以分解为事实要件和法律后果两个部分。在有关事实要件成立的情况下,产生相应的法律后果。个人基于趋利避害的理性选择,采取相应行为,使得有利或者不利的法律后果所需事实要件成立或者不成立,法律规范调整行为的目的,也就得以实现。例如,《行政许可法》第38条规定:"申请人的申请符合法定条件、标准的,行政机关应当依法作出准予行政许可的书面决定。"事实要件是"申请人的申请符合法定条件、标准",相应的法律后果是"行政机关应当依法作出准予行政许可的书面决定"。希望获得行政许可的行政相对人,可以通过自己的努力,使自己的申请符合法定条件和标准;又如,根据《治安管理处罚法》第43条规定,殴打他人的,处5日以上10日以下拘留,并处200元以上500元以下罚款。相关事实要件是殴打他人,法律后果则是处以相应的处罚。为了避免这种不利的法律后果,理性的做法是不从事违法行为,从而使得有关事实要件不成立,不触发相应的法律责任。

在执法活动中,行政机关面临的常见困难是法律对事实要件和法律后果的规定不够明确。在事实要件部分,立法者往往采用不确定法律概念,即在特定时间和空间上无法准确划定其外延的概念。[1] 立法者使用不确定法律概念,可能有多种原因:一些情况下,根本不存在内涵和外延都确定的概念供立法者使用。比较典型的情况,是某一事物出现的时间不长,还处于发展变化之中,没有稳定下来,立法者无法使用确定的概念进行规范;另外一些情况下,立法者有意使用抽象的表述,以便执法机关

---

[1] Wolff/Bachof/Stober/Kluth, Allgemeines Verwaltungsrecht I,12. Aufl.,S. 311f.

在实践中具体情况具体分析，追求个案正义。有时立法者有意使用不确定法律概念，则是为了保持有关规范的开放性，使得将来的新情况也能够纳入法律的适用范围。① 立法者除了在事实要件部分使用不确定法律概念以外，也往往在规定法律后果时赋予行政机关裁量权，使得行政机关可以在多种处理方式之间进行选择。只要行政机关行使裁量权没有瑕疵，在法律允许的范围内设定法律后果，有关行政行为就是合法的。例如，法律对行政违法行为规定一定幅度内的罚款，行政机关在上限和下限之间根据个案情况决定罚款数额，都符合法律规定。

　　事实要件和法律后果的不确定性给行政执法带来了困难，但行政机关不得以此为由拒绝执法，而是必须对不确定法律概念作出解释，就如何行使自由裁量权作出决断，在此基础上将抽象法律规范适用于具体案件事实。在这种意义上，对事实要件部分的不确定法律概念进行解释、在设定法律后果时行使自由裁量，是行政执法权的内在组成部分。行政机关不仅有权、也有义务对所执行的法律进行具体化。不同行政机关往往对同一个不确定法律概念作出不同的解释，以不同方式行使自由裁量，从而影响法制统一。对于这一挑战，我国《宪法》规定了解决机制。《宪法》第110条第二款规定："地方各级人民政府对上一级国家行政机关负责并报告工作。全国地方各级人民政府都是国务院统一领导下的国家行政机关，都服从国务院。"《宪法》这一规定确立了行政系统内下级服从上级、所有国家行政机关服从国务院的组织原则，因此，上级行政机关对法律作出的具体化，下级行政机关应当服从。国务院作为最高国家行政机关，拥有最高执法权，其对法律的具体化，在全国行政系统内部范围内具有最高效力。国务院对有关法律进行具体化时，既可以针对个案向有关行政机关作出指示，也可以通过抽象方式如制定行政法规，对有待行政机关执行的法律进行具体化，在全国范围内规范行政执法行为，维护法制统一。

　　总而言之，对行政机关所执行法律的事实要件部分作出解释、对如

---

① Wolff/Bachof/Stober/Kluth, Allgemeines Verwaltungsrecht I, 12. Aufl., S. 312f.

何行使自由裁量作出决断,是行政执法过程中的一个组成环节,行政机关的执法权就包含了对法律进行具体化的职权。国务院是统一领导全国范围内的国家行政机关,具有最高的执法权,有权在行政法规中对行政机关所执行法律进行具体化。

(2)规范行政组织与程序的权限

国务院制定的实施条例不仅对法律作出具体化,也往往对行政组织和程序问题作出规范。就这些规范而言,国务院是否有制定执行性立法的权限,取决于国务院是否有权规范法律执行所涉及的行政组织和程序问题。下文对此展开探讨。

为了保障法律得到执行,需要明确由哪些行政机关来承担执法任务。理论上,既可以由现有行政机关来执行法律,也可以为此设立新行政机关。国务院是否有权在执行性立法中作出此类规定,在实体上取决于国务院是否享有相应的组织权限。我国宪法和法律对国务院的行政组织权作出了一些规定。根据《宪法》第89条,国务院"规定各部和各委员会的任务和职责""规定中央和省、自治区、直辖市的国家行政机关的职权的具体划分""批准自治州、县、自治县、市的建置和区域划分"。在法律层面,《国务院组织法》第8条规定,国务院各部、各委员会的设立、撤销或者合并,由总理提出、由全国人大决定;在全国人大闭会期间,由全国人大常委会决定。《国务院组织法》第11条规定,国务院可以设立直属机构和办事机构,无需由全国人大或其常委会决定。从宪法和法律的这些规定来看,国务院虽然不能自行决定各部、各委员会的设立、撤销和合并,不能决定省、自治区、直辖市的建置,但除此以外享有较宽泛的行政组织权,可以规定各部委的任务和职责,可以规定中央和地方的国家行政机关的职权的划分,可以批准省级以下的行政区域建置,还可以直接设立直属机构和办事机构。此外,就中央层面的行政组织权而言,既然《国务院组织法》第11条允许国务院设立具有正部级或者副部级的直属机构和办事机构,说明国务院在中央层面享有广泛的行政组织权限,应当肯定国务院可以决定各部、各委员会内部的机构设置。在地方层面,既然国务院有权批准省级以下自治州、县、自治县、市的建置,这说明国务院在地方层面也享有高度行政组织权,可以在地方各级设立行政机关。国务院在地方设立行政机关的权力,也得到了立法者的确认。在实践中,国务院行使这一权力,设立了省以下税务局的稽查局等行政机关。《税收征收管理法实施细则》第9条第一款:"税收征管法第十四条所称按照国务院规定设立的并向社会公告的税务机构,是指省以下税务局的稽查局。稽查局专司偷税、逃避追缴欠税、骗税、抗税案件的查处。"对于国务院设立地方税务局的稽查局的行为,立法者在《税收征收管理法》第14条明确予以确认,作出如下规定:"本法所称税务机关是指各级税务局、税务分局、税务所和按照国务院规定设立的并向社会公告的税务机构。"总而言之,根据《宪法》第89条、《国务院组织法》第8条、第11条的明文规定以及对这些条款进行的适当解释,无论是在中央和地方层面,国务院都享有较为宽泛的行政组织权。国务院在执行性行政立法中根据执行法律的需要设立、撤销、合并行政机关,具有充分的宪法和法律依据。

明确了由哪个行政机关执行法律之后,还需要规范执法所适用的程序。实践中,国务院经常在法律规定的框架内、或者在有关法律没有对程序作出规定的情况下,通过实施条例对行政执法程序作出具体规定。相关程序规定的正当性,取决于国务院是否有权对行政执法程序进行规范。在立法者规定由行政机关执行法律的情况下,既然行政机关承担了执行法律的职责,那么,在法律对行政执法程序没有作出规定或者有关规定较抽象的情况下,行政机关不得以此为由推卸其执法职责,有权也有义务对关于行政程序的抽象法律规定进行具体化,或者在法律没有作出相关规定的情况下,自行决定行政执法的具体程序。在行政系统内部,根据下级服从上级的组织原则,上级行政机关可以就行政执法的程序进行规范,指导下级行政机关的执法行为。国务院统一领导全国所有行政机关,当然国务院对行政执法程序作出的规定,适用于所有执行相关法律的行政机关。

总之,国务院统一领导全国各级行政机关,有权对行政执法所涉及的行政组织和行政程序问题进行规范,国务院所制定执行性立法中的相关规定,具有充分依据。

(二) 国务院制定创制性立法的权限

在行政立法实务中,国务院不仅制定执行性立法,也制定创制性立法。执行性立法促进和保障法律得到实施,创制性立法则在立法者尚未对某一事项进行规范的时候设立新的行为规则,规定新的权力义务。在已经肯定国务院有权制定执行性立法之后,下文继续探讨国务院是否有权制定创制性立法。

1. 对否定观点的辨析

一些学者主张,国务院未经授权不得制定创制性立法的主张。在这个问题上,相关学者主要从二个角度进行了阐述。一些学者强调,《宪法》第58条、第62条以及第67条将我国政体规定为人民代表大会制。在这一制度之下,全国人大及其常委会行使国家立法权。作为最高国家权力机关的执行机关,国务院不具有独立的立法权,必须同时根据宪法和法律的规定制定行政法规,其立法具有从属性,只能作出具体化的规定,不得进行创设性立法。[①] 这种从我国的政体出发进行的论证,有一定解释力。的确,我国政体是人民代表大会制度,这意味着无论是在中央还是在地方层面,人民代表大会作为权力机关,由其产生一府两院,一府两院对人民代表大会负责并受其监督。然而,人民代表大会制之下是否不存在国务院进行创制性立法的空间,值得商榷。既然宪法在人民代表大会之外规定了一府两院,而不是把一府两院规定为人民代表大会的内设机构,说明一府两院当然也就具有独立于人民代表大会的地位,具有独立意志,行使宪法赋予的职权。由此看来,仅仅基于人民代表大会制度就主张国务院无权制定创制性立法,过于草率和武断。这种观点之中的唯一可取之处在于,在人民代表大会制度下,国务院的立法不得挑战国家立法权。换言之,如果国务院制定创制性立法将会挑战国家

[①] 蔡定剑:《宪法精解》,法律出版社2004年版,第346页;陈章干:《简析行政立法的"根据"问题》,载《法商研究》1999年第5期,第99—100页;陈章干:《论行政立法的"根据"》,载《行政法学研究》1999年第2期,第37—40页;喻少如:《论我国行政立法中的职权立法》,载《武汉大学学报》(哲学社会科学版)2009年第1期,第35—36页。

立法权,那么,在人民代表大会制度之下,国务院就不可能享有这一权限。然而,考虑到如下因素,国务院的创制性立法权并不构成对国家立法权的挑战。首先,宪法和法律规定了一系列法律保留事项,对国务院行政立法的范围进行了限制;其次,国务院的立法,在组织、程序和事权方面,本身受到法律的规范和约束;再次,全国人大及其常委会也可以对同一事项制定法律,使得与之相抵触的创制性行政法规无效;最后,全国人大常委会可以撤销国务院制定的不适当的行政法规,这种事后监督机制使得全国人大常委会可以有效应对国务院立法对国家立法权的挑战。总而言之,从人民代表大会制并不能够得出国务院无权制定创制性立法的结论。

还有学者认为,如果肯定国务院在具体法律规定缺位的情况下可以制定创制性行政法规,则国务院就具有了"无限的"或者说"过大的"立法权,有鉴于此,国务院在未经授权的情况下,只能为了执行法律进行行政立法,不得进行创制性立法。[①] 然而,这种论证存在一个重大漏洞。国务院在多大程度上具有行政立法权,决定于宪法和法律如《国务院组织法》和《立法法》在多大程度上赋予了国务院相关权限。否认国务院有创制性立法权,必须有相关宪法和法律依据,但有关学者并没有说明哪些宪法和法律条文禁止国务院制定创制性立法。如何判断国务院的立法权是否"过大",相关学者也没有提出客观的、在实证法上有根据的标准,这就使得相关观点只是有关学者的个人主观看法而已。

实践中,1984年全国人大常委会授权国务院改革工商税制发布有关税收条例草案试行,1985年全国人大授权国务院在经济体制改革和对外开放方面可以制定暂行的规定或者条例,有学者从此出发,主张这些授权立法实践说明国务院不得未经授权而制定创制性立法。[②] 我们认为,税收、改革开放等领域,国务院的确需要国家立法机关授权才能够

[①] 代表性观点见陈斯喜:《论我国立法权限的划分》,载《中国法学》1995年第1期,第17页。

[②] 代表性观点见陈斯喜:《论我国立法权限的划分》,载《中国法学》1995年第1期,第17页。

进行相应立法,否则即超越了其自身的立法权限。然而,由此也并不能够推导出国务院在任何领域都不得进行创制性立法的结论。事实上,在未经授权的情况下,国务院也对大量不属于法律保留范围的事项制定了大量行政法规。例如,国务院根据宪法和《国务院组织法》所赋予的"领导和管理经济工作和城乡建设"的职权,制定了许多相应的行政法规。①

总而言之,主张国务院未经授权不得制定创制性立法的观点,相关论证并不能够充分消除有关疑问,不具有充分的说服力。

2. 国务院制定创制性立法的宪法依据

有学者从行政保留的角度论证国务院具有制定创制性立法的权限。他指出,既然现行宪法赋予了国务院职权立法权和行政措施的规范制定权,那么,国务院就有"一定的相对自主的法规范制定权限"。他又说,从行政保留的视角来看,国务院的职权立法以及根据《宪法》第89条第1项享有的行政措施制定权,表明国务院享有相当自主的法规范制定权限,"而非仅享有纯粹执行性质的权限"。② 本书同意其结论,但是不认同其论证过程。如果能够论证我国《宪法》上确立了行政保留,那么,有可能可以从中推导出国务院有制定创制性立法的权限。然而,该学者并没有对此展开论述。况且,其已经将国务院的职权立法理解为创制性立法,因此,从国务院职权立法权这个前提,推导出了国务院具有"相对自主的法规范制定权限"的结论,实际上进行了循环论证。真正需要论证的是宪法赋予了国务院可以依职权进行创制性立法,但文章对此并未予以展开。我们认为,从以下四个角度来看,国务院对不属于法律保留范围的事项,可以依职权制定创制性立法。

(1)与《五四宪法》相比,《八二宪法》对立法权的配置更为分散,这在一定程度上暗示国务院具有创制性立法权。根据《五四宪法》第22条,全国人大是行使国家立法权的唯一机关;根据《五四宪法》第31

---

① 刘春华:《国务院立法权限若干疑难问题探讨》,载《中外法学》1998年第5期,第90页。
② 参见门中敬:《国务院在行政与立法关系中的职能定位——以行政保留为理论分析的视角》,载《湖北社会科学》2016年第10期,第160页。

条,全国人大常委会不能制定法律,只能解释法律、制定法令。《八二宪法》并没有规定只有全国人大才有权制定法律,而是在第 58 条规定"全国人民代表大会和全国人民代表大会常务委员会行使国家立法权",从而将全国人大常委会也规定为行使国家立法权的主体。此外,《八二宪法》关于国务院权限的规定,也发生了重大变化。《五四宪法》第 49 条规定国务院"根据宪法、法律和法令,规定行政措施,发布决议和命令,并且审查这些决议和命令的实施情况",《八二宪法》第 89 条则规定国务院"根据宪法和法律,规定行政措施,制定行政法规,发布决定和命令"。相比之下,《八二宪法》新授予了国务院制定行政法规的权限。综合《五四宪法》和《八二宪法》的相关条款可知,与《五四宪法》相比较,《八二宪法》总体上对立法权的配置更加分散。一方面,并不将全国人大规定为行使国家立法权的唯一机关,规定全国人大常委会也有这一权限;另外一方面,还赋予了国务院制定行政法规的权限。虽然宪法没有明文规定国务院制定的行政法规是执行性立法还是创制性立法,但是,从《八二宪法》分散配置立法权的总体思路来看,肯定国务院有权制定执行性立法和创制性立法,无疑与《八二宪法》分散配置立法权的做法相一致。

(2)《宪法》第 89 条第 1 项与第 18 项之间的关系,也支持国务院有创制性立法权的判断。根据宪法第 89 条第 18 项规定,国务院除了行使宪法明确列举的具体职权以外,还行使其他由最高国家权力机关授予的权限。根据该项规定,全国人大及其常委会可以授权国务院制定行政法规,该项规定构成了国务院授权立法的宪法依据。既然《宪法》第 89 条第 18 项已经构成了国务院依授权进行立法的依据,那么,如果也将第 89 条第 1 项解释为国务院进行授权立法的宪法依据,则宪法第 89 条第 1 项和第 18 项发生重复。解释宪法应当遵循一个基本假定,即不同宪法条款通常具有不同含义。按照这一原理,既然宪法第 89 条第 18 项的规定构成了国务院进行授权立法的宪法依据,那么,第 1 项就不是国务院授权立法的宪法依据,而是国务院直接依照自身职权进行立法的充分依据。

(3)《立法法》第8条、第9条关于"法律保留"的规定,间接肯定了国务院不仅可以进行授权立法,也可以先于立法者对一些事项进行规范。根据《立法法》第8条、第9条,某些特定事项只能制定法律,全国人大及其常委会可以就其中部分事项授权国务院先行制定行政法规。这两条规定预设了国务院能够依职权进行创制性立法。具体而言,如果国务院只能依授权而制定创制性立法,那么,事实上所有事项都属于法律保留范围,《立法法》也就没有必要规定特定事项属于法律保留的范围。恰恰从这个规定,可以推导出来国务院对不属于法律保留的事项,可以无需授权制定行政法规。① 换言之,正是因为国务院有权进行创制性立法,才有必要规定法律保留,把一些事项排除在国务院创制性立法的调整范围之外。如果国务院没有创制性立法权,就没有必要特意规定某些事项只能由法律予以调整。体系解释的这一结论,也能够得到历史解释的印证。在《立法法》的制定过程中对这一问题存在较大争议,经过讨论之后,立法者最终采取了国务院无需授权即对一些事项自行进行规范的观点。②

(4)《宪法》第85条对国务院宪法地位所作规定,也支持国务院有权就不属于法律保留的事项进行创制性立法的结论。根据《宪法》第85条,国务院有三个身份:中央人民政府、最高国家权力机关的执行机关以及最高国家行政机关。学界通常比较关注国务院作为最高国家权力机关的执行机关的身份,从中得出了国务院有权制定执行性立法的结论。③ 相比之下,国务院作为中央人民政府和最高国家行政机关的身份较少受到关注。我们认为,为了厘定国务院所享有立法权的范围,也应

---

① 相同观点参见叶海波、秦前红:《法律保留功能的时代变迁——兼论中国法律保留制度的功能》,载《法学评论》2008年第4期,第17页。
② 乔晓阳:《〈中华人民共和国立法法〉导读与释义》,中国民主法制出版社2015年版,第94—95页。
③ 代表性观点参见蔡定剑:《宪法精解》,法律出版社2004年版,第372页;门中敬从立宪史入手,注意到了国务院的性质为"执行机关"和"行政机关",但仍然主要限于从国务院执行机关的性质来探讨国务院的职能定位,没有进一步分析国务院的"行政机关"身份。参见门中敬:《国务院在行政与立法关系中的职能定位——以行政保留为理论分析的视角》,载《湖北社会科学》2016年第10期,第159—161页。

当考虑国务院的这两种身份,下文依次予以分析。首先,国务院作为中央人民政府行使领导职权,需要进行创制性立法。"中央人民政府"的表述,可以分解为"中央""人民"和"政府"。"中央"是指国务院与地方人民政府的关系而言的,对此,《宪法》第 110 条第二款第 2 句已经作出了规定,即全国地方各级人民政府都接受中央人民政府即国务院的统一领导。"人民"的表述说明国务院代表人民的利益,这与人民在我国当家做主的地位相一致。相比之下,"政府"的含义较为含糊。词典上将政府解释为"国家权力机关的执行机关,即国家行政机关"。① 这种解释将政府等同于国家权力机关的执行机关和国家行政机关。然而,就《宪法》第 85 条而言,既然该条规定了国务院的三种身份,那么,它们应该有各自的意涵,而不是相互重复。由此可见,词典上的解释并不适用于《宪法》第 85 条。我们认为,主权国家之内立法权、行政权和司法权相互关系的历史衍变对政府的含义提供了一定的启示。欧洲中世纪政治秩序解体之后,出现了君主专制的主权国家。在这个历史阶段,国王拥有全部权力,进行统治(govern,rule)。在这种意义上,政府(government)和国家基本上是同义的。国王是国家的最高领导者,决定国家内政外交等各方面的大政方针。随着资产阶级登上历史舞台,市民逐渐控制了议会,立法权从国王的权力中分离出来,由国王和议会共享。随着时间的推移,国王和议会在立法领域的权力此消彼长,议会获得实质性的立法权。与此同时,从原来国王所拥有的最高权力中,司法权也独立出来,由独立的法院行使。与此相应,以集权为根本特征的君主专制就过渡到了开明专制,国王仍然是政府的首脑,但政府不再拥有全部国家权力,而只有国家权力中除去立法权和司法权以外的部分,即行政权。随后,英国、荷兰等国家的君主制进一步发展,君主只有象征性的职权,实质行政职权由议会产生的行政部门享有;法国、德国等国家的君主制则被共和制所取代。在刚出现主权国家的时候,拥有所有国家权力的君主实施对国家的领导。那么,在现代国家,国家的领导由谁来实施呢?对国家的领导,就是面向未来在国

---

① 中国社会科学院语言研究所词典编辑室:《现代汉语词典》(第五版),商务印书馆 2005 年版,第 1741 页。

家的内政外交等各个领域作出决断,选择国家发展和前进的方向。从这个角度来看,鉴于法院原则上主要在事后适用规范,其面向未来设定规则的空间较为有限,对国家进行领导只能由立法机关和政府即行政部门享有。由于立法者因资源所限,不可能对所有涉及国家发展方向的问题作出决断,政府也必然要面向未来就很多问题作出决定。从这种意义上来说,原来包罗万象的政府权力中分离出立法权和司法权之后,现代意义上的政府仍然享有广泛的国家领导职权。政府行使国家领导职权的原理,在我国宪法上也有体现。《宪法》第89条第(二)项到第17项赋予国务院一系列领导职权。国务院的领导职权,可以从国务院所领导的机构和事务两个方面来理解。国务院领导的机构,包括各部、各委员会乃至全国地方各级国家行政机关;国务院领导的事务范围非常广泛,包括经济工作和城乡建设,教育、科学、文化、卫生、体育和计划生育工作,民政、公安、司法行政和监察等工作,国防建设事业,民族事务,等等。国务院进行的领导行为,表现为在各个领域审时度势,根据实际情况设定未来工作的方向和目标,并率领、组织、监督有关机构为实现这些目标而努力。国务院的领导行为可以通过具体或者抽象的方式进行。对个别部委或者个别行政机关的工作进行领导时,通过明确的命令、指示等方式作出具体行为无疑更有针对性。更为经常的情况,是国务院在特定领域设定目标,并就全国范围内的行政机关如何实现这些目标作出安排。在这种情况下,抽象的行政立法就是国务院实施领导行为的适当方式。在这种意义上,国务院制定创制性行政法规,是其作为中央人民政府履行领导职权的内在需要。其次,国务院作为最高国家行政机关的宪法地位,也支持其有创制性立法权的结论。作为最高国家行政机关,国务院的行为具有行政的特征。行政相对于立法和司法,具有一些自身特点。立法机关成员众多,立法程序严谨而冗长,行动缓慢,无法及时处理紧急事项,更不可能事先预见到偶然事件并提前对其予以规范。[①] 一旦出现新事物时,只有等到情况基本稳定、立法条件成熟之后,立法者才能

---

① 〔英〕洛克:《政府论》(下篇),叶启芳、瞿菊农译,商务印书馆1964年版,第103页。

够制定法律予以调整。法院则适用不告不理的行为逻辑,所谓没有原告就没有法官,法院基本上限于提供事后权利救济,无法事前预防对权利的侵犯。由此可见,在出现新情况、新问题导致对公共利益或者个人权利的威胁时,立法机关和司法机关不能够对公共利益和个人权利提供有效保障。这一任务,责无旁贷地落到了行政机关身上。与立法机关不同,行政机关随时关注现实生活,并在必要时能够迅速进行干预。[①] 与司法权相比,行政权具有明显的主动性,可以依职权主动保护公民的权益,防止有关侵权行为的发生。在行政系统中,国务院是最高国家行政机关,也是唯一一个被宪法授权制定行政法规的行政机关,因此,在立法机关和司法机关都无法维护某一社会生活领域的必要秩序的时候,国务院有权、也有义务制定创制性行政法规对有关事项进行调整,保护公共利益,保护个人权利。

(三) 结 论

综上所述,无论行政机关所执行的法律是否明文规定由国务院制定实施条例,国务院作为最高国家权力机关的执行机关,承担了保障法律得到实施的职责,有权制定执行性行政法规,对法律进行具体化,并对执法所涉及的行政组织和程序等问题进行规范。此外,基于现行《宪法》分散配置立法权的总体倾向、《宪法》第 89 条第 1 项和第 18 项之间的关系、《立法法》关于法律保留的规定以及《宪法》第 85 条规定的国务院宪法地位,我们推导出这一结论:国务院可以就属于其行政管理职权范围、不属于法律保留的事项制定创制性行政法规。基于《宪法》第 89 条第 1 项的规定形成的关于国务院立法权的三种观点中,职权说肯定国务院有制定执行性立法和创制性立法的权力,具有较高合理性。相比之下,授权说完全否定国务院在未经授权时可以进行行政立法,依据说则完全否认国务院有权制定创制性立法,失之偏颇。

肯定国务院享有宽泛的行政法规制定权,并不会助长行政立法扩张

---

① 类似观点参见门中敬:《国务院在行政与立法关系中的职能定位——以行政保留为理论分析的视角》,载《湖北社会科学》2016 年第 10 期,第 160 页。

趋势。我们应当从两个角度来看待这个问题。首先,国务院的立法权并不构成对国家立法权的挑战。在国务院制定的行政立法中,执行性立法本来就致力于保障法律的实施,落实国家立法机关的意志,因此,执行性立法数量越多,越能够保障法律得到良好实施,国务院的这种立法在总量上的增长,并不构成实质意义上的行政立法扩张。与执行性立法不同,国务院进行的创制性立法的确在没有上位法的情况下对有关事项进行规范,有学者担心国务院的创制性立法挤压国家立法权空间,也并非空穴来风。然而,国务院的创制性立法只能对国务院具有行政管理职权的、并且不属于法律保留范围的事项进行规范,重大事项仍然只能通过法律予以规范,因此,国务院立法权并不与国家立法权分庭抗礼。何况,全国人大及其常委会能够通过《立法法》和其他法律对国务院的创制性立法进行规范和监督,因此,国务院制定创制性立法也不构成对国家立法权的实质性挑战。其次,行政立法扩张的趋势客观存在,但主要问题并不是国务院制定了大量行政法规,而是部门规章、地方政府规章和其他规范性文件在数量上增长迅速,将部门利益和地方政府利益制度化。因此,为了有效规范行政立法膨胀的趋势,我们应当在肯定国务院立法权的同时,更加关注规章以下的行政立法,明确规章以下行政立法所应当遵守的界限,有效约束规章以下层面行政立法的扩张趋势。

二、建立有效行政立法监督机制

(一)加强公民参与

公民参与行政立法的制定,或者对行政法规和规章,提出审查建议,这都属于社会监督的重要方式。目前,在社会监督领域主要存在以下问题:一是行政机关对行政立法的社会监督重视不够,相关规定散落在立法法和国务院法规中,关于公众参与原则、参与形式和参与程序都没有明确和统一的规定,还远远没有形成一种较为规范完整的制度。二是行政立法的信息公开程度不够,公众的立法知情权没有得到很好的保障。三是公众参与的代表度不够广泛,意见的收集和听取不够全面广泛。四是公众参与意见的评估、反馈、利用机制不完善。社会监督行政立法的落脚点是对社会主体提出的意见高度重视,认真分析研究,吸收采纳并予以反馈。现在行政立法参与活动之所以给人有走形式的感觉,也是因为民众没有感受到自己提出意见得到了高度重视和必要的回应。为此,可以考虑在未来的《行政程序法》中,或者在《立法法》中增设"立法的社会监督"专章,为公众参与行政立法提供法律依据和基本制度框架。美国、日本、韩国的行政程序法中都有类似的规定。目前的行政立法监督主要是事中监督和事后监督,行政立法公众参与是全过程的参与,从立法规划的制定和发布,到某一项具体立法项目的立项、制定、审议、通过到事后审查,要加大立法信息的公开公示,鼓励公众了解并参与到各个环节。在听取社会公众意见方面要进一步增强征求意见对象的代表性、广泛性与专业性、全面性。另外,最为重要的是要完善公众参与意见的分析研究和反馈制度,对公众的合理意见和建议应予以采纳,不予采纳的要详细说明理由,及时以适当的形式进行反馈,将公众意见采纳情况及其理由在政府法治官网上公开,形成严密完整的公众立法的意见征集、整理、评价、公布和反馈机制,为公众参与行政立法监督提供更有效的制度保障和支撑。

(二) 加强司法监督

所有法规命令和行政规则须接受法院直接和间接的司法审查。关于司法机关对行政立法机关是否具有司法审查权,是一个争议较大的问题。根据《行政诉讼法》第53条,公民、法人或者其他组织认为行政行为所依据的国务院部门和地方人民政府及其部门制定的规范性文件不合法,在对行政行为提起诉讼时,可以一并请求对该规范性文件进行审查。前款规定的规范性文件不含规章。因此,对于诉讼提起人而言,只能提起对规范性文件的附带审查。但是,对于行政立法的监督随着司法改革的不断推进,可能不断深入。根据法律规定,人民法院审理行政案件,参照规章,而非依据规章。但是,不能由此延伸出法院有权在判决中宣布废止或者直接修改某项规章规定的权力,如果在审理过程中认为规章与上位法存在抵触,或者存在违法规定的,可以向制定机关提出建议,或者报送最高院转国务院处理。

(三) 加强行政机关内部定期审查监督

政府法制部门定期对制定的法规和规章进行系统全面的审查清理,以确定哪些法规继续适用,哪些需要进行修改、补充,或应予以废止。特别是在社会经济发生较快变革时,法规清理不但能保持法律统一协调,还有利于不断总结立法经验,改善立法工作,为今后立法提供指导。对行政立法工作的考核和行政机关及其工作人员的组织管理也是实现对行政立法监督的一种重要方式。在政府绩效考核评价体系中,推进法治政府建设是考核各级政府及其组成部门工作成效的重要组成内容,是否根据上位法制定了相应的实施细则和配套制度已经成为考核政府工作实效的一项明确指标。我国《宪法》《组织法》《地方组织法》《公务员法》规定了,国务院和地方各级人民政府有权依法律规定任免、考核和惩处行政人员。国家机关对于行政立法中国家公作人员的违法或者不称职行为可以给予相应的惩戒和处分,对行政机关及其工作人员行政行为的监督与约束,也是加强行政立法监督的重要方式。此外,行政复议也是纠正违法和不当行为,保障和监督行政机关依法行使职权的重要途径,但是目前复议的对象主要是针对具体行政行为而非抽象行政行为。对于国务院和地方各级政府的规定,可以在申请对具体行政行为进行复议的同时提起复议,但是国务院部门规章、地方政府规章,还没有纳入行政复议的审查范围。

第五章　地方立法权扩容背景下的央地立法权科学配置

第一节　我国地方立法权配置的历史考察

一、中央与地方立法权配置的历史沿革

（一）立法权的多极化分散阶段

建国初期，国家的主要任务是恢复国民经济和继续解决民主革命阶段遗留的问题，自从1949年初"废除伪法统"以后，中央还未来得及建立统一的法律、法规，在百废待举、百业待兴的形势以及各地复杂的形势下，中央需要调动地方积极性来解决这些问题，因此赋予地方立法权。这一时期，设立了中央、地区和省三级行政体制，这三级行政机关都有权力制定法规。同时，市、县也可以拟定法令或单行法规。可见，我国立法权限划分采取的是分散立法模式，县以上各级人民政府都或多或少地享有立法职权，在其职权范围内对所辖行政区域内的部分或全部事务依法行使立法职权来进行管理。① 所以也叫做多极化分散阶段。

1949年颁布的《共同纲领》第16条规定："中央人民政府与地方人民政府间职权的划分，应按照各项事务的性质，由中央人民政府委员会以法令加以规定，使之既利于国家统一，又利于因地制宜。"1949年12月16日通过的《大行政区人民政府委员会组织通则》第4条规定："各大行政区人民政府委员会根据并为执行中国人民政治协商会议共同纲

---

① 李林：《关于立法权限划分的理论与实践》，载《法学研究》1998年第5期，第59页。

领,国家的法律、法令,中央人民政府委员会规定的施政方针和政务院颁发的决议和命令,行使下列职权:……(二)拟定与地方政务有关之暂行法令条例,报告政务院批准或备案。"

(二) 立法权的集权化阶段

从《五四宪法》的施行直到1979年《地方组织法》的生效,在这个时期,立法权限比较集中,除民族自治地方外,其他地方权力机关均不享有立法职权,国家行政机关亦无立法方面的职权。

《五四宪法》规定,全国人民代表大会是行使国家立法权的唯一机关,该法第27条规定,全国人民代表大会行使下列职权:修改宪法,制定法律,监督宪法的实施等;第31条规定,全国人民代表大会常务委员会行使下列职权:主持全国人民代表大会代表的选举,召集全国人民代表大会会议,解释法律,制定法令等;第58条规定,"地方各级人民代表大会在本行政区域内,保证法律、法令的遵守和执行,规划地方的经济建设、文化建议和公共事业,审查和批准地方的预算和决算,保护公共财产,维护公共秩序,保障公民权利,保障少数民族的平等权利"。可见,在《五四宪法》制定实施后,我国地方人大已经没有了立法的权力。

立法的中央集权是这一时期中国实行高度集中的计划经济体制的政治需要和法律翻版。据统计,从《五四宪法》颁布后到1979年,包括各种意见、办法、命令、决议、决定、通知、报告、答复、办法等在内的中央立法共1 115件,年均59件,地方因无立法权所以记录为零。① 中央集权的立法模式强有力地保证了中央对全国各项事业的集中统一领导,但也在相当程度上影响了地方积极性的发挥,阻碍了中国社会主义法制的全面发展。② 在此期间只有一种地方立法以合法的身份存在,那就是民族自治立法。民族自治地方制定自治条例和单行条例的权力,正式确立于《五四宪法》,其第70条第4款明确规定:"自治区、自治州、自治县的自治机关可以依照当地民族的政治、经济、文化的特点,制定自治条例和单

---

① 参见崔卓兰、赫然:《中国地方立法研究》,东北师范大学出版社2006年版,第62—63页。
② 参见李林:《关于立法权限划分的理论与实践》,载《法学研究》1998年第5期,第60页。

行条例,报请全国人民代表大会常务委员会批准。"

(三) 立法权的适当放权阶段

改革开放以后,在经济体制改革的推动下,中央与地方的关系发生了变化,逐步打破了集权制的中央与地方关系模式。[①] 自 1978 年起,我国中央与地方关系改革的思路主要是放权让权,扩大省市地方政府的事权、财权,赋予省级政府立法权。1979 年全国人大在《地方组织法》中规定了省、自治区、直辖市的人大及其常委会有权制定地方性法规。1982 年 12 月,在修宪的同一次人民代表大会,即五届五次大会上修改的《地方组织法》,又规定了省、自治区人民政府所在地的市和经国务院批准的较大的市的人大常委会,可以拟订法规草案,报省、自治区人大常委会制定。1986 年第二次修改的《中华人民共和国地方各级人民代表大会和地方各级人民政府组织法》第 7 条第 2 款规定,省、自治区的人民政府所在地的市和经国务院批准的较大的市的人民代表大会,可以制定地方性法规,报省、自治区的人大常委会批准后施行。

1980 年以来,先后建立深圳、珠海、汕头、厦门和海南五个经济特区。为使经济特区的建设顺利进行,使特区的经济管理充分适应工作需要,更有效地发挥经济特区的作用,1981 年 11 月全国人大常委会通过《关于授权广东省、福建省人大及其常委会制定所属经济特区的各项单行经济法规的决议》,授权两省人大及其常委会,根据有关法律、法令、政策规定的原则,按照各省经济特区的具体情况和实际需要,制定经济特区的各项单行经济法规,并报全国人大常委会和国务院备案。经济特区不仅是我国实施改革开放的试验场和窗口,在立法方面,也一样起了突破性作用。海南特区在创新立法上,着重顺应世贸组织规则,以行政管理体制改革为重点,完善市场经济体制;抓紧制定市场准入和运作规则,支持体制创新和科技创新,鼓励多种经济成分共同发展,吸引人才等方面的法规、规章;将地方立法与经济特区立法、实施性立法与创制性立

[①] 参见赵静波、李宝奇:《和谐社会与地方立法观念的转变》,载《延边大学学报(社会科学版)》2007 年第 2 期,第 103 页。

法统一,体现海南地方特色和经济特区特点。至此,地方立法主体和立法权限的宏观划分体制已明确,制定了数量可观的地方性法规和其他规范性法律文件,它们在调整种种社会关系,保障、引导和推进经济、政治、文化和其他建设事业发展方面,发挥了重要的作用。

在《立法法》颁布之前,我国中央和地方立法权限的划分没有明确的标准,宪法只作了不抵触的原则性规定。2000年颁布以后,《立法法》对中央与地方的立法权限进行划分,明确规定中央的专属立法权限,对地方的立法权限不作专属规定,但所规定的范围有些模糊,反而给地方立法打开了一个"合法"的广阔空间,出现一些问题。(1)地方立法重复较多。为保证上位立法的实施,几乎每一级立法机关都制定了上位法的实施法。(2)有的法规似乎超越了地方立法权限。从江材讯先生《地方立法数量及项目研析》的统计数据看,当时已有19个省、市人大常委会通过了预防犯罪方面的法规或决定,创设了检察机关在预防犯罪工作中的职权。这类超越地方立法权限的立法,需要从理论和制度方面进行明确。2015年《立法法》修改,除了将税收立法收归中央,其他专属事项也没有进一步明确范围,我国在今后的地方立法过程中必须对地方立法进行有力的监督和制约。

二、央地立法权限变迁原因及启示

(一) 影响央地立法权变迁的主要因素

我国央地立法权限的变迁,是随着实际国情的需要而变化的。从我国中央、地方立法权的关系来看,从新中国建立到1954年《宪法》颁布以前实行的是由中央集中行使而实际由中央到地方多级主体分散行使立法权力的制度。这一时期的中央和地方立法权力关系呈现出两大特征:第一,具有临时宪法性质的《共同纲领》确立的是中央集中行使立法权的体制。这是因为,尽管建国之初,百废待兴,国民党伪法统被彻底废除而革命和生产迅猛发展的实况亟须大量法律法令面世,然而,《共同纲领》通过之时,全国的解放战争尚未完全结束,社会激烈变动,生产明显下降,加之1950年朝鲜战争爆发、台湾海峡形势紧张等原因,中央高度集权的政治体制能最大限度地利用国家有限资源来对付国内外的严峻局势。第二,实践中,立法权力具有中央到地方主体行使的分散性。尽管《共同纲领》未直接赋予地方政府立法权力,但面对当时新老解放区因差别悬殊而无法统一实施应当遵行的中央立法实际情况,不得不允许各地根据本地的实际情况,按照《共同纲领》,因地制宜地进行各项立法,建立民主政权,恢复和发展国民经济。① 事实上,这正是作为非立法主体的政务院通过颁发各级地方政府组织通则赋予地方立法权力的做法未被中央人民政府委员会依法废除或者修改的客观原因,也正是当时地方立法成绩斐然的根本原由所在。

1954年到1979年7月五届全国人大二次会议前,立法权集中于中央,除了民族自治地区,其他地方立法权都被取消。1957年开始,我国基本上处在"阶级斗争"一浪高过一浪的时期,政治运动不断,法律制度尚未建立已经受到挑战。这一时期立法权的过于集中当然具有明显的弊端,它不仅妨碍了我国立法以及民主和法制的发展历程②,而且在某种程度上影响了中央和地方两个积极性的发挥而致整个社会经济、文化发展的迟缓。

直到十一届三中全会确立"有法可依,有法必依,执法必严、违法必究"的十六字方针,我国才恢复法制建设。改革开放之后,相对于中央,地方立法权是不断扩大的。我国现行的中央和地方立法权力关系模式是我国历史上前所未有的。其特征是:第一,立法主体具有多级多元性,但所立之法坚持统一性。这一特征既适应于我国新时期对立法工作的高要求,也更取决于我国的基本国情。我国是单一制国家,这一国家结构形式决定了我国在立法权限划分上必须"收得拢",凡属全国性事务的立法,就要坚决"集中起",我国也是多民族的大国,民族和地区发展的不平衡决定了我国在立法权限划分上必须"放得开",凡属于地方性事务和少数民族自治区域事务的立法,就要坚决"放权";我国是社会主义国家,这一国家本质决

---

① 张善恭:《立法学原理》,上海社会科学院出版社1991年版,第99页。
② 据统计,在该时期的近25年间,包括意见、办法、命令、决议、决定、甚至通知、报告、答复等形式在内的中央立法共1 115件,年均仅44.6件。参见吴大英等:《中国社会主义立法问题》,群众出版社1984年版,第241页。一般地方因无权行使立法权而无任何立法记录,这对于当时法制还极不完备的我国民主政治的发展是非常不利的。

定了一切权力属于人民,人民行使国家权力的最高机关是全国人民代表大会,因此,国家立法权必须出全国人大及其常委会集中行使。第二,中央立法主体首次具有多元性。与前三部宪法不同,《八二宪法》对我国立法权限体制所进行的重大改革之一是:中央国家权力机关常设机构即全国人大常委会的立法主体地位首次得到宪法确认。中央国家行政机关即国务院的行政法规制定权和各部委的部门规章制定权也首次得到宪法保障,这对我国央地立法权划分有重要的协调作用,保障了地方立法有中央立法的原则"可依",也保障了中央对地方立法实施的事前或者事后监督,避免地方保护、地方越权。第三,地方立法主体具有适度扩大性。相比较建国之初由政务院颁布的组织通则使从大行政区到县一级地方政府都或多或少地行使立法权力,以及民族自治区域的民族乡也有立法权力的那种分散的地方法,现阶段的根据宪法划分中央和地方政府职权的原则,以全国人大基本法律的方式,和以全国人大及其常委会的授权方式来保障地方立法的有效性,目的是为了适应地区和民族发展的不均衡性,同时,既避免立法权力过于集中,又避免了立法权力配置过于分散,从而保障社会主义单一制国家法制的统一和尊严。

(二) 央地立法权变迁的启示

立法权权限划分是建立在央地事权划分的基础之上,中央与地方的权限划分直接关系到社会主义市场经济体制的建立、发展和完善,关系到政治体制改革和行政体制改革。我国现行《宪法》第 3 条第 4 款规定:"中央和地方的国家机构职权的划分,遵循在中央的统一领导下,充分发挥地方主动性、积极性的原则。"这既是中央和地方职权划分的原则,也是立法权划分的基础。但是,在我国现行立法体制中,对中央立法和地方立法边界的规定极为粗疏,对地方立法权仅作了笼统的限制性规定。[①] 依照《立法法》的规定,地方性法规可以就下列事项作出规定:为执行法律、行政法规的规定,需要根据本行政区域的实际情况作出具体规定的事项;属于地方性事务需要制定地方性法规的事项。这种不明确列举地方立法权范围、

---

① 刘本文、裴春光:《立法权的冲突与解决》,载《科教文汇》2006 年第 9 期,第 133 页。

严格限制地方立法权的做法,大大缩小了地方立法机构的立法空间,不利于调动地方的立法积极性,也不利于法律体系的完备和协调。另外,我国权力划分是在一个单一的体制内,按照中央的意愿进行上下之间权力的分配,这与美国等联邦制国家在联邦与州之间进行权力划分是不同的。中国单一制集权的国家结构形式决定了维护中央政府的权威将是一切政治经济活动的最高准则。地方可以得到多少权力,须视中央愿意放出多少权力,但又有伸缩的余地(即没有明确规定的地带)。

随着中国内地地方经济的发展和利益的多样化,以及各地方经济发展不平衡等原因,中央和地方在立法权上的明争暗夺、讨价还价、不均衡的现象依然存在。因此,对于中国这样超大规模的社会发展来说,首要任务是必须以现实的经济和社会发展的内在要求为出发点,依据市场经济体制建设的内在规律调整权力关系,建立中央与地方合理的立法权分配体制,形成集权与分配的平衡格局。只有这样,基于制度建设而形成的立法权权力配置才能在统一的制度规范中实现协调与平衡。① 然而,要找到中央与地方立法权力的一个最佳平衡点几乎是不可能的,中央与地方的立法权限,在不同国家,根据不同的国家权力来源理论和国家结构来确定。我国的权力来源理论认为,国家权力由人民直接赋予,地方权力来自中央。中央与地方立法机关分配立法权限的方式是:列举中央与地方的专属立法权事项,未列举事项则推定属于中央立法权范围,同时要求地方立法权的行使不得与中央立法权抵触。这是立法层面的分配方式,实践中地方人大只履行配合执行中央立法的职能,地方立法事项一般由地方行政机关来超前制定,这正是由于中央与地方立法机关的立法权配置与实际需要不符才导致的。目前最佳的出路是如何运用"授权立法"来缓和中央统一立法与地方因地制宜立法的矛盾,最终使地方立法与中央立法的冲突降到最低点,实现我国立法体制的和谐。作为地方立法而言,其对话的前提就是要固守自身的原则,而这种原则必然是在法律精神指导下的立法原则,因为只有在法律精神统摄

---

① 林尚立:《权力与体制:中国政治发展的现实逻辑》,载《学术月刊》2001年第5期,第98页。

下,地方立法才能具有合法性与合理性,才能与中央立法和平相处。总之,中央与地方立法权力平衡的价值选择应该是:实现中央与地方的"共强"格局,即"强中央、强地方"格局。这种"共强"格局并非指立法权相互扩大,而是指中央与地方通过合理分配立法权限达到有效治理的目的。治理的方式根据国情和任务的不同在集权与分权之间徘徊,是一个此消彼长的关系,就立法权而言,中央立法权和地方立法权也是如此。在国家需要"集中力量办大事"时,如"战时",则需要国家"集权"治理才能有效,而在现在的和平时期,面临地区发展不平衡的情况,则更需要地方"分权"治理更为有效。

第二节　我国央地立法权现状分析

在目前的法律法规体系下,我国中央与地方立法权配置遵循的是在中央统一领导下,充分发挥地方的主动性、积极性的原则,这一原则在我国的立法实践活动中得到了充分体现。根据《立法法》的规定,中央立法权是指全国人大及其常委会修改宪法、制定和修改法律的权力,国务院及其组成部门、直属机构制定和修改行政法规及部门规章的权力,中央军委领导下的各军事单位制定修改军事法规及规章的权力。与之相对应,地方立法权是指满足一定条件的地方人民代表大会及其常务委员会制定及修改地方性法规,以及满足一定条件的地方人民政府制定及修改地方性规章的权力。

在立法实践过程中,央地立法事项的划分是中央与地方立法权配置的核心问题[①],即中央(包括全国人大及其常委会,中央人民政府、国务院各部门)对哪些事项享有立法的权力,地方(包括享有立法权的地方人大及其常委会、地方人民政府)对哪些事项享有立法的权力。在本章节,笔者将从相关法律法规条文入手,对我国现行的中央与地方立法权配置体系进行分析,梳理出我国央地立法权划分的框架,分析制度中的

---

① 除此之外,还会涉及中央对地方的授权立法问题,中央与地方立法效力问题、冲突问题等。

问题,为完善我国央地立法权配置制度奠定基础。

一、中央与地方立法权配置的文本分析

(一) 中央与地方立法权配置的法律规范梳理

目前规范我国央地立法权配置的主要法律依据包括《宪法》《立法法》,涉及的主要条文包括:

(1)《宪法》第 62 条和第 67 条规定:

> 全国人民代表大会有权制定和修改刑事、民事、国家机构的和其他的基本法律;全国人民代表大会常务委员会有权制定和修改除应当由全国人民代表大会制定的法律以外的其他法律;在全国人民代表大会闭会期间,对全国人民代表大会制定的法律进行部分补充和修改,但是不得同该法律的基本原则相抵触。

(2)《立法法》第 8 条规定:

> 下列事项只能制定法律:(一)国家主权的事项;(二)各级人民代表大会、人民政府、人民法院和人民检察院的产生、组织和职权;(三)民族区域自治制度、特别行政区制度、基层群众自治制度;(四)犯罪和刑罚;(五)对公民政治权利的剥夺、限制人身自由的强制措施和处罚;(六)税种的设立、税率的确定和税收征收管理等税收基本制度;(七)对非国有财产的征收、征用;(八)民事基本制度;(九)基本经济制度以及财政、海关、金融和外贸的基本制度;(十)诉讼和仲裁制度;(十一)必须由全国人民代表大会及其常务委员会制定法律的其他事项。

(3)《立法法》第 9 条规定:

> 本法第八条规定的事项尚未制定法律的,全国人民代表大会及其常务委员会有权作出决定,授权国务院可以根据实际需要,对其中的部分事项先制定行政法规,但是有关犯罪和刑罚、

对公民政治权利的剥夺和限制人身自由的强制措施和处罚、司法制度等事项除外。

(4)《立法法》第65条规定：

国务院根据宪法和法律,制定行政法规。行政法规可以就下列事项作出规定:(一)为执行法律的规定需要制定行政法规的事项;(二)宪法第八十九条规定的国务院行政管理职权的事项。

应当由全国人民代表大会及其常务委员会制定法律的事项,国务院根据全国人民代表大会及其常务委员会的授权决定先制定的行政法规,经过实践检验,制定法律的条件成熟时,国务院应当及时提请全国人民代表大会及其常务委员会制定法律。

(5)《立法法》第72条规定：

省、自治区、直辖市的人民代表大会及其常务委员会根据本行政区域的具体情况和实际需要,在不同宪法、法律、行政法规相抵触的前提下,可以制定地方性法规。

设区的市的人民代表大会及其常务委员会根据本市的具体情况和实际需要,在不同宪法、法律、行政法规和本省、自治区的地方性法规相抵触的前提下,可以对城乡建设与管理、环境保护、历史文化保护等方面的事项制定地方性法规,法律对设区的市制定地方性法规的事项另有规定的,从其规定。设区的市的地方性法规须报省、自治区的人民代表大会常务委员会批准后施行。省、自治区的人民代表大会常务委员会对报请批准的地方性法规,应当对其合法性进行审查,同宪法、法律、行政法规和本省、自治区的地方性法规不抵触的,应当在四个月内予以批准。

省、自治区的人民代表大会常务委员会在对报请批准的设区的市的地方性法规进行审查时,发现其同本省、自治区的人民政府的规章相抵触的,应当作出处理决定。

除省、自治区的人民政府所在地的市,经济特区所在地的市和国务院已经批准的较大的市以外,其他设区的市开始制定地方性法规的具体步骤和时间,由省、自治区的人民代表大会常务委员会综合考虑本省、自治区所辖的设区的市的人口数量、地域面积、经济社会发展情况以及立法需求、立法能力等因素确定,并报全国人民代表大会常务委员会和国务院备案。

自治州的人民代表大会及其常务委员会可以依照本条第二款规定行使设区的市制定地方性法规的职权。自治州开始制定地方性法规的具体步骤和时间,依照前款规定确定。

省、自治区的人民政府所在地的市,经济特区所在地的市和国务院已经批准的较大的市已经制定的地方性法规,涉及本条第二款规定事项范围以外的,继续有效。①

(6)《立法法》第73条规定:

地方性法规可以就下列事项作出规定:

(一)为执行法律、行政法规的规定,需要根据本行政区域的实际情况作具体规定的事项;

(二)属于地方性事务需要制定地方性法规的事项。

除本法第八条规定的事项外,其他事项国家尚未制定法律或者行政法规的,省、自治区、直辖市和设区的市、自治州根据本地方的具体情况和实际需要,可以先制定地方性法规。在国家制定的法律或者行政法规生效后,地方性法规同法律或者行政法规相抵触的规定无效,制定机关应当及时予以修改或者废止。设区的市、自治州根据本条第一款、第二款制定地方性法规,限于本法第七十二条第二款规定的事项。

---

① 此条款赋予了所有设区的市对城乡建设与管理、环境保护、历史文化保护等方面事项的立法权,成为2015年《立法法》中的亮点,对于该条款的评价将在后文中进行,此不赘述。

制定地方性法规,对上位法已经明确规定的内容,一般不作重复性规定。

(7)《立法法》第74条规定:

经济特区所在地的省、市的人民代表大会及其常务委员会根据全国人民代表大会的授权决定,制定法规,在经济特区范围内实施。

(8)《立法法》第82条规定:

省、自治区、直辖市和设区的市、自治州的人民政府,可以根据法律、行政法规和本省、自治区、直辖市的地方性法规,制定规章。

地方政府规章可以就下列事项作出规定:

(一)为执行法律、行政法规、地方性法规的规定需要制定规章的事项;

(二)属于本行政区域的具体行政管理事项。

设区的市、自治州的人民政府根据本条第一款、第二款制定地方政府规章,限于城乡建设与管理、环境保护、历史文化保护等方面的事项。已经制定的地方政府规章,涉及上述事项范围以外的,继续有效。

除省、自治区的人民政府所在地的市,经济特区所在地的市和国务院已经批准的较大的市以外,其他设区的市、自治州的人民政府开始制定规章的时间,与本省、自治区人民代表大会常务委员会确定的本市、自治州开始制定地方性法规的时间同步。

应当制定地方性法规但条件尚不成熟的,因行政管理迫切需要,可以先制定地方政府规章。规章实施满两年需要继续实施规章所规定的行政措施的,应当提请本级人民代表大会或者其常务委员会制定地方性法规。

没有法律、行政法规、地方性法规的依据,地方政府规章不得设定减损公民、法人和其他组织权利或者增加其义务的规范。

(二) 目前中央与地方立法事权划分

在央地立法关系中,立法事权的划分是立法权配置的核心内容。所谓央地事权划分,就是中央对哪些事项有权进行立法,地方对哪些事项有权进行立法。由于现有的法律并未明确限定中央立法权的范围,所以原则上并不存在不能由中央进行立法的事项,但另一方面,一些事物又不适合由中央立法进行调整。时任国务院法制办公室副主任的曹康泰主编的《中华人民共和国立法法释义》论述道:"尽管中央立法工作不断得到加强,立法的涉及面越来越广泛,但是无论到什么时候,总有一些事情,属于由地方解决的事务,不需要国家通过制定法律、行政法规来统一规定。这是一个客观事实。比如,某些地方对本行政区域内的河流、湖泊的维护、管理,某些城市在一定区域内禁止燃放烟花爆竹、禁止养狗等事项,没有必要制定专门的法律或者行政法规,一些需要立法加以规范的问题完全可以由有关的地方人民代表大会及其常委会制定地方性法规解决。"①时任全国人民代表大会常务委员会法制工作委员会副主任的张春生主编的《中华人民共和国立法法释义》中也称:"地方性事务是与全国性的事务相对应的,地方性事务是指具有地方特色事务,一般来说,不需要或在可预见的时期内不需要由全国制定法律、行政法规来作出统一规定。例如,对本行政区域内的某一风景名胜的保护,就属于地方性事务,一般来说不需要国家作出规定。又如,禁放烟花爆竹,在某些城市中被认为是必要的,因此他们制定了禁放烟花爆竹的地方性法规,而在其他城市则被认为燃放烟花爆竹不应当受到限制,因此,这类事项显然不必要由国家统一立法。"②

结合上文中分析的我国现行地方立法的类型,在执行性立法、地方

---

① 曹康泰:《中华人民共和国立法法释义》,中国法制出版社2000年版,第149页。
② 张春生:《中华人民共和国立法法释义》,中国法制出版社2010年版,第207页。

性事务立法、先行性立法三种类型中,如何判定"地方性事务"的范围,成为了划分央地立法事项的关键。属于地方性事务的事项,地方有权进行立法,不属于地方性事务的事项,尽管法律并未禁止中央进行立法,但实际上并不需要由中央进行立法规范。

自《立法法》出台以来,我国并未对"地方性事务"的含义作出具体规定,2015年修改后的《立法法》规定设区的市和自治州在不与上位法抵触的前提下可以对城乡建设与管理、环境保护、历史文化保护等方面的事项制定地方性法规,这说明地方性事务至少包括城乡建设与管理、环境保护、历史文化保护三个领域。但是,地方性事务是否包含其他事项?省、自治区、直辖市人大及人大常委会有权立法的地方性事务还包括哪些内容?法条并没有明确说明。

表 5-1 地方与中央各级政府权限表①

重叠部分			不重叠部分		
中央 (《宪法》第89条)	县级以上 (《宪法》第107条、《地方组织法》第59条)	乡(镇) (《地方组织法》第61条)	中央	县级以上	乡(镇)
1.经济工作 2.教育 3.科学 4.文化 5.卫生 6.体育 7.民政 8.计划生育 9.公安 10.司法行政 11.城乡建设 12.监察 13.民族事务	1.经济 2.教育 3.科学 4.文化 5.卫生 6.体育事业 7.民政 8.计划生育 9.公安 10.司法行政 11.城乡建设 12.监察 13.民族事务	1.经济 2.教育 3.科学 4.文化 5.卫生 6.体育事业 7.民政 8.计划生育 9.公安 10.司法行政	1.对外事务 2.国防建设	1.财政 2.环境资源保护	1.财政

---

① 孙波:《我国中央与地方立法分权研究》,吉林大学2008年博士学位论文,第91页。

由此可以看出,虽然《立法法》规定了自主性地方立法的"地方性事务"范围,但是,在我国传统的"垂直式的权限分配方式"中,地方各部门在中央的领导下从事活动,地方立法机关对"地方性事务"小心翼翼、不敢逾越。尽管修改后的《立法法》以列举的方式规定地方性事务至少包括城乡建设与管理、环境保护、历史文化保护三个领域,但一则地方性事务的范围明显不止包括这三个领域,二则就算是这三个领域中的事项,如何区分何为地方性的事项,何为全国性的事项,依然存在难度。要想明确央地立法权的事权划分标准,就必须对"地方性事务"的内涵和外延进行界定。关于"地方性事务"的具体范围,笔者将在下文中进行进一步的讨论。

二、不同种类中央立法权与地方立法权之间的关系

(一)中央专属立法权与地方立法权配置

专属立法权,是指一定范围内规范社会关系的事项,只能由特定的国家机关制定法律的权力。对属于特定国家机关专属立法权限的事项,其他任何机关非经授权,不得进行立法;如果其他机关未经授权又认为必须立法,也只能向专属立法机关提出立法的动议,而不得自行立法。① 在中央专属立法权和地方立法权关系的讨论上,关于地方性法律是否可以涉及专属立法权的问题,理论界存在争议。一种观点认为,中央专属立法事项属于地方性立法绝对禁止涉及的事项,无论是地方的执行性立法、地方性事务立法,还是先行性立法,均不能涉及。② 另一种观点认为,地方为实施或执行中央专属立法权领域的法律,也可以制定实施办法或规定,而不能将其认定为越权。③

笔者认为,上述两种观点均有失偏颇。第一种观点完全把地方立法

---

① 全国人大常委会法制工作委员会国家法室编:《中华人民共和国立法法释义》,法律出版社2015年版,第39页。
② 童之伟:《国家结构形式论》,武汉大学出版社1997年版,第310页。
③ 张千帆:《主权与分权——中央与地方关系的基本理论》,载《国家检察官学院学报》2011年第2期,第176页。

排除在中央专属立法之外,不符合我国地方立法的实际。第二种认识又过于宽泛,缺乏限制,容易造成地方立法越权。我国中央和地方的立法权相互交织,中央立法事项需要借助地方具体的立法执行,并不是谁立法谁执行。大量事项是由中央立法,通过中央与地方共同执行或主要由地方来执行,其中也包括属于中央专属立法权方面的事项。地方则通过制定一些执行或实施办法保证这些法律的执行。在实践中主要有以下三种情况:

(1)有法律明确授权(法条授权)地方权力机关制定实施办法或细则的,如《选举法》《村民委员会组织法》等都有明确授权。

(2)没有法律明确授权(法条授权)但需要地方政府及其部门负责贯彻执行的,地方也可以作具体规定。比如,《兵役法》《预算法》都是属于专属立法权限范围的法律,这两部法律都没有授权地方制定实施细则,但这两部法律都需要地方政府执行,因此多数地方都制定了相应的地方性法规。

(3)不涉及地方政府负责实施的,如海关、犯罪与刑罚等内容就属于中央专属立法权的事项,地方就没有必要就这类法律制定细则。

(二) 国家立法权与地方立法权之间的配置

此处的国家立法权,专指除中央专属立法权之外的,全国人大及其常委会享有的立法权。从理论上,由于《立法法》并未规定不能对什么事项进行限制性立法,因此全国人大及其常委会可以对一切事项进行立法。但从实际考虑,由全国人大及其常委会对全国性及地方性事项统一进行立法明显缺乏现实基础,因此就需要考虑配置国家立法权与地方立法权。

由上文所述,地方立法权包括:(1)执行性立法;(2)地方性事务立法;(3)先行性立法。从这三类立法类型来看,执行性立法是在国家已经制定出相应法律、行政法规的基础上,对法律进行的细化,国家立法权与地方立法权在原则与具体执行的角度上进行配置。先行性立法权是一种"不完整"的立法权,其存在的意义只在于弥补立法不及时的漏洞,一旦国家就相关事项进行立法后,原本的地方性立法就要向上位法"让位",随时存在被取代的风险。而地方所享有的最为完整的立法权,就是关于地方性事务的立法权。关于地方性事务,笔者已在上节内容中进行了初步讨论,并将在第六章进行深入讨论,在此不再赘述。

第六章 区域一体化视野下立法权科学配置

第一节 区域一体化视野下立法权科学配置的两种模式

从我国现行的立法体制来看,中央立法和地方立法承担着全部的国家立法职能,社会发展所需的正式法律规则都是通过这两种基本的立法模式来提供的。通过中央立法,可以赋予法律更高的效力和权威,打破与区域一体化趋势不相适应的行政区划的限制,避免地方立法可能存在的利害冲突和协调障碍。同时,中央立法也受制于精力和资源有限等因素,无法做到及时、充分地为区域一体化提供全部制度供给。然而,中央立法模式与地方立法模式在区域立法中并不是非此即彼的关系,中央立法并不当然排斥地方立法,二者可以分工合作,在不同层次的立法事项上发挥作用。因此,如何协调中央立法与地方立法,是实现区域一体化背景下立法权科学配置的关键。

本书认为,应允许各地方在不涉及中央事权的范围内,自主开展多种形式立法合作,充分实现地方自我治理,充分保障社会公众参与立法。当然,中央立法依然在国家立法体制中位于更高位阶,我国《立法法》第8条采取法律保留的方式为中央立法权的行使划定了"只能制定法律"

的事项范畴①,在此范围内没有地方主体进行立法的空间。此外,全国人大及其常委会、国务院针对特定区域的一体化事宜及其具体事项制定的法律、行政法规,地方在开展立法合作时当然应该遵守。中央立法与地方立法并不当然排斥,中央在制定针对特定区域一体化事宜的法律法规时,应听取地方意见,吸收有益经验;地方在开展立法合作时,也应接受中央的指导和协调。

一、中央立法模式

在我国,中央立法包括全国人大制定基本法律、全国人大常委会制定一般性法律、国务院制定行政法规、国务院各部门制定部门规章,以及中央军事委员会制定军事法规等。具体到区域一体化的法制保障而言,可以由全国人大或其常委会修改现行法律,为地方自主开展的多种形式的区域立法合作予以法律授权;并制定统一的区域发展或区域合作促进法,作为保障和促进区域发展或合作的基本法律。

(一)为地方自主开展的多种形式的区域立法合作予以法律授权

我国现行法律、法规没有为地方立法合作予以明确授权。第一,《立法法》第81条规定,"涉及两个以上国务院部门职权范围的事项,应当提请国务院制定行政法规或者由国务院有关部门联合制定规章",没有授权地方人大或政府可以就涉及跨区域的职权事项联合制定地方法规或规章的规定。"法无授权不可为",地方联合立法没有现行法依据。第二,我国地方组织法在规定地方各级人大和政府的职权时,都突出强调"在本行政区域内",为本辖区服务,为本辖区负责。当然,有一些具体法律如《环境保护法》第20条第2款规定,"前款规定以外的跨行政区域

---

① 《立法法》第8条规定:"下列事项只能制定法律:(一)国家主权的事项;(二)各级人民代表大会、人民政府、人民法院和人民检察院的产生、组织和职权;(三)民族区域自治制度、特别行政区制度、基层群众自治制度;(四)犯罪和刑罚;(五)对公民政治权利的剥夺、限制人身自由的强制措施和处罚;(六)税种的设立、税率的确定和税收征收管理等税收基本制度;(七)对非国有财产的征收、征用;(八)民事基本制度;(九)基本经济制度以及财政、海关、金融和外贸的基本制度;(十)诉讼和仲裁制度;(十一)必须由全国人民代表大会及其常务委员会制定法律的其他事项。"

的环境污染和生态破坏的防治,由上级人民政府协调解决,或者由有关地方人民政府协商解决",也仅仅允许地方政府之间协商,并没有认可地方人大间的立法合作。

允许地方立法权合作不会对我国现行的立法体制产生冲击,是一项成本小、风险小的改革。早在民国时期1946年制定的所谓《中华民国宪法》中,就规定了地方立法权的合作,其第109条列举了省级立法事项,并明确表明"前款各项,有涉及二省以上者,除法律另有规定外,得由有关各省共同办理"。由此可见,先前的立法者早已意识到地方立法合作的必要性并明确该制度。前述《立法法》第81条虽然不能推论出地方立法合作的合法性,却可以给予地方立法合作合理性——既然涉及跨部门职权的事项可以通过联合制定部门规章的方式来调整,那更是存在大量跨地方行政区划的事项需要立法调整,地方立法合作有何不可?

(二) 制定保障和促进区域发展或合作的基本法律

我国现行法律、法规并没有关于促进区域发展或合作的统一立法,也没有针对特定区域进行分别立法。我国的现行立法体制是在中央统一领导下的一定程度的地方分权模式,无论是制定全国统一的促进区域协调发展的法律,或是针对特定地区如京津冀、长三角、长江经济带等特定区域发展的法律,都属于中央立法的权限范围。正如《环境保护法》规定,国家可以建立跨行政区域的重点区域、流域环境污染和生态破坏联合防治协调机制,实行统一规划、统一标准、统一监测、统一的防治措施。此外,国外区域经济立法保障方面也有诸多成功经验值得我们借鉴,如德国制定了《改善区域经济结构共同任务法》,日本颁行《北海道开发法》《九州地方开发促进法》等,美国1933年针对田纳西河流域综合治理和经济开发颁布《田纳西河流域管理局法案》,都是中央针对区域发展与合作立法的成功典范。

当然,中央立法受制于立法精力与资源的有限性,只能针对具有国家战略意义的区域一体化进行原则性、框架性和指引性的立法,区域合作和发展的主要参加者依旧是区域各方。但是离开中央立法的保障和协调,尤其是一些并非市场自发形成的,而是由公权力推进的区域一体化变革,必定难以取得实效。

二、地方立法模式

区域立法的地方立法模式主要有两种,一种模式是由全国人大授权该区域组成一个立法主体制定适用于该区域各行政区域的法规或规章,该法规或规章的效力高于区域内各地方法规或规章。这种模式由于涉及我国立法体制的重大修改,也与推进区域一体化实践中要求的灵活性不相符合,在理论界得到的支持力度较小。另一种模式是依托于享有上述地方立法权的区域内各立法主体分工协作来实现,是现行理论中讨论较多,实践中比较受欢迎的模式。具体而言,又可以区分为地方政府的行政立法协作和地方人大立法协作。

2006年,黑龙江、吉林和辽宁三省政府共同签订《东北三省政府立法协作框架协议》(以下简称《框架协议》),这是我国地方立法实践中的一次创新性试验,"开创了全国省际间立法协作的先河"[1]。《框架协议》明确地方立法协作的主要内容和方式:从协作内容上看,东北三省政府围绕区域发展所面临的共性问题,从"鼓励和保障非公有制经济发展、构建诚信社会、应对突发公共事件、实现国家机构设置、职能和编制法定化以及完善行政执法监督以规范行政执法行为"五大方面开展立法协作。[2] 从协作方式上看,东北三省采取三种方式加以开展:"第一,紧密型立法协作:对于政府关注、群众关心的难点、热点、重点立法项目,三省成立联合工作组;第二,半紧密型立法协作:对于共性的立法项目,由一省牵头组织起草,其他两省予以配合;第三,松散型立法协作:对于三省有共识的其他项目,由各省独立立法,而结果由三省共享。"[3] 在具体的工作机制上,"东北三省政府法制工作部门通过

---

[1] 葛新中:《东北三省首推政府立法协作避免冲突》,载《中国改革报》2006年7月20日,第1版。

[2] 参见刘潇潇:《中国首个区域立法协作框架搭成》,载《法制早报》2006年7月24日,第4版。

[3] 徐元锋:《东北三省首推政府立法协作》,载《人民日报》2006年7月18日,第10版。

举办主任联席会议,研究确定立法协作项目和论证项目,对区域立法协作的重大事项加以协调,同时采用立法业务会议的形式负责执行落实主任联席会议成果"①。

地方政府行政立法协作和地方人大立法协作是区域地方立法模式中的两种类型,二者都能满足中央立法难以满足的区域立法的及时性、特色性、可操作性等要求。对比地方政府行政立法协作和地方人大立法协作,显然后者更具民主性。政府作为行政机关,实行行政首长负责制;而地方人大立法协作的主体是各地人大及其常委会。人民掌握国家的一切权力,在人民代表大会制度下,人民将立法权委托给自己的代表行使,并未改变人民是立法权的最终享有者地位。我国地方政府在立法决策中起主导作用,区域立法协作受地方政府主要负责人态度或意志的影响较大。因此,在讨论区域一体化地方立法权配置时,应重视发挥地方人大的作用。

三、中央立法模式和地方立法模式的融合

正如伯尔曼所说,"新的时代将是一个综合的时代。在这个时代里面,非此即彼让位于亦此亦彼"②。在区域立法中,中央立法模式与地方协作立法模式并不排斥,二者应分工合作,在不同层次的立法事项上发挥作用。

中央立法,一是要及时通过立法方式为区域一体化的法制建设授权,使区域法制建构能够从更多途径获得所需的法律依据。二是要对区域一体化的法制建设进行有效指导,保障授权的正确行使。一言蔽之,中央立法的作用不是亲自为各区域制定具体而充分的法律规范,而是为区域一体化的法制建设创造更多有利条件。

地方立法协作,一是要调动区域内各地方的积极性,探索区域一体化法制供给的新模式和方向,为中央立法积累经验。二是发挥民主性的优势,保障社会民众对立法的参与,对于那些权益可能受到立

---

① 徐元锋:《东北三省首推政府立法协作》,载《人民日报》2006年7月18日,第10版。
② 〔美〕伯尔曼:《法律与宗教》,梁治平译,中国政法大学出版社2003年版,第8页。

法结果影响的人,应该充分保障他们有效参与立法过程的机会和途径,从而发挥其在立法结果形成中的作用,更好地实现立法的民主化以及区域社会发展的自主性与多样性。同时依托于地方立法权的地方立法模式,也应避免地方立法原有的缺陷。一是地方立法形式主义倾向,即地方立法从内容和形式上机械套用中央立法,浪费了地方立法资源和地方立法可操作性的优势。二是地方立法保护主义的倾向,使得地方立法协作进展缓慢。三是地方人大的立法自主性受到限制。

此外,中央立法模式与地方立法模式的融合还体现在中央立法权和地方立法权具体行使的过程中。例如中央在制定针对特定区域一体化事宜的法律法规时,应听取地方意见,吸收有益经验;地方在开展立法合作时,也应接受中央的指导和协调。

第二节　京津冀区域一体化立法的完善
——以中央立法模式与地方立法模式融合的视角

京津冀一体化在本质上属于区域内的地方事务,通过地方立法机关之间的互动合作更具针对性。同时,京津冀协同发展已上升到国家重大战略的高度,其必然涉及国家的整体性发展,诸多宏观层面的问题需要中央加以协调,若中央立法缺位,势必危及京津冀协同发展的整体实效。同时,因三地之间政治、经济等方面发展不均衡的现状,若缺少中央协调,不得不让人怀疑合作的长期性和稳定性。

自2014年京津冀一体化正式上升为国家战略以来,中央立法不足,但地方协同立法逐渐开展。京津冀三地人大通过地方性法规的制定和修改等方式,在环境保护立法等方面已初见成效。具体见下表①:

---

① 笔者以"北京""天津""河北""协调合作"等关键词在北大法宝中进行检索,并选取河北省和天津市现行有效的省级地方性法规为分析样本。

表 6-1 京津冀一体化地方立法情况

省市	法规名称	生效时间	主要内容或具体条文
河北省	河北省地下水管理条例	2015年3月1日	规定河北省与周边省、自治区、直辖市建立地下水管理协调合作机制,定期协商地下水管理重大事项,对在省、自治区、直辖市边界建设可能影响相邻地区地下水资源的重大项目,应当及时通报有关信息。
	河北省大气污染防治条例①	2016年3月1日	专门设置"重点区域联合防治"一章,规定河北省与北京市、天津市在大气污染防治协调机制、预警联动应急响应机制、科研合作和信息共享等方面开展合作,并在污染标准、具体措施、法律责任上形成统一意见。
	河北省旅游条例	2016年5月1日	第5条:"省人民政府旅游主管部门应当加强与北京、天津旅游的协同发展,建立健全与相邻省份区域旅游合作机制,统筹跨区域以及区域间相邻旅游资源的开发利用,实现协调机制、规划布局、市场营销和管理服务一体化。"

---

① 《河北省大气污染防治条例》作为2015年河北省人大立法"1号工程",经河北省第十二届人民代表大会第四次会议于2016年1月13日通过,自2016年3月1日起施行,足见河北省对协同立法的重视程度。

(续表)

省市	法规名称	生效时间	具体条文
河北省	河北省城乡规划条例	2016年5月25日	第3条:"制定和实施城乡规划,应当遵循城乡统筹、合理布局、节约土地、集约发展和先规划后建设的原则,注重近期建设和长远发展、经济社会发展和生态环境保护的关系,促进资源、能源节约和综合利用,保护历史文化遗产,保持地方特色、民族特色和传统风貌,防止污染和其他公害,并符合国家推进京津冀协同发展和新型城镇化发展要求,顺应现代化城市发展新趋势,统筹空间结构、规模结构和产业结构,符合京津冀城市群建设、区域人口发展、国防建设、防震减灾和公共卫生、公共安全、旅游发展的需要。" 第12条第2、3款:"省人民政府城乡规划主管部门可以根据京津冀协同发展的要求、实施省域城镇体系规划的需要,组织编制跨设区的市、省直管县(市)行政区域的城镇体系规划,报省人民政府审批。 　　设区的市人民政府城乡规划主管部门可以根据京津冀协同发展的要求、实施省域城镇体系规划、城市总体规划的需要,组织编制跨县(市、区)行政区域的城镇体系规划,报设区的市人民政府审批。"
	河北省水污染防治条例	2018年9月1日	专门设置"区域水污染防治协作"一章,规定河北省人民政府应当推动与北京市、天津市和周边地区建立水污染防治上下游联动协作机制和统一协同的流域水环境管理机制,推进水污染防治规划、防治政策措施和技术标准、重点工程、监督防控的协调工作,共同预防和治理水污染、保护水环境。

(续表)

省市	法规名称	生效时间	具体条文
河北省	河北省实施《中华人民共和国红十字会法》办法	2018年9月1日	第5条第3款:"省人民政府应当支持省红十字会与北京市、天津市建立红十字工作协调机制,促进京津冀红十字事业协同发展。"
	河北省地方立法条例	2018年9月1日	第36条第4款后半段:"法规案涉及京津冀协同发展事项的,应当征求北京市、天津市人民代表大会常务委员会有关工作机构的意见。"
	河北省促进绿色建筑发展条例	2019年1月1日	第9条第2款:"推进与北京市、天津市绿色建筑地方标准协同工作,加强信息交流共享,促进京津冀绿色建筑产业协同发展。"
	河北省机动车和非道路移动机械排放污染防治条例	2020年5月1日	专门设置"区域协同"一章,规定天津河北省人民政府应当推动与北京市、天津市建立机动车和非道路移动机械排放污染联合防治协调机制,按照统一规划、统一标准、统一监测、统一防治措施要求开展联合防治,落实大气污染防治目标责任。
	河北省生态环境保护条例	2020年7月1日	专门设置"生态环境协同保护"一章,规定河北省与北京市、天津市及周边地区建立污染防治联动协作机制,定期协商区域污染防治重大事项,协调跨界污染纠纷,共同做好区域污染治理和生态环境保护工作。
	河北省科学技术进步条例	2020年8月1日	第26条第1款:"省人民政府及其有关部门应当完善京津冀协同创新机制,加强协同创新战略规划、重大创新政策统筹衔接,引入京津优质创新要素,共建新型研发机构、科技园区、产业技术创新战略联盟,构建京津冀协同创新共同体。"

(续表)

省市	法规名称	生效时间	具体条文
天津市	天津市大气污染防治条例	2015年3月1日	专门设置"区域大气污染防治协作"一章,规定天津市与北京市、河北省及周边地区建立大气污染防治协调合作机制,定期协商区域内大气污染防治重大事项。
	天津市水污染防治条例	2016年3月1日	专门设置"区域水污染防治协作"一章,规定天津市与北京市、河北省及周边地区建立水污染防治上下游联动协作机制和统一协同的流域水环境管理机制,共同做好流域污染治理和水环境保护。
	天津市生态环境保护条例	2019年3月1日	专门设置"区域污染协同防治"一章,规定天津市与北京市、河北省及周边地区建立污染防治联动协作机制,定期协商区域污染防治重大事项,开展生态环境保护联合检查、联动执法,共同做好区域污染治理和生态环境保护工作。
	天津市知识产权保护条例	2019年11月1日	第9条第1款:"加强京津冀知识产权协同保护,完善案件受理移送、联合调查等工作机制,协调配合跨区域联动查处假冒、侵权案件。"
	天津市基本医疗保险条例	2020年3月1日	第8条第1款:"本市与北京市、河北省建立基本医疗保险协同发展工作机制,推进政策制定、经办服务、监督管理、异地就医直接结算、定点资格互认、医药产品采购、信息化建设等方面的合作,做好区域基本医疗保险协同工作。"

（续表）

省市	法规名称	生效时间	具体条文
天津市	天津市机动车和非道路移动机械排放污染防治条例	2020年5月1日	专门设置"区域协同"一章，规定天津市人民政府应当与北京市、河北省和周边地区人民政府建立机动车和非道路移动机械排放污染联合防治协调机制，促进京津冀及其周边地区统一规划、统一标准、统一监测、统一防治措施，开展联合防治，落实大气污染防治目标责任。
天津市	天津市突发公共卫生事件应急管理办法	2020年5月18日	第22条："本市各级人民政府及有关部门根据应急工作需要，应当与北京市、河北省及相邻地区建立合作机制，加强信息互联互通、会商研判等工作协同，共同做好区域联防联控相关工作。"
天津市	天津国家自主创新示范区条例	2020年7月1日	第3条要求示范区建设应当"服务京津冀协同发展"；第36条规定"支持在示范区创新服务京津冀协同发展的体制机制，优化区域科技协同创新能力"。
天津市	天津市道路交通安全若干规定	2021年1月1日	第9条："市人民政府应当与北京市、河北省及周边地区人民政府建立区域交通安全合作机制，加强信息互联互通、会商研判和工作协同，共同做好道路交通安全工作。"
北京市	北京市大气污染防治条例	2014年3月1日	第23条："市人民政府应当在国家区域联防联控机构领导下，加强与相关省区市的大气污染联防联控工作，建立重大污染事项通报制度，逐步实现重大监测信息和污染防治技术共享，推进区域联防联控与应急联动。"

(续表)

省市	法规名称	生效时间	具体条文
北京市	北京市城乡规划条例	2019年4月28日	第5条:"本市城乡规划和建设应当坚持以人民为中心,坚持首都城市战略定位,实施以疏解北京非首都功能为重点的京津冀协同发展战略……" 第7条:"本市城乡规划和建设应当尊重城市的历史与文化,强化首都风范、古都风韵、时代风貌,完善保护实施机制,保护历史文化遗产和传统风貌,完善涵盖老城、中心城区、市域和京津冀的历史文化名城保护体系。"
北京市	北京市促进科技成果转化条例	2020年1月1日	第6条:"本市营造有利于科技成果转化的良好环境,吸引国内外科技成果在本市聚集、转化、交易;积极推进京津冀协同创新发展,加强与津冀地区科技创新资源共享和科技成果转化合作……"
北京市	北京市机动车和非道路移动机械排放污染防治条例	2020年5月1日	专门设置"区域协同"一章,规定北京市人民政府应当与天津市、河北省及周边地区建立机动车和非道路移动机械排放污染联合防治协调机制,按照统一规划、统一标准、统一监测、统一防治措施的要求,开展联合防治,落实大气污染防治目标责任。
北京市	北京市司法鉴定管理条例	2021年1月1日	第8条:"本市推动京津冀司法鉴定工作协同发展,逐步健全司法鉴定行业在标准规范、准入培训、学术研究和数据共享等方面与其他省、市的交流合作机制。"

(续表)

省市	法规名称	生效时间	具体条文
北京市	北京市中医药条例	2021年5月1日	第54条:"本市大力促进京津冀中医药协同发展,在中医药医疗服务、科学研究、人才培养、产业促进、学术交流、文化传播等方面开展合作,推动中医药服务资源共建共享、信息互联互通。"

《关于加强京津冀人大立法工作协同的若干意见》(以下简称《若干意见》)的出台,为京津冀人大协同立法正式走向制度化、规范化的轨道作出了制度保障。《若干意见》从地方立法程序的角度,提出从立法规划、立法项目、立法理论研究、立法信息的沟通协调和立法成果共享等多个角度开展协同,辅之以立法工作协同机制和干部队伍学习培训交流机制,并提出三地轮流负责的立法工作协同组织保障。[①] 2017年2月,京津冀召开协同立法工作会议,指出"京津冀三地从具体项目入手正式确立立法项目协同机制,实现了从松散到紧密、从单一到统筹、从口头到制度的转变"[②],京津冀协同立法取得突破性进展。

一、全国人大制定基本法律加以保障

京津冀协同发展并非市场自发形成的,而是由公权力推进的变革,体现出中央主导的色彩。《京津冀协同发展规划纲要》(以下简称《规划纲要》)作为京津冀协同发展的纲领性文件,具有指引性和原则性的特征,其有效实施离不开中央立法加以保障,采取中央立法加以协调的方式也与京津冀一体化的战略地位相契合。因此,以《规划纲要》为支撑,加强中央立法的顶层设计,制定统筹京津冀三地协调发展

---

① 参见《关于加强京津冀人大立法工作协同的若干意见》,载《天津人大》2015年第5期。
② 赵鸿宇:《京津冀人大立法项目协同机制正式确立》,载新华网(http://www.xinhuanet.com/local/2017-02/14/c_1120465386.htm),访问日期:2020年4月15日。

的基本法乃必要之举。

与此同时,区域协调发展也需要微观领域的专项立法加以保障。现阶段,我国立法权限的划分采取的是集权与分权相结合的模式。中央立法的调整范围在于关乎国家和社会整体发展的根本性、全局性事项。因此,在中央事权的范围内,如涉及金融、财税体制、行政区划的设立和变更等事项,应当由中央综合考虑全国发展的现实情况,建立统一的标准和协调机制。

二、国务院及其部门主导,三地共同参与

我国宪法规定国务院作为国家行政机关,行使行政管理职权,职权范围涵盖社会经济文化卫生等若干事项,并有权制定行政法规。在进行区域立法协调的过程中,国务院制定行政法规具体事项的选择应当考虑到京津冀三地协同立法的实现程度。若京津冀三地协同立法得以有效实施,区域共同性问题能够在区域合作中得以解决,则国务院不应加以干预。反之,国务院制定行政法规或者国务院各部门制定部门规章,由京津冀三地在此基础上共同制定地方性法规,应该在京津冀协同立法困难重重、收效甚微的领域内展开,如污染防治领域以及流域综合治理、产业协同发展和推进公共服务均等化等方面。同时,国务院亦可对京津冀人大协同立法的运行机制采取制定条例的方式加以确认。

国务院通过制定行政法规对区域发展的具体事项作出调整已有先例。1988年,国务院颁行《开发建设晋陕蒙接壤地区水土保持规定》(已废止)(2020年3月20日废止)以应对区域水土流失问题,除对水土保持的基本原则、工作方针、工矿企业的权利义务关系和违法责任作出规定外,该规定还作出三省成立水土保持协调机构的规定。[①] 国务院各部门制定部门规章也是处理区域共同性问题的重要举措。以美国密西西比河流域治理经验为例,探究行政主管部门参与地区治理的具体路径。

---

① 参见《开发建设晋陕蒙接壤地区水土保持规定》第13条:"晋陕蒙三省(区)根据实际需要可以成立水土保持协调机构。协调机构由三省(区)人民政府委派有关部门负责人员组成,定期召开会议,研究、协调晋陕蒙接壤地区水土保持工作中的重大问题。"

"面对密西西比河流域污染严重的现状,美国环保部于 1996 年颁布《流域保护方法框架》以协调流域内利益相关方共同应对流域治理难题,并建立跨州协调机制,主要采取成立工作组的方式,下设协调委员会、流域管理委员会等工作机构针对具体事项开展分工合作。"①因此,京津冀区域中所面临的环境污染治理、交通基础设施建设等区域共同性问题,可由交通运输部、生态环境部等行政主管部门牵头或领导,统一制定部门规章,明确工作目标和职责划分,并建立工作协调机制,再由京津冀三地人大制定地方性法规予以配合。

三、地方协同立法事项的确定

(一)以《规划纲要》和《若干意见》为依托

京津冀一体化是一项国家战略,辅之以《规划纲要》这一具有战略指导性的发展规划。《规划纲要》对京津冀三地的功能定位、目标任务、工作重点展开部署,因此立法项目的选择必须服从和服务于这一重大战略。京津冀协同发展作为一项重大改革,涉及众多经济建设和社会发展事项,更是关乎京津冀三地改革试验成功与否,有大量的行政管理事项需要制定地方性法规。《规划纲要》和《若干意见》划定了若干重点领域,可作为确定立法项目、编制立法规划的依据。《规划纲要》确定了在交通、生态环保和产业三个重点领域实现率先突破,《若干意见》也指出,协同立法要以区域基础设施一体化和大气、水污染联防联控作为优先领域,以产业结构优化升级和实现创新驱动发展为重点。因此,协同选择和确定立法事项必须满足上述需求。

(二)吸收实践经验

京津冀协同发展自 2014 年 2 月 26 日提出以来,京津冀三地通过签订行政协议的方式,构建了区域政府间合作机制,已取得一定的成效。行政协议范围覆盖经济、文化、社会公共服务、司法等诸多领域,这为京津冀人

---

① 李瑞娟、徐欣:《长江保护可借鉴密西西比河治理经验》,载《中国环境报》2016 年 8 月 30 日,第 3 版。

大协同立法的事项选择提供了素材。较有代表性的三地行政协议见下表：

表 6-2　京津冀三地签订行政协议情况举要

签署时间	签署主体	协议名称	内容
2014年4月	三地公安机关	《京津冀警务航空合作机制框架协议》	警务协作
2014年5月	三地疾病预防控制中心	《京津冀协同发展疾病预防控制工作合作框架协议》	医疗卫生
2014年8月	三地科技管理部门	《京津冀协同创新发展战略研究和基础研究合作框架协议》	科技
2014年8月	北京市文化局、天津市文化广播影视局、河北省文化厅	《京津冀三地文化领域协同发展战略框架协议》	文化
2015年3月	三地农业管理部门	《推进现代农业协同发展框架协议》	农业
2015年9月	北京市工商联、河北省工商联以及相关金融机构、产业园区	《京津冀协同发展金融服务战略合作框架协议》	金融
2015年11月	三地民政部门	《京津冀民政事业协同发展合作框架协议》	社会服务
2015年11月	北京市经济信息化委、天津市发改委、河北省发改委	《京津冀社会信用体系合作共建框架协议》	信用建设
2015年12月	三地环保厅局	《京津冀区域环境保护率先突破合作框架协议》	环境保护
2016年3月	三地检察机关	《京津冀检察机关服务和保障京津冀协同发展的合作框架意见》	司法
2016年6月	三地林业主管部门	《京津冀野生动物疫源疫病率先实施协同防控合作框架协议》	环境保护
2016年7月	三地食品药品监督管理局	《深化京津冀食品药品安全区域联动协作机制建设协议》	食品药品安全

(续表)

签署时间	签署主体	协议名称	内容
2017年4月	三地教育装备部门	《京津冀基础教育装备协同发展框架协议》	教育
2017年12月	三地体育局	《京津冀青少年体育协同发展框架协议》	体育
2018年1月	三地司法行政系统	《京津冀公共法律服务网建设协同发展合作协议》《京津冀司法行政党建建队建工作区域合作协议》	司法
2018年5月	北京市金融工作局、天津市金融工作局、河北省金融工作办公室	《京津冀三地金融局(办)合作框架协议》	金融
2018年12月	三地科技部门	《关于共同推进京津冀协同创新共同体建设合作协议(2018—2020年)》	科技
2019年5月	北京市投资促进服务中心、天津市人民政府合作交流办公室、河北省商务厅	《京津冀产业链引资战略合作框架协议》	经济
2019年7月	三地文化和旅游部门	《京津冀文化和旅游协同发展战略合作框架协议》	文化
2019年11月	三地应急管理厅局	《京津冀救灾物资协同保障协议》	社会服务
2020年9月	三地广播电视局	《京津冀新视听战略合作协议》	文化
2020年11月	三地多个区、市交通局	《京津冀三地相邻区域交通应急保障联动合作协议书》	交通
2020年12月	三地市政府	《京津冀国家技术创新中心共建框架协议》	科技

(续表)

签署时间	签署主体	协议名称	内容
2021年1月	三地司法厅局	《京津冀行政立法区域合作协议》《京津冀行政执法监督工作协同发展合作协议》	司法
2021年1月	三地公证协会	《京津冀联合规范公证书格式适用合作备忘录》	司法

（三）以轻重缓急程度为判断标准

选择和确定立法项目既要适应改革发展的需要，也要权衡各事项之间的轻重缓急关系。交通、生态和产业已经成为制约京津冀发展的瓶颈，属于重大紧急的事项，再不制定地方性法规予以协调，难以适应社会发展需要。因此要突出重点，把社会公众强烈要求的、条件成熟的立法项目共同列入立法规划。有些地方在立法规划中，将立法项目按照紧急程度划分为规划项目、预备项目或调研项目正是基于此标准。

（四）以共同性为本质属性

京津冀人大协同立法所要解决的问题是各区域共同面临的问题，立法事项必须是区域性共同事务。若某个事项仅仅是某一区域所特有的，则不纳入协同的范畴。各地可根据自身的实际情况，将其纳入本地的立法规划或者年度立法计划，但不得与区域内的同一事项已有的立法成果相冲突。

四、京津冀区域一体化地方人大立法协调主体构建

2014年8月，国务院成立京津冀协同发展领导小组，由国务院副总理张高丽担任组长，为京津冀协同发展提供了坚实的机构保障。因此，在地方协同立法层面，有必要设立一个协调主体，专门从事与地方协同立法相关的事务。关于协调主体的名称，有区域立法协调委员会、京津冀协同发展委员会等，为了突出其在地方立法协同上的作用，可将协

调主体的名称定为"京津冀地方人大立法协调委员会"。

（一）京津冀地方人大立法协调委员会的人员组成

从性质上看，京津冀地方人大立法协调委员会是一个协调机构，不具备作为国家机构的法律地位，不享有立法权。在人员的组成上，不必受国家机关行政人员编制的限制，在人员的组成上可根据需求作出灵活的变通。京津冀地方人大立法协调委员会的主要成员应当来自于三地人大及其常委会，首先，应当将人大常委会的主要负责人纳入其中，以保障立法决策的领导机制；其次，应当包含各地人大常委会法制工作部门的工作人员，以便开展日常立法工作的协同；最后，还可根据地方性法规的制定情况，吸纳相关职能部门的负责人，保障各个经济和社会领域的立法的科学性。此外，京津冀地方人大立法协调委员会还应当设立立法咨询委员会，将法学界专家学者和法律实务人士纳入其中以提供专家咨询意见。①

（二）京津冀地方人大立法协调委员会的主要职责

京津冀地方人大立法协调委员会的基本职责就是开展与京津冀区域一体化相关的协同立法协调工作，贯穿地方性法规制定的整个过程。有学者将其划分为三个方面的职能：一是专门针对区域立法活动的协调；二是承载某些区域立法协调机制的运作；三是与区域立法有关的其他协调工作。② 具体而言，包括：(1)收集和汇总有关区域共同立法事项的提案；(2)组织协调选择和确定列入立法规划的立法项目；(3)论证和评估立法规划草案，协调立法规划的审议、批准和通过工作；(4)起草适用于各区域的统一的示范性文本，并对相关问题作出解释；(5)论证地方性法规草案的合法性，向各地立法机关通报相关信息；(6)协调地方性法规的备案、审批工作；(7)研究地方性法规中存在的不协调问题，组织协调地方性法规的清理工作；(8)组织和协调地方性法规实施后的评估工作。

---

① 参见丁浩：《区域行政立法问题研究》，复旦大学 2011 年硕士学位论文，第 11 页。
② 参见陈光：《区域立法协调机制的理论建构》，人民出版社 2014 年版，第 150 页。

(三) 京津冀地方人大立法协调委员会的运作机制

京津冀地方人大立法协调委员会的运作机制包括每年召开定期和不定期会议两种机制。定期委员会会议主要解决事关地方协同立法协调工作长期性和全局性发展的相关问题,如组成人员的选任、委员会工作机制的修改以及中长期立法规划的制定、协同立法协调的目标设置、总体工作部署以及工作总结、动态通报等。不定期会议则可根据具体地方性法规的制定需求进行,以便协同立法相关问题的协商处理。

第三节 粤港澳大湾区立法协调的理论与实践

粤港澳大湾区建设是区域一体化发展的又一重大战略部署,推进粤港澳大湾区建设是新时代推动形成全面开放新格局的新举措,也是推动"一国两制"事业发展的新实践。① 粤港澳大湾区在地理概念上是指由广东省广州市、深圳市、珠海市、佛山市、惠州市、东莞市、中山市、江门市、肇庆市九市和香港、澳门两个特别行政区组成的跨行政区划的地域。粤港澳大湾区面积达5.65万平方公里,海岸线长4114公里,2019年年末总人口达7200万人,是继美国纽约湾区、旧金山湾区和日本东京湾区之后的世界第四大湾区,已成为我国经济社会发展的强大引擎,"一带一路"建设的重要支撑,参与建设国际一流湾区和世界级城市群的重要载体。有学者指出:"民族区域国家意义上的区域概念具有两层含义:一是指主权国家范围内的以特定行政区划为基本构成的特定地域空间;二是指主权国家范围内由此相邻地域所组成的跨越不同行政区划的空间地域。"② 粤港澳大湾区则属于后者。

早在2015年3月《推动共建丝绸之路经济带和21世纪海上丝绸之路的愿景与行动》中就首次提出了"深化与港澳台合作,打造粤港澳大

---

① 参见《粤港澳大湾区建设领导小组办公室:携手粤港澳三地共建国际一流湾区 增进民生福祉》,载新华网(http://www.xinhuanet.com/politics/2019-02/18/c_1210062217.htm),访问日期:2020年4月15日。
② 公丕祥:《区域法治发展研究》(第1卷),法律出版社2016年版,第4页。

湾区"的目标。2017年3月首次在国务院政府工作报告中提出,"要推动内地与港澳深化合作,研究制定粤港澳大湾区城市群发展规划,发挥港澳独特优势,提升在国家经济发展和对外开放中的地位与功能"。2017年7月1日,香港、澳门、广东省以及国家发改委共同签署了《深化粤港澳合作 推进大湾区建设框架协议》,明确了合作的宗旨、目标、原则、重点领域以及体制机制安排等。在此框架协议的基础上,2019年2月18日中共中央、国务院印发《粤港澳大湾区发展规划纲要》,作为指导粤港澳大湾区当前和今后一个时期合作发展的纲领性文件。粤港澳大湾区也将发展成为与旧金山、纽约、东京三大国际一流湾区并列的世界第四大国际一流湾区和世界级城市群。然而,在中国特色社会主义法律体系已经形成,社会的方方面面也已经形成了一整套制度体系的情况下,决定了今天的改革尤其是重大改革不能再奉行"摸着石头过河"的心态,而是要坚持"立法先行、于法有据"。因此,要深化粤港澳大湾区合作,必须充分发挥法治的作用,必须加强各地区城市的法治协调,为区域合作创造和谐协调的法治环境。①

一、价值探析:粤港澳大湾区一体化发展需要立法保障

"一国两制"条件下的粤港澳大湾区,合作上既有优势又有挑战,诸多事项需经政府严格审查,在一定程度上制约了合作的展开。粤港澳大湾区开展区域合作立法的缘由,主要还是应该回归于改革与法治的关系,前者主要基于全面依法治国的根本要求,后者则是指大湾区自身存在的特殊性。

(一)落实"重大改革于法有据"的必然要求

《中共中央关于全面推进依法治国若干重大问题的决定》提出"实现立法和改革决策相衔接,做到重大改革于法有据、立法主动适应改革和经济社会发展需要。实践证明行之有效的,要及时上升为法律。实践

---

① 参见王春业、丁楠:《论粤港澳大湾区合作中法治壁垒及其消解》,载《天津行政学院学报》2019年第3期,第39—45页。

条件还不成熟、需要先行先试的,要按照法定程序作出授权。对不适应改革要求的法律法规,要及时修改和废止"。自全面深化改革以来,我国改变了改革伊始所坚持的"改革优先,先破后立"的发展战略,这标志着围绕改革开放战略而内生的各项制度设计也须发生相应的变迁:一改以往以改革目标为取向的政策制定,转向追求在法治轨道上推进改革。① 立法是依法治国的起点,区域立法是新时期下发挥地方立法积极性的一种表现形式,也是尊重各行政主体平等协商解决区域问题和实现区域利益最大化的主要途径。粤港澳大湾区立法协调是社会发展到特定时期的国家战略布局,属于"重大改革",理应"于法有据",因此,应将这种"重大改革"通过法律的方式出台,以保障改革的合法性。粤港澳大湾区进行立法协调,把全面推进依法治国和维护特别行政区法治有机结合起来,是对社会实践的回应,是对改革进程中的前瞻规划,也是对我国新时代社会主义法律体系的进一步完善。因此在区域经济一体化的背景之下,强调粤港澳大湾区的合作立法,形成一致的立法体系,既是我国全面依法治国的根本要求,也是区域内经济发展的必然要求。

(二) 粤港澳大湾区存在特殊性的客观需要

区域一体化的实践在我国早已出现,并且随着改革开放的持续深入而不断推进。粤港澳大湾区同样属于新形势下的区域一体化发展案例,但其又表现出与普通区域一体化如长三角、京津冀等明显不同的特殊性与复杂性。

第一,"一国两制三法域"与"三个单独关税区"。港澳特别行政区享有高度自治权,从某种意义上说,香港、澳门的基本法赋予香港和澳门特别行政区的权力远高于联邦制国家的州与省。② 国外的跨区域合作基本上同属于一个法律体系,而中国内地与港澳之间是"一国两制三法

---

① 参见曹舒:《人大授权暂停法律实施的合宪性检讨与控制》,载《苏州大学学报(法学版)》2018年第1期,第64—74页。

② 参见董立坤:《中国内地与香港地区法律的冲突与协调》,法律出版社2004年版,第7页。

域"的关系,"一国两制"的政策,催生了"一国多法"的社会现象,法律合作也必然存在诸多的矛盾与冲突,这种区际的复杂性是世界上绝无仅有的。同时,一国内多个"单独关税区"并存的经济格局,受到国内法和国际法的双重制约。广东省与港澳间的政治、经贸和法律关系存在明显的差别,具有区际性的色彩,时刻受到"涉外",至少是"涉境外"的制度、政策、法律、规则的约束。① 粤港澳大湾区合作中存在的大量问题在法律上都没有得到明确解决,阻碍了三地的制度融通和生产要素流动,立法协调遇到较大的困难。

第二,"9+2"多元主体行政分割。粤港澳三地的城市属于不同的"行政级别",港澳本身是自由经济体,市场化程度高,是高度自治的特别行政区。而珠三角各地的市场区域程度不及港澳,在分税制改革刺激下,珠三角各市竞争大于合作,资源过度集中,经济发展差异显著,导致产业同构现象明显,要素流动成本过高。"珠三角九市各自为政,政府间竞争激烈,每个城市都守着自己行政区划范围内的资源来推动本市创新驱动发展,导致资源无法恰当配置,创新合作和分工层次相对较低。"②行政分割造成的壁垒阻挡了大湾区内统一市场的形成,三地如欲实现生产要素的便捷流动和资源高效配置,需突破行政体制的约束。可见,粤港澳大湾区内的合作比我国其他区域的合作更具复杂性,迫切需要大湾区合作立法,以及科学的立法协调机制对其内部的关系进行规范和协调。

(三) 实现粤港澳合作目标的必要手段

综观世界其他大湾区建设,无不以完善的区域法律体系为保障。在美国,州际协定是区域合作的主要形式,属于效力与国会立法相同的立

---

① 参见马进保、易志华:《粤港澳经贸关系的法律调整》,群众出版社2006年版,第99页。
② 王珺、李源:《创新驱动,构建世界级科技创新中心》,载王珺、袁俊主编:《粤港澳大湾区建设报告(2018)》,社会科学文献出版社2018年版,第44页。

法型规则,一旦生效就收入州法典甚至全国的法典。① 州际协定的效力优先于成员州之前颁布的法规,甚至也优先于各州之后新制定的法规。② 1967年日本政府就依本国的程序性立法颁布了《东京湾港湾计划的基本构想》,1999年日本制定《第五次首都圈基本规划》。③ 日本国会在1956年开始制定《首都圈整备法》,其从法律上明确界定了首都圈的发展方向和范围;继而又陆续制定和颁布了《中部圈开发整备法》和《近畿圈整备法》,赋予大都市区政府特殊行政权力。④ 正是由于我国国情的复杂性和区域合作的困难性,因此需要充分发挥立法在粤港澳大湾区建设中的引领、保障和推动作用。"立法不应是消极地适应改革,也不仅仅是对实践经验的总结,而要对社会现实进行主动谋划、前瞻规划,要通过立法转化改革决策、引领改革进程、推动科学发展。"⑤ 只有通过立法手段保障大湾区制度有效落实,才能规范引导合作主体的有序发展和目标统一。

二、历史考察:粤港澳大湾区立法协调的制度演进

早在改革开放浪潮的推动下,粤港澳就开始加强合作并逐步深化,那时是通过府际协议的方式就特定的事项进行立法协调,理论界一般将其称为"软法"。⑥ 实践层面上,粤港澳主要从区域立法协作的层面进行立法合作与协调,即在府际协议的指导下制定适应于各自情况的

---

① 参见刘燕玲:《京津冀协同发展中政府间合作问题的法律分析——兼谈政府间行政协议的法律效力》,载周佑勇主编:《区域政府间合作的法治原理与机制》,法律出版社2016年版,第119页。
② 参见何渊:《区域协调发展背景下行政协议的法律效力》,载《上海行政学院学报》2010年第4期,第34—41页。
③ 参见林贡钦、徐广林:《国外著名湾区发展经验及对我国的启示》,载《深圳大学学报(人文社会科学版)》2017年第5期,第25—31页。
④ 参见刘燕玲:《京津冀协同发展中政府间合作问题的法律分析——兼谈政府间行政协议的法律效力》,载周佑勇主编:《区域政府间合作的法治原理与机制》,法律出版社2016年版,第112页。
⑤ 石佑启:《论立法与改革决策关系的演进与定位》,载《法学评论》2016年第1期,第11—17页。
⑥ 参见王紫零:《粤港澳紧密合作中的软法研究》,载《探求》2017年第4期,第78—85页。

法律规范,但尚未制定统一的规范。① 尽管粤港澳大湾区产生于全面深化改革时期,但是先前的粤港澳合作早已涵盖了大湾区。因此,粤港澳大湾区的立法协调历程大致可以分成三个阶段。

(一) 合作初期:单一的立法协调领域

这一时期由于香港、澳门地区还未回归,此时的立法协调工作还属于同一国家内因历史原因而涉及英国、葡萄牙两国共同参与的立法协调活动。因此,诸多合作事务需要由港英、澳葡通过外交途径与内地相关部门协商达成,立法协调的领域较为单一(见表6-3)。由于这一时期合作的政治色彩较为浓厚,因此,合作协议的履行缺乏一定的强制力,仅依靠各方自觉履行,粤港澳立法协调活动的根基并不扎实。

表6-3 港澳回归前粤港澳立法协调的领域及内容

立法协调事项	内容
水供应问题	1964年《关于从东江取水供给香港、九龙的协议》
联络工作	1984年《广东省政府联络官工作规则》
司法协助	1988年《广东省高级人民法院和香港最高法院相互委托送达民事、经济纠纷案件诉讼文书问题的协议》
海关合作	1982年建立并完善了粤港海关业务联系制度,开展走私、禁毒等合作。
司法协助	1990年广东省人民检察院和香港特别行政区廉政公署签署《会晤纪要》,确定了职务犯罪个案协查的范围、方式、联系渠道。

(二) 发展时期:各相关部门合作为主

港澳回归以后,香港、澳门作为中央统一领导下的特别行政区,粤港澳立法协调的属性转变为同一主权国家内不同行政区域间的立法协调活动。这一期间粤港澳之间的合作主要体现在中央国家机关与

---

① 参见邹平学、冯泽华:《粤港澳大湾区立法协调的变迁、障碍与路径完善》,载《政法学刊》2019年第5期,第45—50页。

港澳有关部门之间的合作,如1999年《最高人民法院关于内地与香港特别行政区法院相互委托送达民商事司法文书的安排》(法释〔1999〕9号),2000年《最高人民法院关于内地与香港特别行政区相互执行仲裁裁决的安排》(法释〔2000〕3号),2000年《公安部关于加强对内地公安机关赴港澳调查取证工作管理的通知》(公刑〔2000〕1047号),2001年《最高人民法院关于内地与澳门特别行政区法院就民商事案件相互委托送达司法文书和调取证据的安排》(法释〔2001〕26号),这些协议同样适用于广东省。总体来说,港澳回归后粤港澳合作的立法事项较少,主要集中于司法协助事项,但是这一阶段也存在粤港澳的官方协调机制,如1998年和2002年广东省分别与香港、澳门举办粤港合作联席会议和粤澳合作联络会议,这也为以后的粤港澳立法协调的深入推进打下基础。

(三)深化时期:共同立法与共同协作立法相结合

为促进内地和香港经济的共同繁荣与发展,加强双方与其他国家和地区的经贸联系,2003年6月商务部和香港特别行政区财政司签署了《内地与香港关于建立更紧密经贸关系的安排》(CEPA)以及其他补充协议。此时粤港澳立法协调的领域主要从经贸方面不断向其他领域扩散(见表6-4),而经贸方面的诸多举措也是先在广东进行试点。粤港澳大湾区建设之前,立法协调方式主要是以传统的共同协作立法模式为主,即立法主体就区域性事务进行立法合作,在平等协商的基础上,制定、修改或废止仅适用于各自特定区域的规范以实现区域合作共同利益追求的立法活动模式。粤港澳大湾区建设后,开始转变为共同立法与共同协作立法的混合模式。[1]

---

[1] 参见邹平学、冯泽华:《粤港澳大湾区立法协调的变迁、障碍与路径完善》,载《政法学刊》2019年第5期,第45—50页。

表 6-4　CEPA 签署后粤港澳立法协调情况

领　域	文　件
总体规划	2008 年《珠江三角洲地区改革发展规划纲要（2008—2020）》 2009 年《大珠江三角洲城镇群协调发展规划研究》 2010 年《粤港合作框架协议》 2011 年《粤澳合作框架协议》 2017 年《深化粤港澳合作　推进大湾区建设框架协议》 2019 年《粤港澳大湾区发展规划纲要》
文化合作	2003 年《粤港澳艺文合作协议书》 2016 年《粤港澳青年戏剧节合作意向书》 2016 年《起势珠三角——粤港澳现代舞联盟 2016—2017 行动计划》 2016 年《非遗协同战略合作框架协议》 2017 年《粤港澳共同推进"一带一路"文化交流合作意向书》
环境保护	2012 年《共建优质生活圈专项规划》 2016 年《2016—2020 年粤港环保合作协议》 2017 年《2017—2020 年粤澳环保合作协议》
知识产权	2016 年《泛珠三角区域深化知识产权合作协议》 2017 年《国家知识产权局与香港特别行政区政府商务及经济发展局关于在知识产权领域合作的安排》 2017 年《粤港保护知识产权合作协议（2017—2018）》 2017 年《"一带一路"背景下泛珠三角区域知识产权合作协议》
交通	2009 年国务院常务会议正式批准港珠澳大桥工程可行性研究报告 2017 年全国人大常委会批准《内地与香港特别行政区关于在广深港高铁西九龙站设立口岸实施"一地两检"的合作安排》 2020 年《粤港澳大湾区海事合作协议》
缉私与海关	2000 年《海关总署与香港海关合作互助安排》 2005 年《海关积极参与和推动泛珠三角区域合作的十项措施》 2005 年《泛珠三角区域反走私合作协议》 2006 年《珠江口西岸区域反走私合作协议》 2006 年《全国人民代表大会常务委员会关于授权香港特别行政区对深圳湾口岸港方口岸区实施管辖的决定》

(续表)

领　域	文　件
人才发展	2017年《粤港澳大湾区青年行动框架协议》 2018年《"粤港澳大湾区发展与创新"青年人才广州交流会合作框架协议书》 2019年《深化人力资源社会保障合作　推进粤港澳大湾区建设战略合作协议》

三、制度实践：粤港澳大湾区立法协调的模式选择

(一) 硬法模式——中央统一立法

1. 中央统一立法模式的发展

中央在外部的协调上，可以统观全局，立法上反映客观经济发展的需要，适应市场经济发展的需要，做到立法与经济相统一；在内部协调上，则有利于指导区域各行政区域探索有效的立法协调机制。况且中央立法效力层次高，便于各区域遵守，能够最大限度实现区域内的法制统一，系统全面地解决区域法治问题，有利于统一国内市场和良好市场秩序的形成。因此，不少学者建议在区域一体化进程中出现的问题应由中央立法来协调，以此克服行政区划各自立法的弊端。关于粤港澳大湾区的合作，目前主要是从政策层面规定，并没有对其进行立法。如中共中央和国务院印发的《粤港澳大湾区发展规划纲要》，就是一种纲领性文件。从当前来看，由中央统一立法操作起来具有一定难度，但区域合作仅有政策约束，强制力远远不够，还需要相关的硬约束机制。

目前我国没有规定通过统一的立法主体来制定在粤港澳均适用的法律，以明确三方在合作过程中的权利义务。除有关国防和外交等事务外，广东地区、香港以及澳门之间的法律制度是完全独立的，我国当前的法治实践无法对大湾区的立法提供有效、直接的经验借鉴。在国外，美国、日本等国家在开发特定区域的进程中，都注重通过立法手段作出协调，理顺区域开发中的管理体制和运行机制，也取得了不同程度的成功。

1933年,美国国会通过的《田纳西河流域管理局法案》,有力推动了田纳西河流域地区的农业发展;1950年日本制定《国土综合开发法》,对全国各地综合开发规划的制定和实施作出了明确的规定。针对我国区域目前的状况,有学者建议"由全国人大常委会制定统一的《区域经济合作法》或者《区域经济发展协调法》等,借助法律力量来平衡区域内主体之间的关系"①,"大湾区的立法应由中央颁布统一的'区域合作法'用以解决中央与地方、地方与地方之间的关系问题"②。以上建议的目的都是为了解决区域经济合作发展所面临的问题,为区域发展提供立法保障。

2. 中央统一立法模式的困境

中央统一立法固有其独特的优势,但对于区域内情况复杂的粤港澳大湾区来说,并非就可以直接适用。一方面,中央立法的适用范围较广泛,一般只从宏观方面作出原则性的规定,无法顾及地方差异,立法内容可能因过于原则化而导致可操作性不强,最终无法满足各地方管理事项的特殊要求。有学者指出,中央统一的法制满足不了特定区域法制的需要,"既要考虑东南沿海地区率先实现现代化,又要考虑到西部开发和东北老工业基地的振兴;既要考虑城市功能的提升,又要考虑解决'三农'问题等,而不是为了某个特定区域,针对特殊情况而设计的"③。我国各区域发展各具特色,中央立法在兼顾整体法治统一时,难免忽视各区域个性化的法律需求。中央也不直接参与大湾区日常的经济和社会管理,对大湾区的经济社会发展问题的关注度不如粤港澳三地政府把握得好,由地方自己安排更为合理,同时也能降低中央统一立法制度创新的风险。

另一方面,粤港澳三地虽同属一个主权国家范围内,"一国两制"下港澳特别行政区的政治制度、法律制度均有别于内地各城市,也与

---

① 吴国平:《泛珠三角区域经济合作与法律制度安排》,载《社会科学家》2006年第3期,第88—92页。
② 张亮、黎东铭:《粤港澳大湾区的立法保障问题》,载《地方立法研究》2018年第4期,第31—36页。
③ 叶必丰:《长三角经济一体化背景下的法制协调》,载《上海交通大学学报(哲学社会科学版)》2004年第6期,第5—13页。

纽约、东京这些湾区不同,港澳特别行政区依照自行的立法权制定的法律与中央的互不隶属。有学者针对用中央统一模式立法来解决我国区际司法协助问题时就指出,内地与特别行政区的司法协助属于国家内部事务,中央统一立法似有有违"高度自治"之嫌。① 因此,"寄希望于中央统一立法来协调、规范不同法域涉及的相关的社会经济关系几乎是不现实的"②。

综上可知,在各地的区域立法协调中,由中央对全国各区域相同或相似的事项进行立法,成本较高,可操作性较差,不利于地方立法积极性的发挥。粤港澳三地在政治、经济和文化上发展不平衡,由中央针对粤港澳三地合作拟定一部法律可能性不大,只能通过大湾区本地的法治来规范合作中出现的新问题。

(二) 软法模式——区域行政协议

软法具有"逻辑结构不够完善,没有国家强制力保证实施"③的特点,缺乏法律约束力,只是作为一种事实上可以有效约束人们行为的规则,主要表现形式是政府间的合作协议。在我国区域合作实践中,政府成员多数采用联席会议的方式,在平等自愿、协商一致的基础上签订政府间合作协议。

1. 区域行政协议模式的立法实践

近年来,粤港澳三地之间的合作,也主要是通过联席会议机制缔结合作协议的方式进行,所制定的协议多为共同解决某一问题而进行合作的行为准则。"行政协议是两个或两个以上的行政主体,为了提高行使国家权力的效率,实现行政管理的效果,互相意思表示一致而达成协议的双方行为。"④"一国两制"下粤港澳三地间的合作协议与美国的州际协定不同,也与内地统一法域下各省之间缔结的合作协议不同,它是在

---

① 参见赵家琪、付志刚:《"泛珠三角"区域合作框架下内地与港澳司法合作研究》,载《法学杂志》2008年第5期,第60—62页。
② 陈俊:《授权立法研究——兼评中国授权立法之理论与实践》,载周旺生主编:《立法研究》(第1卷),法律出版社2000年版,第292页。
③ 罗豪才:《直面软法》,载《人民日报》2009年7月8日,第8版。
④ 何渊:《论行政协议》,载《行政法学研究》2006年第3期,第43—50、104页。

不同法域的地方政府之间签订的。有学者把各法域之间的相互关系称之为区际："为了协调区际之间的社会经济事务，粤港澳三地政府依据各自的行政职权而缔结的行政协议，这种特殊的行政协议称之为区际行政协议。"①

粤港澳三地的合作文件多为协议、安排、框架、意向书、会议纪要等形式，名称具有多样性，根据签约主体的不同可以分为三种类型。一是内地与港澳之间签订的协议，包括 CEPA 及其补充协议、区际司法协助等。二是广东省与港澳之间签订的双边协议，如《粤港合作框架协议》《粤澳合作框架协议》等。三是广东省管辖下的地方行政区域与港澳之间签订的协议，如深圳市司法局与香港律政司签署的《深港法律合作安排》。但区际行政协议也存在不系统、不协调的问题，如今随着三大自贸区等规划性文件相继出台，由于该规划性文件尚缺系统性，协调起来带有一定程度的模糊性。在大湾区的未来发展中，这种行为举措不能杂乱无章，需要通过立法加以调整。

2. 区域行政协议模式的困境

第一，行政协议的缔结无法可依。目前我国并没有具体的法律法规对地方政府间的区域合作加以规范，《宪法》等法律没有承认内地各省政府之间可以联合制定法律，港澳基本法没有对政府能否与内地合作缔结区际合作协议作出规定，行政协议的缔结基本上处于无法可依的状态，有学者甚至认为行政协议"僭越宪法和法律的规定"②。《深化粤港澳合作 推进大湾区建设框架协议》虽然由国家发改委和粤港澳三地政府共同签署，但其作为区域合作协议，形式上并没有得到中央批准或授权，无法成为法律渊源。而作为粤港澳三地合作机制的联席会议制度，虽经国务院的批准，但在《宪法》等法律上并未能找到相关的依据，其法律地位并不明确，更没有明确设立可行的协调机制，形式上表现为领导人之间的沟通协商，一定程度上削弱了行政协议的执行力。

---

① 崔卓兰、黄嘉伟：《区际行政协议试论》，载《当代法学》2011 年第 6 期，第 19—26 页。
② 赵伟：《论粤港澳区域合作中的法律问题及其反思》，载《江汉大学学报（社会科学版）》2017 年第 3 期，第 24—29 页。

第二，政府间行政协议内容缺乏明晰的权利义务约束力。从订立的协议条款上看，部分协议的条款内容具有原则性、政策性，对于协议所产生的效力以及责任问题，并没有直接说明，难以形成合法的拘束力。如"粤港澳三地的旅游合作协议制定的条款措施，内容就较为零散且不成体系，一些措施更是被动性的应付，临时性色彩浓厚，缺乏长期性和稳定性"①。粤港澳三地是否按照协议履行义务，取决于自律，没有确定的法律力量作为保障，造成法律效力的模糊，若是一方不遵守协议也不用承担法律责任，进而影响协议的实施效果。

(三) 混合模式

除了硬法和软法模式，还有学者提及介于二者之间的混合模式。混合模式建立在硬法和软法优势互补的基础之上，既强调以国家强制力保障实施的立法协调，又注重指导性的行政协议协调的模式。但目前大湾区缺乏硬法的保障，缺乏强有力的立法协调机制，中央统一立法和区际行政协议都难以满足粤港澳大湾区发展的法律需求。因此，有必要"由'依靠政策推进一体化'向'依靠法律推进一体化'，由'特殊政策'向'区域立法'转变"②。如果说区域行政协议是区域合作的初级形式，那么区域间的共同立法则是区域合作的高级形式。笔者认为，粤港澳三地合作立法的是三地联合制定的、较为稳定的、具有法律约束力的硬法，不是中央统一制定的全国性法律。粤港澳大湾区合作立法与中央立法协调相比，其优点在于各地方立法主体结合自身的实际，在对大湾区内社会关系的把握更为准确的基础上，起草一份能充分表达本地实际需求的立法草案，实现立法的资源共享，克服中央立法的泛泛性和区域行政协议法律效力不足等困境。强调大湾区的立法保障，就是强调法律的实效和权威，根据大湾区经济的发展实际情况因地制宜地制定出符合大湾区

---

① 黄晓慧、邹开敏：《"一带一路"建设背景下的粤港澳大湾区文化旅游产业合作研究》，载王晓主编：《"一带一路"倡议与粤港澳深度合作》，中国社会科学出版社2017年版，第35页。
② 石佑启：《论我国区域府际合作的法律治理模式与机制构建》，载周佑勇主编：《区域政府间合作的法治原理与机制》，法律出版社2016年版，第43页。

发展所需的法律法规,坚持以区域立法引领推动重大改革举措的出台,以此保障大湾区内政策的合法性,能够有效降低中央政府强制立法制度创新的风险,更好地服务于大湾区内的民众,保障大湾区经济的稳定发展。

四、未来展望:破解粤港澳大湾区区域立法困境的路径

(一)强化粤港澳大湾区立法协调的合法基础

1. 人大授权粤港澳大湾区立法的规范依据

全国人民代表大会作为我国最高权力机关,其依照决定权而行使的授权决定具有与立法权相同的地位。全国人大所具有的决定权,可以在立法缺位而具有现实需求的情形下行使,针对《立法法》规定缺位的问题,通过授权立法予以解决,进而对《立法法》进行补充。党的十八届四中全会提出:"实践条件还不成熟、需要先行先试的,要按照法定程序作出授权"。在大湾区的合作立法中,国内没有相关法律可援引,由于国家立法"条件尚不成熟",但符合"需先行先试",需要立法予以协调,按法定的程序授权,解决与大湾区发展不适应的制度困境。鉴于粤港澳三地的特殊情况及其经济发展的需要,应授予粤港澳三地试验性授权立法,使其有权在立法缺位的情形下,为适应经济建设的迫切需要而在授权范围内创设新的法律关系,制定反映大湾区特殊经济关系的法规,及时调整大湾区的社会关系,这既能为大湾区内的经济发展服务,又能为全国人大的立法积累经验。

同时,《宪法》第67条明确规定了全国人大常委会的立法权限,其第22项为全国人大常委会可以依据全国人民代表大会的授权,行使第67条前21项未列举的"其他职权"。全国人大常委会授权有两种情形:一是全国人大常委会可以根据国情的需要作出决定,将应由法律规定的事项授权给省、自治区、直辖市的人大或其常委会制定地方性法规,但法律绝对保留的除外;另一种是全国人大常委会根据实际需要,作出决定授权没有地方性法规制定权的地方人大及其常委会制定法规,授权没有

规章制定权的地方人民政府制定规章。① 全国人大常委会在其中行使了宪法赋予的立法权,在广泛的领域里制定了涉及政治、经济、社会文化、科技教育及环保等方面的法律。粤港澳三地的区域合作权,可以根据第 22 项兜底条款的第二种含义进行解释,即由全国人大常委会授权大湾区根据本区域情况制定法规或规章。实践中,关于中央的授权立法决定,由全国人大常委会授权行使的也不在少数。②

2. 人大授权粤港澳大湾区立法的具体实施

第一,明确大湾区立法的被授权主体。有学者主张设立区域行政立法委员会作为区域行政立法机构,经中央授权制定统一的区域共同规章。③ 也有学者主张,由粤港澳三地的立法机关在中央的授权下,协调设立粤港澳大湾区区域立法合作委员会,其成员由粤港澳立法机关分别推荐的法律专家组成,主要就共同关心的议题拟定示范法。④ 由于二者对区域性立法机构的定位不同,被授权主体也随之不同。大湾区被授权的立法主体是指享有立法权力和承担立法义务、能够独立开展协调立法工作的粤港澳三地的地方立法机关,而不是区域性立法组织或立法机构,拟定的也不是示范法,而是根据中央的授权,制定符合在大湾区内实施的法规或规章。粤港澳三地立法机关协调设立的大湾区立法协调委员会,是大湾区立法工作的具体实施者,性质应当是直属于粤港澳三地政府合作立法的工作机构,不具有立法权,主要作为三地成员起草立法案、交流立法信息等的基本运作平台,专门针对大湾区立法活

---

① 参见封丽霞:《论全国人大常委会立法》,载周旺生主编:《立法研究》(第 1 卷),法律出版社 2000 年版,第 109 页。

② 如《全国人民代表大会常务委员会关于授权广东省、福建省人民代表大会及其常务委员会制定所属经济特区的各项单行经济法规的决议》(1981 年)、《全国人民代表大会常务委员会关于授权深圳市人民代表大会及其常务委员会和深圳市人民政府分别制定法规和规章在深圳经济特区实施的决定》(1992 年)、《全国人民代表大会常务委员会关于授权香港特别行政区对深圳湾口岸港方口岸区实施管辖的决定》(2006 年)、《全国人民代表大会常务委员会关于授权澳门特别行政区对设在横琴岛的澳门大学新校区实施管辖的决定》(2009 年)等。

③ 参见王春业:《构建区域共同规章:区域行政立法一体化的模式选择》,载《西部法学评论》2009 年第 5 期,第 55—65 页。

④ 参见朱最新:《粤港澳大湾区区域立法的理论建构》,载《地方立法研究》2018 年第 4 期,第 11—20 页。

动进行协调,分析立法中或立法后可能出现或已经出现的问题,提出相应的对策或解决方案。

第二,明确大湾区授权立法效力等级。有学者提出对待区域合作文本,应当采取效力从高的方式,即涉及自主事项,文本效力以缔约时参与到合作中的最高级别主体身份为准;涉及批准的事项,则以批准主体为准。① 然而,大湾区合作立法由中央授权,在自主事项上,特别行政区因其具有的特殊性拥有的自治权比一般的省份高,如果按特别行政区来确定法规的效力并不妥,因为特别行政区制定的法律只在本区域内实施,其无法为广东省的法规确定效力。由全国人大或全国人大常委会授权粤港澳三地的立法机关,就合作的事项制定适用于粤港澳三地的地方性法规,为实现大湾区经济一体化提供良好的法治环境,能够保证大湾区整体协调有序发展。笔者认为,基于粤港澳三地的特殊情况,可采用大湾区共同立法、分别生效的模式。虽有中央的授权,大湾区立法仍属于地方立法的范畴,所立的法规的效力应该是低于我国法律和行政法规的效力。在港澳特别行政区,该法规的效力由其立法会来确定。从我国立法的位阶序列角度上看,深圳和珠海作为广东省的一部分,在大湾区合作所立的法规中,两个经济特区的立法位阶应低于粤港澳大湾区的合作立法的位阶。同时,广东省的地方性法规应高于大湾区的区域性法规,因为这里的粤港澳大湾区的"粤"特指珠三角九市,大湾区的立法不应凌驾于广东省的地方人大制定的法规之上,但允许大湾区合作立法先行先试和作出变通性规定。

(二) 建立粤港澳大湾区立法协调机构

在我国区域立法协调机构的性质上,有不具权威性的协调机构和具有权威性的协调机构之分。第一种,不具权威性的协调机构。这是一种"自主参与,集体协商"的协商机制,主要就某一具体问题牵头召开协调会议,表现为各行政领导人之间的沟通协商,如联席会议机制。第二

---

① 参见张亮、黎东铭:《粤港澳大湾区的立法保障问题》,载《地方立法研究》2018年第4期,第21—36页。

种,具有权威性的协调机构,较为普遍的是建立跨省市的协调机构。对此学界有两种观点,一是建立"'超省、市'的权威协调机构,并赋予其一定的行政权限"①,"该管理机构享有立法权、行政权和财政权等"②。二是在协商一致的基础上,由政府有关人员设立区域行政立法委员会,但该委员会不具有行政管理职权,"只是具备立法等相关功能,并不能代替各行政单位作出行政行为"③。这种区域行政立法委员会,较于前一种超省、市的协调机构,没有突破国家行政区划的界限,仍在国家所允许的范围之内,具有一定的可行性。

笔者倾向于选择具有权威性的协调机构,因为其相对于不具权威性的协调机构来说,更符合我国现实的国情,更有利于推进大湾区经济合作的发展,而且它具有固定的组织机构,有一套人员安排、组织体系,可以克服不具权威性的协调机构的松散性。而在具有权威性的协调机构的两种方案选择中,第二种相对来说更符合我国国情。因为第一种方案需对国家政治体制、行政体制和立法体制进行重大的改革,且与我国目前的《立法法》相违背。而第二种方案中的区域立法机构只是一个立法的工作机构,而非中央政府的一个部门。这里所提出的粤港澳大湾区立法协调委员会是区域立法的辅助机构,不是国家权力机关,其不享有实体的立法权,否则会产生立法体制上的冲突。在中央支持下,大湾区立法协调委员会作为大湾区立法协调机制运行的平台,其任务主要是协调三地的立法程序和立法体系,工作定位于对立法活动的调查研究,定期召开与立法事项有关的会议,并通过相应的立法协调工作机制发挥作用,对大湾区内的经贸往来的法律问题进行联合管理,承担"立法协调"的功能。

---

① 王晓辉:《欧洲经济一体化对我国长三角区域经济一体化的启示》,载《经济纵横》2004年第10期,第30—33页。
② 陈剩勇、马斌:《区域间政府合作:区域经济一体化的路径选择》,载《政治学研究》2004年第1期,第24—34页。
③ 王春业:《区域行政立法模式——长三角一体化协调的路径选择》,载史德保主编:《长三角法学论坛——长三角区域法制协调中的地方立法》,上海人民出版社2008年版,第99页。

(三) 健全粤港澳大湾区立法协调的科学模式

区域合作立法主要有"单方立法,多方共享"和"多方协作,共为共享"两种方案。前者即由一地牵头,先完成某一事项的立法起草调研工作,之后将有关的调研成果与区域内的各方共享,避免重复立法。如江苏省制定有关的地方性法规以后,及时将有关的资料提供给尚未制定法规的上海市和浙江省参考。后者是"多方协作,共为共享",即就某一立法事项,多个地方联合进行起草调研,共同立法。如东北三省政府立法协作的框架,是在不改变立法权限的前提下,将协作项目列入各省立法计划,并共享三省达成共识的立法成果。这种协作模式,是一种兼顾原各行政区划自身的立法权限和实现区域内资源共享的选择,对于解决区域立法的横向冲突具有一定的作用。

粤港澳的区际问题较为复杂,三地合作立法体现为区际立法,最终的立法结果也不是大湾区内任一主体就能单独决定的,应由三地合作立法解决,通过立法让大湾区立法合作具有法律效力。"单方立法,多方共享"这种方案,对于大湾区来说还是绕不过区际法律冲突,且缺乏系统性,执行起来仍会造成新的冲突,难以适应大湾区高速发展的经济形势,不利于问题的解决,所以可以考虑第二种"多方协作,共为共享"的方案,由政府主导区域立法,但不是直接生效,而是参照示范法的做法,由各立法机关采纳后分别生效。据此,针对大湾区的情况,在中央授权的基础上,采取"大湾区共同立法,三地分别生效实施"的模式,但无论如何也不能违反全国性法律的基本原则。其中,粤港澳三地共同立法才是主要的,对于港澳的特殊情形,只能特殊对待,也即共同协商拟定一部法律以后,在不违反附件三的规定的基础上,港澳分别生效,最后统一审议后就同一份法规报全国人大常委会备案。

之所以选择"分别生效",是因为港澳具有高度自治权,全国性法律列入基本法附件三以后,也要待到港澳特别行政区在当地公布或者立法后才能实施。若缺乏最后的关键一步,全国性法律即使被列入附件三,也无法在港澳特别行政区施行。粤港澳三地就合作事宜达成共识,但并不是直接生效和执行,而是最后通过自己的法律程序将其转化为各自本身的法律制度,然后予以执行。这是充分尊重"一国两制"原则,尤其是港澳法律传统的结果,有效解决区域合作立法无法列入基本法附件三而无法适用的困境。

同时,大湾区针对自身情况进行立法,作为具体法规指导和规范,应列明合作法的指导思想、具体内容、任务目的、立法事项及费用、法律效力与修改、补充等,在粤港澳三地分别生效转为正式文本,同步实施。之后粤港澳三地再根据当地的实际情况决定是否进一步立法,一方面能有效避免分别立法造成的冲突,另一方面能够加强各方立法合作,使大湾区内的社会经济发展能够得到法律的保障,最终促进各法域的协调发展。

五、结语

粤港澳大湾区经济发展势头迅猛,但在政府间立法合作层面却还未有所创新和突破,大湾区内各城市并未形成健全有效的区域治理机制。在大湾区内如何实现立法协调,在我国无现成的经验可循,即便借鉴国外发达国家的法治经验,也只能摸索前行,而大湾区的发展能否成功在一定程度上取决于中央政府制度供给的意愿与能力。探索大湾区立法协调机制,从顶层设计上对大湾区的规范与治理予以法律规制,加强大湾区立法信息共享,找到与大湾区特殊实践相符的立法模式,并允许大湾区立法在法律范围内进行先行先试和作出变通规定,共同解决协调立法中遇到的焦点和难点问题。因此,有必要通过人大授权以强化粤港澳大湾区立法协调的合法基础,并设立大湾区立法协调委员会作为粤港澳三地合作立法的工作机构,并辅之以相应的立法工作机制,调整立法工作中的利益关系,协调解决合作中的制度障碍,这既是我国全面依法治国的根本要求,也是解决大湾区自身存在特殊性和复杂性的内在要求。

第七章 民族区域自治地方的立法权科学配置

第一节 民族自治地方的立法权

洛克有言:"立法权是指享有权利来指导如何运用国家的力量以保障这个社会及其成员的权力。"①我国学者将立法权定义为"由特定国家机关行使的,在国家权力体系中占据特殊地位的,用来制定、认可和变动法的综合性权力体系。"②而民族自治地方立法权是我国立法体制中的重要组成部分,从属于国家立法权的综合性权力体系。学理上,民族自治地方立法权有广义与狭义之分。从广义上来说,民族自治地方立法权就是指享有立法职权的民族自治地方的国家机关创制、认可、修改、废止规范性法律文件的权力。按照《宪法》和法律的规定,我国民族自治区、自治州和设区的市享有制定地方性法规、地方政府规章的权力,民族自治区、自治州、自治县享有制定自治条例、单行条例的权力,并对我国法律和行政法规授权的法律进行"变通规定""补充规定"。③ 熊义钊教授认为:"民族自治地方立法权是指民族自治地方根据不同的行政级别,按照《宪法》和有关法律的规定,享有制定地方性法规、地方政府规章、自治条例、单行条例的权力,以及制定针对有关法律的'变通规定''补充

---

① 〔英〕洛克:《政府论(下篇)》,瞿菊农、叶启芳译,商务印书馆1983年版,第89页。
② 周旺生:《立法学》(第二版),法律出版社2009年版,第198页。
③ 参见沈寿文:《民族区域自治地方立法权若干问题研究》,载《云南社会科学》2007年第3期,第75—76页。

规定'的权力。"①从狭义上来说,民族自治地方立法权仅是指自治地方的人民代表大会有权依照当地民族的政治、经济和文化的特点,制定自治条例和单行条例的权力,是指变通或停止执行与民族自治地方不相适应的决议、决定的权力。②

我国的民族区域自治制度针对的不仅是民族的自治,而且是区域自治。自治区域内不仅存在民族自治地方,也有一般行政区域,是一种嵌套式的结构。仅以狭义概念定义民族区域自治立法权不能完全概括我国民族区域自治立法权的特点,所以应以广义说为准。笔者以为,民族自治地方的立法权应当包括制定自治条例的权力,制定单行条例的权力,制定法律授权的变通规定和补充规定的权力以及制定对民族自治地方有效力的地方性法规和地方规章的权力。

一、民族区域自治地方立法权的权源与依据

当今,多民族结构的国家形式是世界大多数国家所具有的社会基本特征,中国自古以来就是一个统一的多民族国家。然而,在多民族国家,各个民族各有其特点,民族特点导致民族差异,民族差异造成民族问题。随着社会的不断发展,国家内部多元化的因素进一步突出了在政治、经济、社会和文化方面的民族问题,这种问题不能仅通过政治宣传和道德良善去解决,还应当依据平等、正义、人权等价值理念,借助法治,以优越的制度去协调民族关系,解决民族问题。

虽然所有的民族都倾向于拥有民族主权,但由于各种条件的制约,许多民族需要与别的民族联合,建立多民族的主权国家。在多民族国家中,特定的民族由于历史原因和地域分布而聚居于一定的区域内,这就构成了民族区域自治的基本条件。民族区域自治既是中国共产党运用马克思主义民族理论解决我国民族问题的基本政策,也是我国的一项基本政治制度,是建设中国特色社会主义政治的重要内容。民族区

---

① 熊文钊主编:《大国地方:中国民族区域自治制度的新发展》,法律出版社 2008 年版,第 33 页。
② 参见周旺生:《立法学》(第二版),法律出版社 2009 年版,第 293 页。

域自治制度就是指在国家统一领导下,以少数民族的聚居区为基础,建立民族自治地方,设置自治机关,根据宪法和法律的规定,行使自治权,民族区域自治是"民族自治与区域自治的有机结合"①。民族区域自治制度中最重要的是民族区域自治地方的自治权。民族区域自治地方的自治权是由国家赋予的地方性权力。在民族自治地方的自治权中,民族自治地方立法权是自治权里最主要的内容,是自治权的重要表现形式,其权源就是民族区域自治制度。民族自治地方立法权是宪法和法律规定的,是对民族区域自治地方权利的法律保障、制约,是对与民族权利息息相关的民族区域自治地方权利的确认,是具体化了的民族区域自治权和民族区域自治制度。② 民族区域自治地方的自治权以立法权为保障,立法权为自治权提供了法律保护的社会环境和制度条件。③

民族区域自治制度可以追溯到1947年第一个省级自治区的建立——内蒙古自治区。中华人民共和国成立前夕,《共同纲领》专门阐述了新中国的民族政策:"各少数民族聚居的地区,应实行民族的区域自治,按照民族聚居的人口多少和区域大小,分别建立各种民族自治机关。凡各民族杂居的地方及民族自治区内,各民族在当地政权机关中均应有相当名额的代表。"④为了正确实行这一制度,1952年中央人民政府发布《中华人民共和国民族区域自治实施纲要》。1954年第一届全国人民代表大会制定的《五四宪法》规定了民族区域自治制度的基本内容、基本原则、民族区域自治的性质与地位,正式以国家根本法的形式将民族区域自治制度确定下来,使民族区域自治制度成为宪法的一部分。《八二宪法》完善了民族区域自治制度,进一步扩大自治机关的自治权。1984年颁布《中华人民共和国民族区域自治法》,使民族区域自治制度进一步走向规范化和法制化,是民族区域自治制度发展的重要里程碑。

---

① 陈云生:《民族区域自治法原理与精释》,中国法制出版社2006年版,第43页。
② 参见宋才发:《民族自治地方立法自治权再探讨》,载《法学家》2005年第2期,第73—74页。
③ 参见戴小明、黄木:《论民族自治地方立法》,载《西南民族学院学报(哲学社会科学版)》2002年第7期,第70—81页、216页。
④ 《建国以来重要文献选编》(第一册),中央文献出版社1992年版,第12页。

二、民族区域自治立法权的内容与双重性质

（一）民族区域自治立法权的内容

1. 一般地方立法权

地方性法规制定权。《立法法》第 82 条规定，省、自治区、直辖市的人民代表大会及其常务委员会根据本行政区域的具体情况和实际需要，在不同宪法、法律、行政法规相抵触的前提下，可以制定地方性法规。自治州的人民代表大会及其常务委员会可以依规定行使设区的市制定地方性法规的职权。

地方规章制定权。《立法法》第 82 条第 1 款规定："省、自治区、直辖市和设区的市、自治州的人民政府，可以根据法律、行政法规和本省、自治区、直辖市的地方性法规，制定规章。"

2. 民族自治地方的自治立法权

自治条例和单行条例制定权。《立法法》第 75 条和《民族区域自治法》第 19 条规定："民族自治地方的人民代表大会有权依照当地民族的政治、经济和文化的特点，制定自治条例和单行条例"。

对法律、行政法规的变通权。《民族区域自治法》第 20 条规定："上级国家机关的决议、决定、命令和指示，如有不适合民族自治地方实际情况的，自治机关可以报经该上级国家机关批准，变通执行或者停止执行"。《立法法》第 75 条第 2 款规定："自治条例和单行条例可以依照当地民族的特点，对法律和行政法规的规定作出变通规定，但不得违背法律或者行政法规的基本原则，不得对宪法和民族区域自治法的规定以及其他有关法律、行政法规专门就民族自治地方所作的规定作出变通规定。"

对法律、行政法规的补充权。《刑法》第 90 条规定："民族自治地方不能全部适用本法规定的，可以由自治区或者省的人民代表大会根据当地民族的政治、经济、文化的特点和本法规定的基本原则，制定变通或者补充的规定，报请全国人民代表大会常务委员会批准施行。"《民事诉讼法》第 16 条规定，"民族自治地方的人民代表大会根据宪法和本法的原则，结合当地民族的具体情况，可以制定变通或者补充的规定"。

(二) 民族自治地方立法权的双重属性

从中国的立法体制上看,民族自治地方立法权具有双重属性:自治地方作为行政区域的一般地方立法权和自治区、自治州、自治县的自治立法权。

"自治的核心是权力和权利。所谓自治实质上是自治主体对其权利或权力的自我支配、处理的自由,无论是社会自治还是政权自治,或是个人自治,无论是法律上的自治,还是政治上的自治,其关涉的都是权利或权力问题。"① 从权力与权利的角度上看,民族自治地方的自治立法权也具有双重性质。对于民族自治地方的自治机关来说,自治立法权是规则的制定权,是一种权力;同时,对于民族自治地方人民当家做主管理本民族事务而言,自治立法权是一种权利。政治权力来源于公民权利,并以促进和保障公民权利为限。自治立法权力是一种手段,而实现自治立法权利才是目的,所以,自治立法权利才是自治立法权的主要方面。以权利来解释权力的存在基础,民族区域自治立法权才能发挥权力功能,充分保护民族自治地方公民的权利。

三、民族自治地方立法的原则

立法活动是维护政治、经济、社会秩序的重要事项,必然有其基本的原则,这样才能以正确的思想为向导,遵循规律,把执政者的意志上升为国家意志,实现立法目的。《立法法》第 3 条至第 6 条确立了我国各类立法活动所要遵循的共有原则——遵循宪法原则、法制统一原则、民主立法原则、科学立法原则,民族自治地方立法权的行使也必须遵循这四项共有立法原则。同时,民族自治地方立法还必须遵循其特有的原则——维护民族自治地方民族权益原则和体现民族特点和地方特色原则。

(一) 民族自治地方立法的一般原则

1. 遵循宪法原则

宪法是法之根本、法之源泉,宪法在我国法律体系中处于最高地

---

① 王允武主编:《中国自治制度研究》,四川人民出版社 2006 年版,第 13 页。

位,一切法律、行政法规和地方性法规都不得同宪法相抵触。任何组织或者个人都不得有超越宪法和法律的特权。全国各族人民、一切国家机关和武装力量、各政党和各社会团体、各企业事业组织,都必须以宪法为根本的活动准则,并且负有维护宪法尊严、保证宪法实施的职责。《立法法》第3条也对遵循宪法原则作出了规定:"立法应当遵循宪法的基本原则,以经济建设为中心,坚持社会主义道路、坚持人民民主专政、坚持中国共产党的领导、坚持马克思列宁主义毛泽东思想邓小平理论,坚持改革开放。"因此,民族自治地方无论是在行使一般地方立法权还是行使自治立法权,都必须在宪法原则的支配下进行,使立法的精神与宪法保持一致。

2. 法制统一原则

社会主义法律体系是一个整体。民族自治地方法规是国家民族区域自治法律制度的有机组成部分,民族自治地方法规的制定必须服从宪法、《民族区域自治法》和其他法律、法规关于民族区域自治法制的统一原则。《立法法》第4条规定:"立法应当依照法定的权限和程序,从国家整体利益出发,维护社会主义法制的统一和尊严。"我国的中央与地方的立法权关系体现为全国人大及其常委会的立法权是"源权",地方立法权没有相对独立性,或报批准、或报备案。① 中央立法机关享有最高的立法权,地方立法权由中央授予,中央立法机关对地方性法规、自治条例和单行条例享有最终的审查撤销权。法制统一原则要求地方立法必须在国家立法的统一框架体系下进行,在法律原则、法律制度、法律规则上与国家法律、行政法规协调一致;要求与调整同类社会关系的立法协调吻合,要求法律内容与社会关系基本一致。②

3. 科学立法原则

科学立法原则是从立法的质量方面对立法所提出的要求。《立法法》第6条规定:"立法应当从实际出发,适应经济社会发展和全面深化

---

① 参见戚渊:《论立法权》,中国法制出版社2002年版,第30页。
② 参见汤唯、毕可志等:《地方立法的民主化与科学化构想》,北京大学出版社2002年版,第67—68页。

改革的要求,科学合理地规定公民、法人和其他组织的权利与义务、国家机关的权力与责任。"首先,立法权的正确行使必须从实际出发。从实际出发是改革开放以来一直坚持的各项活动的要求,立法也不例外。尤其从民族自治地方来说,少数民族有自己独特的历史、经济、文化、生活,立法权的行使更需要客观地反映地区的、民族的实际。其次,要完善立法还要运用科学的立法技术,因为"立法不是制造和发明法,而是运用科学的立法技术表述法;运用科学预测技术预见未来立法的状况和发展趋势;运用科学规划技术编制立法计划;运用规范性文件、系统化技术使法文件保持协调和统一;运用科学的规范结构技术使法的形式符合法的内容,使法规范具有逻辑性;等等"①。故立法权的行使要遵循科学立法原则,不仅从民族自治地方的当地实际出发,也要遵循民族自治地方自身的立法逻辑,以达到预期的立法效果。

(二) 民族自治地方立法的特有原则

民族自治地方立法的特有原则包括维护民族自治地方民族权益原则和体现民族特点和地方特色原则。② 民族区域自治制度本就是以民族地区的民族权益为出发点和落脚点,维护民族自治地方民族权益也是民族自治地方立法权的题中应有之意。另外,民族自治地方与一般行政区域不同,最大的区别在于其"自治权",其中包含自治立法权,而"民族性"是自治立法权的核心,因此自治立法权要体现民族特点和地方特色。

1. 维护民族自治地方民族权益原则

民族自治地方并非以"民族"为单位的自治,而是以"一个或者几个少数民族聚居区"为基础的自治。③ 由此可见,民族自治地方的利益不完全体现为单一民族的权益,更多的是多个民族的权益的结合。利益

---

① 肖萍:《透明度原则与地方立法公开制度》,载《南昌大学学报(人文社会科学版)》2003年第4期,第59—62页。
② 参见吴宗金主编:《中国民族区域自治法学》(第三版),法律出版社2016年版,第180页。
③ 参见吴宗金主编:《中国民族区域自治法学》(第三版),法律出版社2016年版,第180页。

的多方化必然会导致利益相争,此时,我们必须寻求利益的平衡,而平衡的方法就在于多方共同参与权衡以及博弈。将民族自治地方立法权与民族权益相结合,就要在立法权的行使上,保障各民族代表的参与权,这既是民族地区民主政治建设的重要内容,也是立法民主化的客观要求,也符合我国民主集中制的要求。只有民族代表积极参与,才能在立法的"谈判桌"上,为本民族争取更多的话语权。我国的民族区域自治是"民族自治"与"区域自治"的有机结合,自治机关有责任"保障本地方内各民族都享有平等权利",在处理涉及本地方各民族的特殊问题时,"必须与他们的代表充分协商,尊重他们的意见"。否则,在无法平衡各民族权益时,就会造成自治权力的滥用,形成大民族主义或者地方民族主义。因此,维护民族自治地方民族权益能够保障民族平等、团结和实现各民族的共同繁荣。

2. 体现民族特点和地方特色原则

民族自治地方与一般行政区域的最大差别就是"民族性"。[①] "民族性"即代表民族特点,而从民族区域自治角度看,还带有地方特色。在民族自治地方的自治立法上体现出"民族性"也是立法科学化的要求。立法要体现"民族性",必须要把立法与民族自治地方的人民群众的社会生活相结合,孟德斯鸠在《论法的精神》一书中也着重指出了法律制度与社会状态的联系,他说:"法律应该和国家的自然状态有关:和寒、热、温的气候有关;和土地的质量、形态与面积有关;和农、猎、牧各种人民的生活方式有关;和居民的宗教、财富、人口、贸易、风俗、习惯相适应。"[②]所以,让民族自治地方通过保障自治民族成员的立法参与权,去制定适合当地各族民众自己的法律,让民众在立法过程中感受权利、秩序、安全、正义与其切身利益的密切关系,对法律产生一种道德文化上的依归感。而这样的依归感就决定了立法能否为人民理解、接受和信仰。就像美国法学家伯尔曼所言:"法律必须被信仰,否则它将形同虚

---

① 参见吴宗金主编:《中国民族区域自治法学》(第三版),法律出版社 2016 年版,第 181 页。
② 〔法〕孟德斯鸠:《论法的精神》,张雁深译,商务印书馆 1961 年版,第 7 页。

设。"苏力教授在《法治及其本土资源》一书中也得出结论:"真正能够得到有效贯彻执行的法律,恰恰是那些与通行的习惯惯例相一致或相近似的规定。"①因此,必须在自治立法上做到因地制宜,坚持立法的"民族性",以体现民族特点和地方特色。

第二节　民族自治地方自治立法权与一般地方立法权

相对于中央立法权,民族自治地方的自治立法权与一般地方立法权都属于地方性立法,但存在较大差异。我国的民族区域自治是民族自治与地方自治的有机结合,而以事权划分民族区域自治地方的权力,笔者认为能够将民族自治地方的事务划分为民族性事务和地方性事务,民族性事务正是民族自治地方的特殊之处,保证民族性事务有效治理是民族区域自治制度的优先价值。所以,对于民族自治地方而言,在立法权的配置上,要以事权划分,遵循"民族性事务"优先配置的理念。

一、民族自治地方立法权配置中的问题

我国民族自治地方在语言文字、传统文化、宗教信仰、生活方式等方面差异很大。如果仅由一般地方立法权去治理包括众多少数民族聚居区在内的行政区域,将很难反映当地少数民族的利益和诉求,导致国家法律、行政法规很难在区域内得到有效的贯彻执行。为此,宪法及其相关法律授予民族自治地方的人民代表大会以自治立法权,制定自治条例和单行条例的立法权限,弥补地方性法规的不足。但世界上没有尽善尽美的法律制度,一般地方立法权和自治立法权在民族自治地方共存也产生矛盾,虽然从一般地方立法权和自治立法权中能找出许多不同,但两者在立法权限上有着广泛的交叉与竞合,往往使得民族自治地方在某些事务的立法上既可通过制定地方性法规的形式去调整,也可通过制定自治条例、单行条例的形式去调整,经常在两种立法权之间产生矛盾。

---

① 苏力:《法治及其本土资源》,中国政法大学出版社 1996 年版,第 10 页。

在民族自治地方的立法实践中,普遍存在"重"一般地方立法权,"轻"自治立法权的现象,两种立法权的配置并不均衡。五大自治区至今尚未出台自治条例,其中最重要的原因仍然是无法明确中央与民族区域自治地方的权限划分,这也直接导致单行条例的制定缺乏最直接、最有力的规范依据,导致目前我国各民族自治地方制定的所有单行条例都在自治州、自治县,而五大自治区没有单行条例。虽然设区的市、自治州的地方性法规需要经过省、自治区、直辖市人大常委会批准,但省、自治区、直辖市一级的地方性法规不需要经过上级部门的批准,自治立法权中的自治条例和单行条例在立法过程中需要经过上级国家机关的批准——《宪法》第116条规定,"自治区的自治条例和单行条例,报全国人民代表大会常务委员会批准后生效。自治州、自治县的自治条例和单行条例,报省或者自治区的人民代表大会常务委员会批准后生效,并报全国人民代表大会常务委员会备案"。不仅是批准程序,自治条例、单行条例还有先向国务院部委"征询意见"的规矩,这实质上就是一种"前置程序"。

另外,自治条例、单行条例自身的特点也使得民族区域自治地方更乐于采用地方法规的形式。这既由自治条例、单行条例立法程序严格、立法周期较长、立法成本较高等自身特点所决定,同时也是民族区域自治地方理性选择立法行为、规避"前置程序"的必然结果。① 按照现行《地方各级人民代表大会和地方各级人民政府组织法》第11条的规定,通常人大每年召开例会一次,每次会议会务重而会期短。自治条例、单行条例立法成本高昂,还要承担被否决的风险自治机关为了确保法规的通过,会尽量选择制定地方性法规。

在《立法法》修订后,授予自治州人大及其常委会在城乡建设与管理、环境保护、历史文化保护等方面制定地方性法规的权力,该规定将民族自治地方一般立法权的主体由州人大扩大到州人大常委会,而这并非自治立法权。据此,对于民族自治地方而言,其一般地方立法权扩大

---

① 参见田聚英:《自治区单行条例缺失的原因分析》,载《理论界》2014年第1期,第87—89页。

了,而自治立法权则没有扩张。在一定程度上,因为整体权力的相对平衡,自治立法权会受到挤压。自治州人大常委会的会期比较灵活,制定地方性法规的周期较短。"民族自治地方的人民代表大会常务委员会没有立法自治权,不能制定自治条例和单行条例,这无形之中使自治法规的立法效率很低,并且受到人民代表大会会议议程的限制。"①而作为一般地方立法权的地方性法规可以解决目前存在的自治立法周期较长的问题,提高立法效率;同时,还可以避免因自治立法权权限不明确而导致的自治地方与上级国家机关之间的利益博弈。被授予地方性法规制定权后,自治州人大常委会就可以在城乡建设与管理、环境保护、历史文化保护等方面绕开自治州人大进行立法,更倾向于用地方性法规取代自治立法。② 由此,直接造成的问题是,自治立法权在相关领域被架空,无形中被一般地方立法权削弱。立法实践中民族自治地方用地方性法规取代自治立法,削弱了民族自治地方的自治立法权,削弱了其自治性。

二、民族区域自治立法权与一般地方立法权的科学配置

在民族自治地方,现有的法律使自治立法权与一般地方立法权呈现出权力交叉的现象,如果区分不明,在立法权行使过程中易出现削弱自治立法权而强化一般地方立法权,使自治立法权徒有其名。所以,因地方事务的事权标准不明而造成事务立法权划分不明,是自治立法权不能发挥作用的主要原因。在权力交错间,对于一项地方事务的立法,是通过哪种形式的法律来确立,对自治地方有深刻的影响。所以,我们要明确一种标准,以此来区别运用何种地方立法手段,换句话说,将一项地方事务立法配置给哪种立法权。而在民族自治地方,民族性是自治立法的核心,也是自治立法与一般地方立法的最重要区别。

然而,自治区的民族事务也属于"其地方性事务",它们之间难以泾

---

① 吉雅:《民族区域自治地方自治立法研究》,法律出版社2010年版,第26页。
② 参见冉艳辉:《民族自治地方自治立法权的保障》,载《法学》2015年第9期,第26—35页。

渭分明。① 所以,我们提出并强调"民族性"的作用在于区分民族自治地方的事权,进而在立法权方面区分自治立法权和一般地方立法权。

笔者认为,在民族地方自治立法权对事务立法权的分配上,应当遵循从"特殊性"到"普遍性"的方法,其中民族自治立法权具有"特殊性",而一般地方立法权具有"普遍性"。而这个"特殊性"的标准便是我们所说的"民族性",在我们的标准预设中,判断一项地方事务是否具有"民族性",便决定了这项事务的立法是否归属于自治立法权。何以判断事务的"民族性"？概而言之,在民族区域范围内,这一事务对某些少数民族人民的重要程度或影响范围明显高于或大于其他民族人民。就重要程度而言,例如事关少数民族的重要风俗习惯和民族传统；就影响范围而言,这一事务影响的是绝大多数民族区域内分布的少数民族,而对其他民族人民的影响并不大。由此,我们便能够对民族自治地方的自治立法权专属立法事项进行确认,将专属的民族性事务配置给自治立法权。

但民族自治地方立法权中一般地方立法权与自治立法权又具有重合性,有些事务具有行政区域内的地方共性,而对少数民族的重要程度又不必然行使自治立法权,在立法上难以明确区分,则笔者将其视为可选择的事务,在一般地方立法权和自治立法权中择一行使,即选择性立法事项。如果民族地方立法机关在地域、民族、利益影响等综合判断下,认为以自治条例、单行条例形式进行立法更为合适的,则采取自治条例、单行条例的形式立法,否则就以地方性法规的形式立法。但民族自治地方立法权行使的主体应当进行统一,民族自治地方的自治立法权的行使主体是自治地方的人民代表大会,而其一般地方立法权的行使主体是人民代表大会及其常委会,而从保障民族自治地方的自治立法权来说,应当扩大自治立法权的主体至人大常委会,此问题后文详述。

依据《宪法》和《民族区域自治法》的规定,自治条例和单行条例可

---

① 参见陈绍凡:《我国民族自治地方立法若干问题新探》,载《民族研究》2005年第1期,第10—16、107页。

以就以下事项行使立法权,而笔者以民族性为标准,对事项中的立法权进行了配置。自治立法权专属立法事项包括:(1)规范自治机关的组织和工作,自治机关的设定通过《宪法》确立,而且对民族自治地方而言,其重要程度毋庸置疑,所以将本项配置给自治立法权并无异议;(2)规范自治机关使用当地通用语言文字的条件、原则、方式等,民族地方的通用语言文字具有强烈的民族性,应当配置给自治立法权;(3)变通法律、行政法规有关规定的权利义务实现的条件、范围和程序等。就国家赋予民族自治地方立法自治权的出发点而论,主要是考虑到民族自治地方特殊的社会生活需要,让这些地方能够根据当地民族的政治、经济和文化特点,有选择地变通执行国家的法律法规。① 而这项权力是一般地方立法权所没有的,理应配置给自治立法权。在民族自治地方的社会事务中,对于涉及需要变通上位法的,则应制定单行条例;反之,对于无需变通的,则制定地方性法规。

民族自治地方选择性立法事项:(1)规范经济建设和管理以及外贸活动方面的相关事项;(2)规范财政税收自治权;(3)规范文化、教育、科技、体育和医药卫生管理方面的自治权;(4)规范计划生育和流动人口管理方面的自治权;(5)规范组织和使用本地方维护社会治安的公安部队;(6)规范自治机关干部、人才的培养以及招收企事业单位人员等有关人事管理方面事项;(7)民族自治地方生态环境管理的相关事项,包括自然环境与自然资源的保护和利用。这些事项虽然是《宪法》和《民族区域自治法》中规定的可以制定自治条例、单行条例的事项,但根据事项本身的特点,并不是一定要通过自治立法权制定。从属人管辖角度看,这些事项不仅关系到少数民族的利益,同时也涉及本地区所有人民的共同利益,具有民族影响,也具有地方共同影响,所以要针对不同情况区别对待。涉及少数民族利益较为重大的、在自治权范围之内的财政税收事项、民族教育、民族医药卫生、民族计划生育和人口、民族干部人才培养及人事管理等,应当配置给自治立法权以自治条例、单行条例的形

---

① 参见陈绍凡:《我国民族自治地方立法若干问题新探》,载《民族研究》2005年第1期,第10—16、107页。

式立法。在这些事务中影响范围及于行政区域内整体人民共同利益的,应当配置给一般地方立法权以地方性法规形式立法,而在这些事务中对少数民族利益应当优先照顾的,在具体条款中以特别条款的方式予以优待。

而《宪法》以及法律未赋予民族自治地方自治权的事项,其中所涉及事务的立法权理应归属于一般地方立法权。在实际操作中,怎样才能掌握好民族自治地方一般地方立法权与自治立法权的原则和标准,如何把握好选择性立法事项的度并不容易。可以说,基于当前民族立法现状和民族法治水平,要厘清这两个问题,并尝试在民族自治地方一般地方立法权和自治立法权间科学合理配置的过程中设计出一套运行灵便的操作模式,我们还有相当长的路要走。①

总之,自治立法的"民族性"主要体现在两个方面:一是从立法程序上保障自治民族成员的有效参与;二是从立法内容上突出体现自治民族成员的利益要求,保护自治民族成员的合法权益。②

第三节 民族自治地方立法权与上级国家机关权限的科学配置

从权力关系角度看,《民族区域自治法》第六章规定了上级国家机关职责,旨在调整上级国家机关的管理职权与民族区域自治权之间的关系。③ 而《宪法》和《民族区域自治法》均规定了民族区域自治权的行使主体是民族自治地方的自治机关,即自治区、自治州、自治县的人民代表大会和人民政府。由此可见,在《民族区域自治法》中的"上级国家机关"包括民族自治地方的自治机关的上级国家权力机关和国家行政机

---

① 参见陈绍凡:《我国民族自治地方立法若干问题新探》,载《民族研究》2005年第1期,第10—16、107页。
② 参见徐合平:《论民族区域自治地方自治立法的一般性原则》,载《兰州学刊》2005年第5期,第173—174页。
③ 参见吴宗金主编:《中国民族区域自治法学》(第三版),法律出版社2016年版,第233页。

关。所以,民族自治地方立法权与上级国家机关权限的科学配置还包括中央与民族自治地方立法权的权力配置、民族自治地方内部的上下级权力配置。

一、民族自治地方与上级国家机关

上级国家机关职责在我国法律体系中见于《宪法》及其统帅的《民族区域自治法》《教育法》等多部法律。《宪法》第 4 条第 1、2 款规定:"中华人民共和国各民族一律平等,国家保障各少数民族的合法的权利和利益,维护和发展各民族的平等团结互助和谐关系。禁止对任何民族的歧视和压迫,禁止破坏民族团结和制造民族分裂的行为。国家根据各少数民族的特点和需要,帮助各少数民族地区加速经济和文化的发展。"第 122 条第 1 款规定:"国家从财政、物资、技术等方面帮助各少数民族加速发展经济建设和文化建设事业。国家帮助民族自治地方从当地民族中大量培养各级干部、各种专业人才和技术工人。"《民族区域自治法》第 8 条规定:"上级国家机关保障民族自治地方的自治机关行使自治权,并且依据民族自治地方的特点和需要,努力帮助民族自治地方加速发展社会主义建设事业。"《教育法》第 10 条第 1 款也规定:"国家根据各少数民族的特点和需要,帮助各少数民族地区发展教育事业。"这些立法以根本法和基本法律的形式确立了上级国家机关职责的主要内容。上级国家机关对民族自治地方既有领导职责,又有帮助职责,而最为根本的应当是支持和保障民族自治地方的自治机关依法行使自治权,即通过一系列的制度安排来发展民族地区政治经济文化事业以实现国内各民族的实质平等。

上级国家机关领导与民族自治地方的关系,是实行民族区域自治所要解决的重要问题之一。我国是一个统一的多民族国家,民族自治地方是祖国大家庭不可分割的组成部分,自治机关是国家的一级政权机关,也要遵守下级服从上级的组织原则。从我国国家纵向权力配置关系而言,民族自治地方需要接受上级国家机关的监督与领导。调整上级国家机关与民族自治地方的关系的核心,是上级国家机关职责与民族自治地方自治权的调整。这是权力配置的问题,权力分配合理与否,直接影响到整个国家机器的正常运转和发挥作用。长期以来,上级国家机关对民族自治地方所履行的职责,与一般地方无异,实行统一的方针、政策。权力的分配上,对民族地方事务的管理权,特别是决定权,绝大部分都集中在上级国家机关。

二、民族区域自治地方立法权与上级国家机关权限配置中的问题

立法行为包含广泛的权力细分,立法权是一项综合权力,不仅包括立法的实体性权力,还包括立法的程序性权力。立法的实体性权力包括立法制定权、认可权、修改权、补充权、解释权、批准权、废止权、变更或撤销权等。立法的程序性权力包括立法提案权、议案权、表决权、公布权以及立法调查权、听证权等。[①] 我国《宪法》第 116 条对自治条例和单行条例的批准制度规定,"自治区的自治条例和单行条例,报全国人民代表大会常务委员会批准后生效。自治州、自治县的自治条例和单行条例,报省或者自治区的人民代表大会常务委员会批准后生效,并报全国人民代表大会常务委员会备案"。可见报批是制定自治法规的必经程序。但有研究者认为:"报批制将一个完整的立法自治权人为地一分为二,而完整的民族自治地方的自治立法权应当包括自治地方的制定权和上级国家机关的批准权。"

这种报批制度实质上是权力配置的结果,将自治立法制定权配置给了民族自治地方,而将自治立法监督权配置给了上级国家机关。这实质上把表决生效权从民族自治地方的立法权中剥离出去,这无疑增加了自治区自治条例出台的难度。"报批制使表决生效权从民族自治地方的立法权中剥离出去,因而我们说民族自治地方拥有自治法规的立法权,是欠准确的,也不符合实际。"[②]有学者认为,自治立法权在民族自治地方表现为"半个立法权",因为立法批准权作为一项重要权力,对一项立法

---

① 参见郭道晖主编:《当代中国立法》,中国民主法制出版社 1998 年版,第 37 页。
② 参见陈绍凡:《我国民族自治地方立法若干问题新探》,载《民族研究》2005 年第 1 期,第 10—16、107 页。

往往具有决定性的作用,自治地方的制定权仅仅沦为立法草案的拟定权。

自治立法权的制定权是民族自治地方自主行使,在法规制定的过程中,只要是在法律框架内的自治立法活动,民族自治地方的自治机关就能够自行掌握其立法内容,这也是自主性的体现。而上级国家机关的审批权在法规制定时并未参与其中,其权限是决定其最终的生效与否,虽然体现为一种监督性质的立法程序,但其最终掌握的是"否决权",这造成民族自治地方的自主性在这一"否决权"面前苍白无力。上级国家机关对民族自治地方的特殊情况也难以全面了解,不能针对民族自治地方的自治立法权的行使作出最正确的决定。

二、民族自治地方自治立法权科学配置与制度保障

（一）科学配置民族自治地方与上级国家机关的立法权

民族自治地方与上级国家机关的立法权的权限配置应当予以明确。在我国的《宪法》《民族区域自治法》和《立法法》中,不论是中央与民族自治地方的立法权配置,还是民族自治地方上下级之间的立法权配置,都是事权划分不明而导致的立法权配置不清。

在中央国家机关立法权限划分体系中,涉及最高权力机关和行政机关以及最高权力机关内部和行政机关内部民族立法权限划分的问题。民族自治地方和中央国家机关的立法权配置可以通过"是否民族自治地方专属事务、是否具有全国性影响的民族性事务、是否中央关于民族事务的原则性规定而地方细化执行"等方面考虑,对立法权进行配置。

国务院各部委的职责中,有些具体规定了涉及民族事务方面的职责,比如教育部的主要职责之一是"统筹和指导少数民族教育工作,协调对少数民族地区的教育援助";文化部有拟定并组织实施少数民族文化事业发展规划等职责。大多数部委没有专门就民族事务的管理作出明确规定,但这些部门仍有管理民族事务的职能,比如财政部管理事务涉及民族自治地方的财政。因为这些部委一般都是全国性的行业或某一社会生活方面的管理部门,其管理对象涉及全国56个民族。还有就

是专门管理民族事务的部委,即国家民族事务委员会,其职责较为广泛,"拟定国家有关民族事务管理的法律法规,健全民族法律体系",并规定国家民族事务委员会在监督实施民族区域自治制度建设,保障少数民族权益,协调民族关系,研究民族地区经济发展的特殊政策和措施,研究少数民族教育、文化、语言文字、艺术、卫生、体育、新闻出版中的特殊问题和政策,培养少数民族干部等方面的职责。这些部委所涉及的民族事务一般都是较为具体的某一方面,如果中央部委规定的是原则性的民族事务,那民族自治地方就此原则性民族事务行使具体化的立法权或执行性的立法权;如果一项民族事务无法明确配置给中央部委或民族自治地方,则针对此项事务由双方共同行使立法权。

而民族自治地方上下级之间的立法权配置,则由此项事务的影响范围来确定立法权的归属,如果一项民族性事务所涉及的地域范围或利益影响扩大到上级民族自治地方,则此项事务的立法权归于上级民族自治地方;如果范围或影响只及于下级民族自治地方,则由下级民族自治地方行使立法权。

(二) 科学配置上级国家机关的立法监督权

1. 自治立法"备案制"

我们知道自治立法的批准权对自治立法权的负面影响较大,鉴于报批制有着难以克服的弊端,民族自治地方和民族法学界也就有了改报批制为备案制的动议。① 备案制是指法律法规经特定机关制定出来以后,在一定期限内报送国家有关机关存档备查的一种制度。对自治法规的监督和制约,应主要考虑事后监督机制的完善。以备案制代替报批制。

将立法监督权以备案制度的形式配置给上级国家机关,既保障了民族自治地方的自治权利,又使得自治立法权能够处于上级国家机关的监督之下。而且,此项制度在我国其他法律法规领域已经较为成熟,易于实施。

---

① 参见陈绍凡:《我国民族自治地方立法若干问题新探》,载《民族研究》2005年第1期,第10—16、107页。

2. 改变与撤销权

改变是改变规范性法律文件的部分条款的内容,改变后,该规范性法律文件仍然有效;撤销是撤销规范性法律文件的部分条款或整个规范性法律文件,使之无效。自治法规的改变与撤销权制度包括:全国人民代表大会有权撤销自治区人民代表大会制定的自治法规;全国人民代表大会常务委员会有权撤销自治州、自治县人民代表大会制定的自治法规。

国家民族事务委员会的职责包括:研究并提出有关民族工作的方针、政策和发展战略,拟定国家有关民族事务管理的法律法规,健全民族法律体系。所以,赋予国家民族事务委员会对民族自治地方的自治立法权的监督权,来审查备案的民族自治地方的自治条例和单行条例。

3. 减少非必经程序的限制

自治法规有其特殊的功能,不能屈从于部门利益,而只应遵从国家利益。问题还是出在一些事权划分不清,在对民族自治地方的"放权让利"问题上,应该由国家立法机关以法律来规范,而不能由部门规章来规范。在法律上分清事权,便在实际运行过程中少一些权力间的冲突与矛盾,同时减少自治立法中很多非必经程序的干扰,提高自治立法的立法效率和效益。

4. 完善监督救济机制以规范和保障自治立法权

我国目前的民族政治关系治理所奉行的指导方针、基本政策以及所实施的基本政治制度无不是以民族权利的保障为起点和归宿的。[①] 对自治立法权设立监督机制能够保障民族自治地方立法权有效运作,进而规范和保障自治立法权。

我国现有的自治立法监督体制中没有设计对自治机关自治立法权的救济机制,不利于保障自治机关的自治立法权,也无法制约立法监督机关的恣意监督行为,其带来的危害越来越大。为了完善民族自治地方自治立法监督制度,切实保障民族自治地方的自治立法权,有必要建构

---

① 参见潘弘祥、戴小明:《中央与民族自治地方政治关系初探》,载《贵州民族研究》2004年第3期,第1—10页。

民族自治地方自治立法权救济机制,由中立的司法机关来裁决自治机关与立法监督机关因自治立法监督而产生的争议。承担这一任务的机关应该是具有最高权威的司法机关,世界上多数国家都由违宪审查机关来行使这一权力。

第八章 走向规范化的军事立法权的科学配置

研究军事立法权的科学配置问题,首先应明确哪些立法活动属于军事立法。军事法是我国正在形成中的一门部门法。[①] 对于军事法调整的是何种社会关系,理论界尚无统一认识。故而对于军事法的范围亦见解不一。最广义的概念认为军事法调整的是整个军事领域的各种社会关系[②],最狭义的概念则将军事法定义为军中行政法或军事刑法。[③] 多数研究者持折中立场,认为纯粹调整武装力量内部关系的法律如军事行政法和军事刑法当然属于军事法;而武装力量和其他社会成员之间可以用其他法律调整的社会关系,如军人婚姻、军队参加地方经济建设、军队征用土地等,归入其他部门法为宜。

理论界认识分歧较大的是军事法与国防法的关系。[④] 国防活动是一项国家工程,除国家武装力量之外,各个国家机关、各类民间企事业组织与个人均会参与其中,既涉及军队建设、军事训练等纯粹的军事事务,也涉及国防教育、国防装备研制采购等民事事务,以及征用、即

[①] 理论界对我国的军事法是否已形成一门单独的部门法尚有争议。参见莫纪宏:《军事法目前不宜作为独立的法律部门》,载《检察日报》2010年11月29日,第6版;张建田:《再论军事法应当作为中国特色社会主义法律体系的部门法》,载《法学杂志》2011年第8期,第1—5、27页;李翔宇:《军事法部门法属性新解》,载《法制与经济》2015年第20期,第75—76页。

[②] 参见张建田:《我国军事法学研究的现状和问题》,载《法学研究》1989年第6期,第17页。

[③] 参见张山新:《军事法概念新解》,载《当代法学》2006年第1期,第115页。

[④] 张建田:《关于我国军事立法理论与实践的几个问题》,载《河南省政法管理干部学院学报》2002年第6期,第3页;谭正义:《"国防"与"军事"关系视角下军事法的边界勘定》,载《西安政治学院学报》2014年第2期,第92—95页;张艳:《军事法概念之新辨——基于对"军事"与"国防"关系的分析》,载《西安政治学院学报》2014年第2期,第88—91页。

时强制等行政措施,刑法处罚等刑事措施。我国已经制定了作为国防领域基本法的《国防法》以及《国防教育法》《国防动员法》《国防交通法》《武器装备科研生产许可管理条例》《国防专利条例》等一系列国防法律法规,初步构筑了一个国防法律体系。然而,由于国防事务所涉极其广泛,还有大量与国防相关的法律规范分散在其他法律门类之中。如果把整个国防法都纳入军事法范围,军事法要么就几乎等同于最广义的概念,包括了军事国防领域的一切社会关系;要么就必须对国防法的概念加以限缩,只把以维护和巩固国防为立法宗旨的若干法律法规包括进来。但前者会导致军事法与其他部门法界限不清;后者将导致国防法概念变得过窄,只局限于国防军事法。因此,在维持国防法的一般定义的前提下,以认定军事法与国防法具有一定的交叉性为宜。

  有观点认为,军事法应是以军事法独有而其他部门法不包括的特征为其判断标准。① 在此基础上,很多研究把军事法的范围和军事法的体系划分结合起来。多者可能达十几类划分。② 曾志平教授提出,军事法应紧扣所调整行为的军事性质,并根据军事学原理,将军事行为划分为军政活动、统御活动、作战行为三类。如军队招募兵员、军需供给及国防建设等属于军政活动;军队内部关系及军队与国家的关系属于统御活动;战争等属于作战行为。③ 这一概括的范围相对合理且逻辑严谨。故而本书以此作为军事法的定义,并在此基础上讨论军事立法权的科学配置问题。

---

  ① 参见马天保等主编:《20世纪中国学术大典·军事科学》,福建教育出版社2002年版,第338页。
  ② 例如一种意见将军事法划分为(1)军事基本法、(2)军事组织法、(3)军事行政法、(4)兵役法、(5)军事刑法、(6)军事诉讼法、(7)军事经济法、(8)国防科技法、(9)国防动员法、(10)国防教育法、(11)军事设施保护法、(12)军人优抚法、(13)国界法、(14)战时特别法、(15)战争法等15类。参见杜娟:《军事法立法体系若干问题研究》,吉林大学2011年硕士学位论文,第6—7页。
  ③ 参见曾志平:《论军事法的体系独立性——宪法视野下国防功能与结构的观察》,载《西安政治学院学报》2011年4期,第72页。

第一节　我国军事立法权配置的规范依据

一、关于军事立法权的法律规范

我国诸项立法权之中，军事立法权的规范依据颁布得最晚，规定与其他各类立法权也有所不同。20世纪80年代，全国人大及其常委会通过或批准的一些法律和决定中已规定某些军事机关可根据上位法制定实施办法。如1984年《兵役法》第6条规定，"由于服兵役而产生的权利和义务，除本法的规定外，另由军事条令规定"。1988年《中国人民解放军军官军衔条例》第33条规定："人民解放军总参谋部、总政治部根据本条例制定实施办法，报中央军事委员会批准后施行。"1988年《中央军事委员会关于授予军队离休干部中国人民解放军功勋荣誉章的规定》第13条规定："中国人民解放军总政治部根据本规定制定实施办法，报中央军事委员会批准后施行。"[①]1990年《军事设施保护法》第36条规定："国务院和中央军事委员会根据本法制定实施办法。"这些规定可以视为全国人大常委会对军事机关的个别授权立法。

1990年后，我国军事立法权的法律依据开始体系化、规范化，先后制定了7部规范军事立法权限与程序的法律和军事法规：

（1）1990年《中国人民解放军立法程序暂行条例》（以下简称《立法程序暂行条例》）。这是"文革"后军事立法权规范化的起源，由中央军委颁布。该条例第3条规定："军事法规由中央军委制定。军事规章由军委各总部以及国防科工委、各军兵种、各军区制定。"第4条规定："调整对象属于国防建设领域，涉及地方人民政府、社会团体、企业事业单位和公民的军事行政法规、军事行政规章，分别由中央军委会同国务院，军委各总部、国防科工委会同国务院有关部门联合制定。"此外该条例还规定了由军队负责起草的法律、行政法规、行政规章的拟定草稿的权限和

---

① 该规定由中央军委制定，由第七届全国人大常委会第二次会议批准。

程序。

（2）1993年《军事规章、军事行政规章备案规定》。该规定是对《立法程序暂行条例》第35条的细化,规定了中央军委法制局审查全军各大单位报送的军事规章、军事行政规章,建议撤销与上位法相抵触的规章的具体程序。

（3）1997年《国防法》。这是第一部关于军事立法权的国家立法,该法第12条规定国务院负责"制定国防建设方面的方针、政策和行政法规";第13条规定中央军事委员会有权"根据宪法和法律,制定军事法规,发布决定和命令"。

（4）2000年《立法法》。该法在《国防法》的基础上明确了军事规章立法权,在第六章"附则"之中规定"中央军事委员会根据宪法和法律,制定军事法规。中央军事委员会各总部、军兵种、军区,可以根据法律和中央军事委员会的军事法规、决定、命令,在其权限范围内,制定军事规章……军事法规、军事规章的制定、修改和废止办法,由中央军事委员会依照本法规定的原则规定。"与《立法程序暂行条例》相比,《立法法》取消了国防科工委的军事规章制定权。这是因为1988年国家机构改革时已将原国防科工委改组为中国人民解放军总装备部,属于总部之列;另成立了一个主管军工产业的国防科工委作为国务院部委。①

（5）2003年《军事法规军事规章条例》。该条例由中央军委颁布,《立法程序暂行条例》和《军事规章、军事行政规章备案规定》同时废止。该条例第7、9、10条关于军事立法权的分配沿袭了《立法法》的规定,并在该条例第67条将武警部队也列为有权制定军事规章的主体。

（6）2015年《立法法》。新《立法法》保留了老《立法法》关于军事立法权的规定,并增加了武警部队作为有权制定军事规章的主体。此外,新《立法法》第70条第2款规定:"有关国防建设的行政法规,可以由国务院总理、中央军事委员会主席共同签署国务院、中央军事委员会令公布。"这为国务院和中央军委联合发布国防行政法规提供了法律依据。

---

① 参见杜人淮:《新中国成立以来国防工业运行中的政府职能变迁及启示》,载《经济研究参考》2009年第38期,第26—27页。

(7)2017年《军事立法工作条例》。该条例也是由中央军委颁布,《军事法规军事规章条例》同时废止。该条例第7、10、77条关于中央军委、军兵种、武警部队的军事立法权的规定与2015年《立法法》一致。不同的是,该条例取消了总部的军事立法权;军区的军事立法权被战区取代。因为2015年年底至2016年年初中共中央推行的深化国防和军队改革取消了解放军四总部制,代之以中央军委多部门制;原七大军区也被撤销重编为五大战区。2015年《立法法》中的总部和军区这两类主体已经消失。①

二、法律规范中对军事立法事权的配置

在立法事权分配方面,《立法程序暂行条例》未详细分配各军事立法主体的事权,仅形成了两个原则性规定:(1)国防建设领域涉地方政府、社会团体、企业事业单位和公民的军事行政法规及军事行政规章,由军队系统和国务院系统联合制定。(2)军队内部,中央军委及其各总部、国防科工委、各军兵种、各军区在各自职权范围内行使军事立法权。

1997年《国防法》比较详细地划分了国务院和中央军委的事权。总体上确定了国务院领导和管理国防建设事业,中央军委领导全国武装力量。国务院的事权主要包括:(1)制定国防建设发展规划、方针、政策;(2)国民经济动员工作和人民武装动员、人民防空、国防交通等工作;(3)拥军优属工作和退役军人安置工作;(4)国防教育工作。中央军委的事权主要包括:(1)指挥全国武装力量;(2)军事决策;(3)军队建设;(4)决定军队的体制和编制及军区级单位的任务和职责;(5)军队人事权;(6)管理军队的武器装备体制和武器装备发展规划、计划。此外有三个领域由国务院和中央军委协作管理:(1)双方共同领导武警部队、民兵、预备役以及共同管理边防、海防、空防;(2)国防科研生产由国务院主管、中央军委协管;(3)国防经费和国防资产由中央军委会同国务院管理。

---

① 《中央军委关于深化国防和军队改革的意见》,载新华网(http://www.xinhuanet.com/mil//2016-01/01/c_128588503.htm),访问日期:2020年4月15日。

2000年《立法法》附则中对中央军委的军事立法权作了一个笼统限定:"军事法规、军事规章在武装力量内部实施"。亦即明确了军事法规和军事规章调整的是军队内部关系,并赋予中央军委以制定军事立法条例的权力。2015年《立法法》对事权划分沿用了2000年《立法法》的规定。

2003年《军事法规军事规章条例》是第一个比较详细地划分了军队内部立法事权的规范性文件。该条例第7条规定,中央军委负责立法的事权主要有:(1)解放军的体制和编制;(2)总部、军兵种、军区以及相当等级单位的任务和职责;(3)解放军军事、政治、后勤、装备建设的基本制度;(4)解放军的奖惩制度;(5)为执行法律的规定需要制定军事法规的事项等。第9条和第10条对军事规章的立法事权分配作了两项概括性规定:总部负责立法的事权范围是:为执行法律、军事法规、中央军委的决定和命令,需要制定总部规章的事项;军兵种和军区负责立法的事权范围是:为执行法律、军事法规、中央军委的决定和命令、总部规章,需要制定军兵种、军区规章的事项。此外,对军内各立法主体的事权均有兜底条款:各主体可以就其职权范围内的事项立法。该条例第8条还规定:中央军委可以将其事权授权给总部立法。

2017年《军事立法工作条例》同样比较详细地划分了军队内部的立法事权。与《军事法规军事规章条例》相比,该条例第7条对中央军委的立法事权作了两处调整。一是增加了一项事权:可以就"军队人员的基本权利义务"制定军事法规;二是把解放军"军事、政治、后勤、装备建设的基本制度"改为了"作战指挥和建设管理的基本制度"。第10条关于战区、军兵种的立法事权基本维持了《军事法规军事规章条例》的规定。由于总部已被撤销,该条例第8条将中央军委授权立法的对象由总部变更为战区和军兵种。变化比较大的是军委机关部门的立法事权。总部制改为多机关制后,军委机关部门未被赋予军事规章制定权。条例第11条第1款规定:对职权范围内需要立法的事项,军委机关部门需报请中央军委制定军事法规或军事规范性文件;对业务工作方面需要作出具体规定的事项,可以自行制定军事规范性文件。第11条第2款还规定:

经中央军委批准,军委机关部门可以与中央国家机关有关部门联合制定规章或者规范性文件。

三、作为军事立法权规范的宪法

我国军事立法权与行政立法权、地方立法权的重要区别在于,宪法中明确规定了后两种立法权的行使主体,及行政法规、行政规章、地方性法规的效力层级。但对军事立法权未作任何规定,也没有规定对军事法规、军事规章的改变和撤销权。虽然前述法律或军事法规的第1条均声明"依据宪法"制定本法或本条例,但不免使人疑惑其宪法依据究竟来自哪一处文本。① 有观点认为:《宪法》第89条关于国务院"领导和管理国防建设事业"的规定和第93条"中华人民共和国中央军事委员会领导全国武装力量"的规定,可作为国务院制定国防行政法规和中央军委制定军事法规的依据。② 但反对意见认为,第93条仅赋予中央军事委员会"事权"而未赋予其"立法权"。此外,《宪法》第5条第3款规定:"一切法律、行政法规和地方性法规都不得同宪法相抵触。"如果制宪原意中隐含着中央军委有权制定军事法规,第5条中就应当明确写上军事法规不得与宪法相抵触,否则岂非认可了军事法规可以抵触宪法?③

还有一些观点主张,20世纪80年代全国人大常委会对军事机关立法的单项授权,以及全国人大制定的《国防法》《立法法》,表明国家最高权力机关已经认可了中央军委的军事立法权。④ 1993年中共中央《关于修改宪法部分内容的建议的说明》中也就这个问题专门表示:"有的建

---

① 20世纪90年代起草《立法法》时即有观点认为中央军委的军事立法权没有宪法依据,故而反对将军事法规的制定作为《立法法》的调整对象。参见李步云:《关于起草〈中华人民共和国立法(专家建议稿)〉的若干问题》,载《中国法学》1997年第1期,第12页。
② 参见宋丹:《对我国军事立法权限划分的几点认识》,载《中外法学》1992年第2期,第56页。
③ 参见莫纪宏:《军事法目前不宜作为独立的法律部门》,载《检察日报》2010年11月29日,第6版。
④ 参见朱阳明:《论军事立法权的依据》,载《行政法学研究》1994年第4期,第34页;张建田:《关于我国军事立法理论与实践的几个问题》,载《河南省政法管理干部学院学报》2002年第6期,第6页。

议,增加规定中央军委立法权的内容。中央军委可以而且已经制定适用于军队内部的军事法规,宪法中可以不再作规定。"但这一主张的问题在于,最高国家权力机关的认可或默示批准行为并不能代替制宪行为。最高国家权力机关的立法意志与制宪意志不能互相混淆。就像宪法必须由全国人大以三分之二以上多数通过,但并不等于全国人大以三分之二以上多数通过的普通法律也具有宪法地位。故而中央军委长期行使立法权的实践及全国人大及其常委会的认可都不能创造出军事机关行使军事立法权的宪法依据。本书认为,现行宪法未规定中央军委的军事立法权及军事法规不得与宪法和法律相抵触,确实是一个缺陷,未来应当予以弥补。

宪法规范还为划分军事立法事权提供了最高的规范性依据。宪法中涉及军事的条款众多,德国宪法学理论将其区分为形式意义上和实质意义上的"军事宪法"(Gesetz über die Wehrverfassung)概念。前者指成文宪法中所有明文规范军事的条款的总和,后者则将一切宪法条文凡是能规范军事者,都列入军事宪法的范围。诸如关于公民基本权利的规定,因可同样适用于军人,亦被归入实质性的军事宪法。[①] 本书因为已经限定了军事立法权的范围,故采用相对狭窄的形式性的军事宪法定义,仅讨论明文涉及军事事权的宪法条款。它们是:

我国《宪法》第 29 条规定了我国武装力量的宪法地位及基本任务,即"巩固国防,抵抗侵略,保卫祖国,保卫人民的和平劳动,参加国家建设事业,努力为人民服务。"第 62 条赋予全国人大决定战争和和平问题的军事事权。第 67 条赋予全国人大及其常委会的军事事权有:(1)在全国人大闭会期间决定战争状态的宣布;(2)决定全国总动员或者局部动员;(3)规定军人的衔级制度;(4)规定和决定授予国家的勋章和荣誉称号;(5)决定国家紧急状态。第 80 条规定国家主席根据全国人大及其常委会的决定,宣布进入紧急状态,宣布战争状态,发布动员令。第 89 条赋予国务院的军事事权有:(1)领导和管理国防建设事业;(2)依法决

---

① 参见陈新民:《法治国公法学原理与实践》,中国政法大学出版社 2007 年版,第 87—88 页。

定省、自治区、直辖市的范围内部分地区进入紧急状态。第 93 条赋予中央军事委员会以领导全国武装力量的事权。第 129 条和第 135 条规定了国家设立军事法院和军事检察院。此外,《宪法》第 45 条规定了残废军人、烈属、军属的取得国家物质帮助权。第 55 条规定了公民的服兵役义务。第 59 条规定了军队选举全国人大代表的权利。

第二节　我国军事立法实践中的事权配置

中国共产党领导的革命军队立法工作有着悠久的历史。1927 年秋收起义中,工农革命军第一军第一师第一团中共前敌委员会扩大会议通过"三湾整编",确立了"党指挥枪""支部建在连上""官兵平等"等组织制度。① 军中的党代表毛泽东颁布了著名的"三条纪律"。② 这些可以视为党的军队实行军事立法的起点。1929 年《中国共产党红军第四军第九次代表大会决议案》(又称古田会议决议)提出:"编制红军法规,明白地规定红军的任务、军事工作系统和政治工作系统的关系。"③新民主主义革命时期,革命军队和根据地政府都行使过军事立法权,制定了大量军事法规。1930 年 9 月,在中央军事委员会召开的扩大会议上,通过了《中国工农红军政治工作暂行条例草案》《中国工农红军纪律条令草案》《中国工农红军编制草案》《中华苏维埃共和国军制草案》,标志着革命军队法制体系的开端。④ 根据地政府则颁布过多部优抚方面的法规。如 1932 年苏维埃中央政府颁布了《中国工农红军优待条例》及《红军优抚条例》。抗日战争时期各根据地也颁布了一系列法规,如《陕甘宁边区抚恤暂行办法》《陕甘宁边区优待抗日军人家属条例》《晋察冀修正抗战伤亡军人暂行抚恤办法》等。解放战争时期,华北政府颁布了《革命

---

① 参见周健:《周健军事法文集·中国军事法史》,法律出版社 2008 年版,第 448 页。
② 后改称"三大纪律"。参见叶福林:《关于"三大纪律八项注意"几个问题的研究》,载《中共党史研究》2011 年第 8 期,第 116—117 页。
③ 〔日〕竹内实监修:《毛泽东集》(第 2 卷),苍苍社 1983 年版,第 80 页。
④ 参见陈丽平:《弘扬雷锋精神促进依法治军——访国防大学政治学院教授周健》,载《法制日报》2018 年 10 月 18 日,第 9 版。

军人家属优待条例》,东北行政委员会发布了《优待革命军人、家属条例》等。① 但总体而言,革命战争时期由于军事工作始终处于首位,以军建政的特点突出(即"枪杆子里出政权")②,军事立法权配置并未形成清晰规则,而是以实际工作需要为出发点,实践先行。这种做法惯性延续到 1949 年后,对今天的军事立法权配置也有影响。

1949 年以来特别是《八二宪法》制定后,我国制定了大量军事领域的法律、国防行政法规、国防行政规章、军事法规、军事规章,在立法过程中逐步体现出军事立法事权在各个国家机关之间的配置规律。

一、国家军事立法

(一) 全国人大立法

全国人大的军事立法事权可分为三类:

(1) 关于战争和和平的立法。目前此类法律仅有一部:《反分裂国家法》。该法第 8 条规定,当出现将台湾从中国分裂出去的事实时,"国家得采取非和平方式及其他必要措施,捍卫国家主权和领土完整";并授权国务院和中央军委组织实施。

(2) 与公民基本权利和义务关系较为密切的军事立法,包括《兵役法》《惩治军人违反职责罪暂行条例》(被 1997 年《刑法》废止)等。

(3) 军事法领域的基本法律,如《国防法》。

全国人大立法事权凸显出的特点是,由其负责立法的都是最重大事项。《反分裂国家法》直接规定了我国发动统一战争的法律依据。宪法明文规定全国人大"决定战争和和平的问题",故而只有全国人大有权制定该法。《兵役法》和军事刑法涉及的都是公民最重要的权利义务,与生命权、自由权直接相关,因此也必须由全国人大立法。相比之下

---

① 参见周健:《周健军事法文集:中国军事法史》,法律出版社 2008 年版,第 450—451 页;谢谋程:《抗日战争时期陕甘宁边区军政关系研究》,西北大学 2014 年硕士学位论文,第 13 页。

② 参见杨会清:《革命动员视角下的军政关系调适——以土地革命时期为中心》,载《江西行政学院学报》2011 年第 4 期,第 24—26;任伟:《苏区时期红军与地方关系探微》,载《史林》2018 年第 3 期,第 172—178 页。

军人及其家属的取得国家物质帮助权虽然也属于宪法规定的基本权利,但涉及面略窄,就未被作为全国人大的立法事权对待。《国防法》是我国国防行政法体系中的基础性法律,涉及的是根本性、全局性的军事法律关系,规定了国家机关、社会组织和公民个人在国防方面的主要职责、权利、义务,对国防经费、国防资产、国防教育、国防动员、军人权益保护等国防行政领域各方面拟定了基本规则。① 该法属于《宪法》第62条第(三)项所称的基本法律,必须由全国人大立法。这也是唯一一部全国人大制定的国防行政法。

此外,全国人大制定的《人民法院组织法》《人民检察院组织法》及《全国人民代表大会和地方各级人民代表大会选举法》也对军事法院、军事检察院的法律地位和军队人大代表的选举办法作了原则性的规定。

(二) 全国人大常委会立法

全国人大常委会的军事立法事权涵盖最为广泛,可分为以下几类:

(1)重要的国防行政法,例如《国防教育法》《国防交通法》《人民防空法》《国防动员法》《军事设施保护法》《关于设立全民国防教育日的决定》等。

(2)非战争时期的军事行动授权法,如《香港特别行政区驻军法》《澳门特别行政区驻军法》《戒严法》《突发事件应对法》《反恐怖主义法》《防洪法》等。

(3)关于武装力量组织制度的立法,如《人民武装警察法》。此外,军事法院和军事检察院的组织法也安排在全国人大常委会的立法规划之中。②

(4)涉及军人权利义务的立法,如《军人保险法》《英雄烈士保护法》《中国人民解放军选举全国人民代表大会和县级以上地方各级人民代表

---

① 参见迟浩田:《关于〈中华人民共和国国防法(草案)〉的说明——1997年3月6日在第八届全国人民代表大会第五次会议上》,载中国人大网(http://www.npc.gov.cn/wxzl/gongbao/2000-12/07/content_5003712.htm),访问日期:2020年4月15日。

② 参见张建田:《军事法院组织法出台难的症结与对策》,载《人民法院报》2015年11月25日,第8版。

大会代表的办法》。

（5）关于军队衔级的立法,包括《中国人民解放军军官军衔条例》（以下简称《军衔条例》）《现役军官法》《预备役军官法》《全国人民代表大会常务委员会关于确认1955年至1965年期间授予的军官军衔的决定》。

全国人大常委会立法事权的特点是：其负责立法的是在全国范围内比较重要且立法条件比较成熟的军事事项,每部法律规定的是军事、国防领域某一方面的法律关系。总体上其涵盖的范围比较广泛,对军政活动、统御活动及广义的作战行为等方面均有涉及。首先,在国务院负责的国防行政领域中,比较重要的全国性的国防行政事项往往会上升为全国人大常委会立法。如国务院和中央军委1995年颁布的《国防交通条例》,经过长时间适用,立法条件成熟之后,其主要内容被纳入2016年制定的《国防交通法》。① 其次,全国人大常委会立法为非战争时期的重大军事行为（如在特别行政区驻军、实施戒严、抗灾抢险、应对严重社会治安事件等）提供了基本法律依据。最后,关于军人权利义务的较重要事项立法也属于全国人大常委会立法事权范围。

此外,宪法明确规定了四项全国人大常委会专享的立法事权：国防动员、宣布一省及更大范围内的紧急状态、授予国家勋章及荣誉、制定军衔制度。为此全国人大常委会在国防动员方面制定了《国防动员法》,在实施紧急状态方面制定了《戒严法》,在功勋荣誉方面制定或批准过《授予中国人民解放军在中国人民革命战争时期有功人员的勋章奖章条例》《中央军事委员会关于授予军队离休干部中国人民解放军功勋荣誉章的规定》,在军衔制度方面制定了《军衔条例》《现役军官法》《预

---

① 参见赵克石：《关于〈中华人民共和国国防交通法（草案）〉的说明——2016年4月25日在第十二届全国人民代表大会常务委员会第二十次会议上》,载《中华人民共和国全国人民代表大会常务委员会公报》2016年第5期,第766—768页。

备役军官法》等配套制度。① 而同时,《现役军官法》《预备役军官法》及《人民武装警察法》中多项涉及武装力量建制的规定又属于中央军委负责立法的军队内部关系。因此,全国人大常委会的军事立法事权实际与国务院和中央军委的立法事权存在重叠,只是重要性有所差异。但总体而言,全国人大常委会与国务院重叠的立法事权较多,立法规定也相对详细;与中央军委重叠的立法事权较少,也多为原则性规定。这应当是考虑到军队统御活动及作战行为的专业性较强,国家立法不宜规定过细。

全国人大常委会制定的其他法律中还有一些授权立法性质的规定。如《国家勋章和国家荣誉称号法》第20条规定:"国务院、中央军事委员会可以在各自的职权范围内开展功勋荣誉表彰奖励工作。"中央军委可据此授权制定关于功勋荣誉的军事法规。②

二、制定国防行政法规和军事法规

（一）国务院和中央军委联合制定国防行政法规

虽然迟至2015年《立法法》才规定了国务院和中央军委联合制定国防行政法规的法律依据③,但国务院和中央军委联合立法的做法此前已长期存在。双方联合制定的国防行政法规涉及以下几类事权:

（1）武装力量建设方面的法规,如《民兵工作条例》《征兵工作条例》等;

---

① 军衔制度最早规定于1955年全国人大常委会批准的《中国人民解放军军官服役条例》。但1955年至1965年间军衔制度调整频繁,而条例不宜频繁修改。故而在"文革"后全国人大常委会分别制定了《军衔条例》和军官服役的法律规定。参见徐平:《新中国首次军衔制实录》,金城出版社2005年版,第210—211页。

② 参见李适时:《关于〈中华人民共和国国家勋章和国家荣誉称号法(草案)〉的说明——2015年8月24日在第十二届全国人民代表大会常务委员会第十六次会议上》,载中国人大网(http://www.npc.gov.cn/wxzl/gongbao/2016-02/26/content_1987053.htm),访问日期:2020年4月15日。

③ 国务院和中央军委的联合立法,《立法法》称之为"有关国防建设的行政法规",《军事立法工作条例》称之为"军事行政法规",笔者认为这两个概念是等同可互换的。本章采用《立法法》的措辞并简化称之为"国防行政法规",含义等同于"军事行政法规"。

(2) 国防动员法规,如《民用运力国防动员条例》《国防交通条例》;

(3) 由政府负责的军人权利保障事务,如《军队干部退出现役暂行办法》《军人抚恤优待条例》《退役士兵安置条例》;

(4) 军民共享资源的管理,如《无线电管制规定》《通用航空飞行管制条例》《关于军民合用机场使用管理的若干暂行规定》;

(5) 军工科研生产方面的基本规则,如《军工关键设备设施管理条例》《武器装备质量管理条例》《国防专利条例》;

(6) 军事设施的管理法规,如《民兵武器装备管理条例》《军事设施保护法实施办法》《国务院、中央军委关于保护通信线路的规定》;

(7) 军事后勤管理法规,如《军用饮食供应站供水站管理办法》;

(8) 军事行动管理法规,如《军队参加抢险救灾条例》;

(9) 军队组织制度方面的法规,如《中国人民解放军文职人员条例》《中国人民解放军现役士兵服役条例》《中国人民武装警察部队实行警官警衔制度的具体办法》《现役军人和人民武装警察居民身份证申领发放办法》;

(10) 面向全社会颁布的法律、行政法规在军队内部的实施办法,如《中国人民解放军实施〈中华人民共和国药品管理法〉办法》《中国人民解放军实施〈中华人民共和国执业医师法〉办法》《军用标准化管理办法》。

国务院和中央军委联合立法管理的主要是同时涉军地两方面的全国性事务,需要明确军队、政府、企业事业单位和公民各方的义务、责任和权益。例如军工生产领域,1998年的国务院机构改革按照"军政分开""供需分开"的原则,将主管机构分离为国务院下辖的国防科工委和中央军委下辖的总装备部。总装备部负责制定武器装备发展战略和科研规划,根据武器装备建设需要组织订货。国防科工委负责制定军工行业的发展规划和法规,实施行业管理;配合总装备部,负责科研计划的制订和组织实施,并负责按照订货合同组织生产,监督订货合同的执行,保障军事装备生产供应;以国防科工委为主,会同总装备部负责军品科研、生产能力调整的方案的制订和组织实施等。① 这是因为我国由计划经济过渡到市场经济后,军工行业同样实行企业化经营,不宜再像计划经济时代那样纳入军队的指令性管理模式,但军工科研生产又要以满足军队的需求为首要目标,因此该领域需要由国务院和中央军委共同立法。

又如空域资源的管理使用,在1980年之前,我国民航实行军队领导为主的政企合一管理体制,1980年后民航脱离军队建制,实行政企分开。1986年后,空域资源由国务院和中央军委联合组成的空中交通管制委员会来领导,既保障国防防空安全,又兼顾民航运输需要。② 故而该领域也实行联合立法。

一些关于军队内部管理的法规因为需要各级人民政府配合开展工作,也由国务院和中央军委联合立法。如《中国人民解放军文职人员条例》第7条第2款规定:"各级人民政府及其有关部门、有关军事机关应当按照职责分工,相互配合,做好文职人员的教育培训、户籍、社会保障、人力资源管理、抚恤优待等工作,为文职人员提供公共服务和便利。"《中国人民解放军现役士兵服役条例》第4条第2款也规定:"国务院有关部门和地方各级人民政府,依照本条例以及有关法律、法规的规定,协助军队做好兵员工作。"2018年之前,武警由国务院和中央军委共同领导,因此对武警体制的规定也实行联合立法,如1988年颁布的《中国人民武装警察部队实行警官警衔制度的具体办法》。但自2018年起,武警部队改由党中央、中央军委集中统一领导,实行中央军委—武警部队—部队领导指挥体制。③ 预期未来关于武警的立法事权将转由中央军委单独行使。

值得注意的是《军人抚恤优待条例》。该条例于1988年由国务院单独发布。2004年国务院和中央军委联合制定了新的《军人抚恤优待条

---

① 参见杜人淮:《新中国成立以来国防工业运行中的政府职能变迁及启示》,载《经济研究参考》2009年第38期,第27页。
② 参见张千帆等:《建立统一的中国航空法体系——理论初探与立法建议》,载《北京航空航天大学学报(社会科学版)》2008年第2期,第48页。
③ 参见《国防部就武警部队领导指挥体制调整等答记者问》,载中国政府网(http://www.gov.cn/xinwen/2017-12/29/content_5251392.htm#1),访问日期:2020年4月15日。

例》,取代了旧条例。这一立法事权变更的背景是原条例存在执行不到位问题,军人的合法权益得不到有效保障,为此,民政部和总政治部共同对原条例进行了修订。2004年制定的《军人抚恤优待条例》增加了"法律责任"一章,其中第44条规定:"……被挪用、截留、私分的军人抚恤优待经费,由上一级人民政府民政部门、军队有关部门责令追回。"[①]原条例规定的各事项主要由国务院系统的民政、卫生、公安、劳动、房管等部门负责,新条例增加了军队有关部门的事权,因此其立法事权亦发生变更。相比之下,同为规定军人优抚事宜的《烈士褒扬条例》因为执行部门未涉及军队,就仍由国务院单独立法。由此可见,什么事权属于联合立法取决于实际需要,可以按需求调整,相对比较灵活。

(二) 国务院单独制定国防行政法规

国务院单独行使的国防行政立法事权包括:(1)军人权利义务保障,如《烈士褒扬条例》;(2)军工科研生产,如《导弹及相关物项和技术出口管制条例》;(3)边防事务,如《出境入境边防检查条例》。

归国务院单独立法的国防行政事项相对较少,而且突出特点是主要侧重于民间事务领域,与军事的直接联系比较薄弱。典型的是《导弹及相关物项和技术出口管制条例》。该条例可视为国务院和中央军委联合发布的《军品出口管理条例》的补充。其第5条规定,导弹及其生产设备,以及其他用于军事目的的导弹相关物项和技术都按照《军品出口管理条例》及其他有关规定办理。该条例管制的只是导弹的发动机、燃料、材料、电子设备等高度民用化的物资和技术。[②] 故而该条例仅由国务院立法。

又如《出境入境边防检查条例》,其制定背景是:1949年以来,我国边防管理职责在解放军、武警、公安之间几经变更。从1985年起确定由公安部负责全国边防检查、边境管理、机场安检等业务。1987年,边防

[①] 《批准公布新修订的〈军人抚恤优待条例〉》,载《人民日报》2004年8月25日,第1版。

[②] 参见《导弹及相关物项和技术出口管制条例》的附件《导弹及相关物项和技术出口管制清单》。

武警从武警总队中分离,划归各级公安机关领导。① 虽然1991年国务院和中央军委共同决定成立国家边防委员会负责指导、协调全国边防工作,并由总参谋部承担具体职责②;但出入境边防检查完全由公安机关领导。故而1995年《出境入境边防检查条例》是由国务院制定的。到2003年,我国完全形成了解放军边防部队负责一线防卫与管理,公安武警部队负责二线治安和出入境管理的分工防管体制。③ 2018年的《深化党和国家机构改革方案》决定公安边防部队不再列入武警部队序列,全部退出现役。至此彻底分清了国务院和中央军委在边防上的事权:军队和武警系统负责边疆防卫,公安部负责出入境管理。

此外,国务院各部委依据国务院制定的国防行政法规,还会制定本部门的国防行政规章。其事权性质与国务院的国防行政立法权并无实质区别,不再另行论述。

(三) 中央军委单独制定军事法规

中央军委的立法事权在《立法法》和《军事立法工作条例》中有比较明确和详细的规定。从已公布的军事法规来看,具体可分为如下类别:

(1)军事业务制度,如《中国人民解放军军事训练条例》《中国人民解放军军事科学研究条例》《中国人民解放军军事训练监察条例(试行)》;

(2)军容军纪制度,如《中国人民解放军纪律条令》《中国人民解放军内务条令》《中国人民解放军队列条令(试行)》《中国人民解放军警备条令》;

(3)军队组织制度和人事制度,如《中国人民解放军司令部条例》《中国人民解放军现役军官职务任免条例》等;制定军事法院和军事检

---

① 参见马大正:《中国边防体制六十年》,载《中国经营报》2017年1月16日,E02版。
② 参见黎云:《中国边海防体制——军地分工负责的防卫管理》,载《大公报》2012年4月18日,A08版。
③ 参见马大正:《中国边防体制六十年》,载《中国经营报》2017年1月16日,E02版。

察院的组织条例也应当属于中央军委的立法事权①;

(4)奖惩制度,如《违犯现役军官职务任免纪律的处理规定》;

(5)军内司法制度,如《关于批捕和审判权限的规定》;

(6)军内行政制度,如《军队机关公文处理工作条例》;

(7)军内民主政治制度,如《中国共产党军队各级代表大会代表任期制实施办法(试行)》《中国人民解放军军人委员会工作条例》;

(8)反腐监察制度,如《中央军委巡视工作条例》《军队审计条例》《军队党员领导干部廉洁从政若干规定》;

(9)安全管理制度,如《中国人民解放军安全条例》;

(10)军事资产和军事资源管理制度,如《中国人民解放军房地产管理条例》《中国人民解放军无线电管理条例》;

(11)后勤保障制度,如《中国人民解放军装备管理条例》《军队后勤条例》《中国人民解放军干休所工作条例》;

(12)军内落实国家大政方针的相关规定,如《中国人民解放军计划生育条例》《中国人民解放军绿化条例》《中国人民解放军环境保护条例》;

(13)其他法律授权中央军委立法的事务,如《军事立法工作条例》。

从上述列举的法规可以看出,中央军委的立法只适用于军队内部,且均为全军的基本制度。其中一些事权的立法历史可以上溯到20世纪30年代,如《中国人民解放军内务条令》。②

需要注意的是,中央军委的军事法规立法权经历了一个逐渐走向规范化的过程。如1990年制定的《立法程序暂行条例》。作为首部规范军

---

① 20世纪50年代组建军事法院初期,军事法院院长陈奇涵主持制定过《中国人民解放军各级军事法院暂行组织条例(草案)》。20世纪80年代以来,由于《军事法院组织法》和《军事检察院组织法》在全国人大常委会立法中遇到一些困难,军委开始拟定《军事法院组织条例》和《军事检察院组织条例》这两部军事法规。但从现存材料来看,至2020年这两部法规尚未制定通过。参见刘勉钰:《军法上将陈奇涵》,载《党史文苑》2007年第11期,第13页;张建田、仲伟钧:《应当重视我国军事法学的创立与研究》,载《法学研究》1987年第3期,第8页;李佑标:《军事法基本原则的反思与重构》,载《武警学院学报》2004年第3期,第10页;张建田:《军事法院组织法出台难的症结与对策》,载《人民法院报》2015年11月25日,第8版。

② 参见《新闻背景:我军共同条令的发展历程》,载新华网(http://www.xinhuanet.com/politics/2018-04/15/c_1122685021.htm),访问日期:2020年4月15日。

事立法权的军事法规,该条例结束了军队立法工作无法可依、无章可循的历史,对法制建设有深远意义。但也应当看到,该条例制定之时,中央军委立法权尚不存在宪法和法律依据,中央军委自行制定该条例有自我赋权之嫌。① 即便认为《宪法》第 93 条"中华人民共和国中央军事委员会领导全国武装力量"可作为该条例的上位法依据,也需要通过宪法解释才能明确该条款的含义。而解释宪法的权力属于全国人大常委会。中央军委制定该条例之前应当向全国人大常委会提出解释宪法的申请,否则仍然于宪法无据。可资对比的是,我国宪法中仅规定全国人大常委会具有法律解释权,实践中是通过 1981 年《全国人民代表大会常务委员会关于加强法律解释工作的决议》将法律解释权授予"一府两院"及地方立法机关。尽管理论研究中对于这一发布在《八二宪法》生效之前的决议的效力仍有争议②,但该决议至少在形式上避免了"一府两院"及地方立法机关自我赋予法律解释权的问题。

况且《立法程序暂行条例》不但规定了中央军委和全军各大单位的军事立法权,还规定了中央军委和国务院以及全军各大单位和国务院各部门的联合军事立法权。尽管从立法意图上看,该规定是中央军委在自我赋权之中的自我限权之举,将一部分涉及地方人民政府、社会团体、企业事业单位和公民的军事立法权让渡给了国务院系统,但这一规定终究是在军队系统与其他国家机关之间进行权力配置。从规范角度来看,国务院作为与中央军委相互平级、互不存在负责关系的国家机关,其是否拥有军事立法事权、是否应当与中央军委联合行使军事立法权,都不宜由中央军委来作出规定,而应当由最高国家权力机关及其常设机关来作出规定。

即便因为现实原因,该条例必须由中央军委来起草,仍然存在相对合乎规范的变通立法程序,即中央军委可以提请全国人大常委会来批准

---

① 该条例第 1 条规定:"……根据宪法、军队建设的需要和军事立法的实践经验,制定本条例。"除宪法外,"军队建设的需要和军事立法的实践经验"只是立法背景,无法作为规范依据。

② 参见周旺生:《中国现行法律解释制度研究》,载《现代法学》2003 年第 2 期,第 5—6 页。

该条例。这么做亦有先例可循。例如宪法规定,授予国家勋章及荣誉的权力属于全国人大常委会,1955年《授予中国人民解放军在中国人民革命战争时期有功人员的勋章奖章条例》即由全国人大常委会制定。①1988年,中央军委比照1955年的条例制定了《中央军事委员会关于授予军队离休干部中国人民解放军功勋荣誉章的规定》,并报第七届全国人大常委会第二次会议批准。②该规定虽然是以中央军委的名义制定和发布,但经全国人大常委会批准后,其效力位阶与国家法律相等。③故而这么做亦可视为符合宪法规定。如果《立法程序暂行条例》也提请全国人大常委会批准,则可避免很多立法权限上的争议。

1997年《国防法》和2000年《立法法》的颁布在法律层面上确立了中央军委立法权的规范依据,《军事法规军事规章条例》和《军事立法工作条例》两部条例的第1条都明确规定,"根据宪法、立法法和国防法的有关规定,制定本条例",虽然宪法层面的规范依据仍需补强,但已经解决了中央军委自我赋权的不规范问题。

（四）中共中央制定军事法规

中共中央的党内法规立法权并非本章的研究对象。但《八二宪法》确立的党的中央军事委员会和国家中央军事委员会"一个机构、两块牌子"的体制,有时很难明确区分中央军委行使立法权制定的是党内法规还是国家法规。例如《中国人民解放军政治工作条例》（以下简称《政治工作条

---

① 该条例是由时任国防部部长的彭德怀建议制定,由中央军委总干部部起草,草案送全国人大常委会审议前先经国务院审议通过。参见徐平:《新中国首次军衔制实录》,金城出版社2005年版,第146页。

② 参见杨白冰:《关于对〈中华人民共和国中央军事委员会关于授予军队离休干部中国人民解放军功勋荣誉章的规定〉的说明——1988年4月13日在第七届全国人民代表大会常务委员会第一次会议上》,载中国人大网（http://www.npc.gov.cn/wxzl/gongbao/2000-12/26/content_5002126.htm）,访问日期:2020年4月15日。

③ "法律位阶"（亦有学者称"规范位阶"）与"效力位阶"等概念的使用在理论界尚无共识。本章采用"法律位阶"与"效力位阶"相区分的理论。参见顾建亚:《法律位阶划分标准探新》,载《浙江大学学报（人文社会科学版）》2006年第6期,第44页;郑毅:《再论自治条例和单行条例的法律地位——基于规范位阶和效力位阶的二元化视角》,载《广西民族研究》2014年第1期,第28—30页;莫纪宏:《〈立法法〉修订应当明确和理顺立法授权关系》,载《江苏行政学院学报》2014年第6期,第125页。

例》),许多官方正式文件和媒体报道都将其列为重要的军事法规。① 但这一条例是由中共中央、中央军委批准,中共中央颁布的。② 有资料指出,该条例系"中国共产党中央军事委员会制定"③。可见中共中央事实上在军事领域行使着立法权。

中共中央的军事立法权实践有悠久的历史。政治工作一直是中共中央军事立法的最主要事权。1930 年,中央军事委员会扩大会议颁布了《中国工农红军政治工作暂行条例(草案)》,这是中共中央颁布的第一部完整意义上的政治工作条例。④ 此后这一条例不断根据形势修订或重新颁布,最近一次颁布是在 2021 年。《中国人民解放军政治工作条例》和 2020 年 9 月颁布的《中国共产党军队党的建设条例》是当前仅有的两部由中共中央和中央军委联合发布的并以中共中央文件的名义下发的法规。有观点认为:"发布机关的这种权威性,就赋予了《政治工作条例》很高的法规地位,赋予了它很强的法规约束力。"⑤ 作为军队政治工作的基本法规,《政治工作条例》还被视为军队政治工作的"母法"。⑥

---

① 例如中华人民共和国国务院新闻办公室发布的一系列国防白皮书:1998 年《中国的国防》,载国新网(http://www.scio.gov.cn/zfbps/ndhf/1998/Document/307965/307965.htm);《2004 年中国的国防》,载中国政府网(http://www.gov.cn/zwgk/2005-05/27/content_1540.htm);《2010 年中国的国防》,载中国政府网(http://www.gov.cn/zhengce/2011-03/31/content_2618567.htm),访问日期:2020 年 4 月 15 日。另参见《历史的轨迹辉煌的历程——中国人民解放军 90 年来法制建设工作回眸(下)》,载《法制日报》2017 年 7 月 27 日,第 9 版。
② 参见《经党中央、中央军委批准新修订的〈军队政治工作条例〉颁布》,载《解放军报》2021 年 2 月 19 日,第 1 版。另参见《中共中央关于颁布〈中国人民解放军政治工作条例〉的通知》(已失效)。
③ 杨伟才、谢志强主编:《国防教育教程》,大连理工大学出版社 2010 年版,第 31 页。从发文体例上看,国务院和中央军委联合立法多以"中华人民共和国国务院、中华人民共和国中央军事委员会令"的名义发布。而《政治工作条例》行文以"中共中央、中央军委"并举,此"中央军委"应是"中国共产党中央军事委员会"。
④ 参见汪保康、张愈:《我军政治工作的法治进程》,载《军事历史研究》2013 年第 3 期,第 28 页。
⑤ 孙建呐:《新〈政工条例〉的法规特点》,载《军队党的生活》2010 年第 11 期,第 10 页。
⑥ 参见杨伟才、谢志强主编:《国防教育教程》,大连理工大学出版社 2010 年版,第 31 页;邱圣宏:《指导和规范军队政治工作的根本法规——学习新修订的〈政治工作条例〉》,载《南京政治学院学报》2010 年第 6 期,第 95 页。

有研究指出,《政治工作条例》兼具党内法规和军事法规的双重性质。① 从制定机关来看,该条例是由党的中央委员会和党的中央军事委员会批准,并以中共中央的名义颁布。因此它无疑是一部党内法规。但同时,《政治工作条例》又是一部在武装力量内部全体适用的法规。它不但规定了党在武装力量内部的政治工作和政治机关,还规定了军人代表会议和军人委员会的职责、组织方式、活动原则。2008年《中国人民解放军军人委员会工作条例》第2条规定:"军人委员会是连队以及与其相当的基层单位实行政治民主、经济民主、军事民主,保障军人行使民主权利,开展群众性活动的组织,是党支部(基层党委)加强本单位建设、团结带领官兵完成各项任务的助手。"故而军人委员会是军队内部的群众性组织。军人代表会议则是全体军人健全和发展军队民主生活、保障军人正确行使民主权利和参与部队管理的一项民主制度。而《中国共产党党内法规制定条例》第3条规定党内法规是"规范党的领导和党的建设活动、依靠党的纪律保证实施的专门规章制度"。亦即其规范的对象限于党员。《政治工作条例》的适用对象及于全体党员和群众,显然超出了党内法规的范围,从这个意义上说,又必须认为该条例是一部军事法规。如前所述,国务院新闻办公室发布的一系列国防白皮书中也都把该条例列入军事法规当中。

三、制定国防行政规章和军事规章

(一) 国务院各部委和总部、军委机关部门联合制定国防行政规章

国务院部委与总部(2016年后改为军委机关部门)联合行使的军事立法权,其性质与国务院和中央军委联合立法相似,均为同时涉及部委工作与军内单位工作的事项。如总参谋部、邮电部《关于义务兵免义务兵免费邮寄平信的通知》,民政部、公安部、总参谋部、总政治部《关于义

---

① 孙建呐:《新〈政工条例〉的法规特点》,载《军队党的生活》2010年第11期,第10—11页。

务兵提前退出现役的暂行规定》,建设部、国家工商总局、国家物价局、总后勤部联合发布的《军队利用房地产开展经营活动的规定》,司法部、总政治部发布的《军队系统律师工作证件管理办法》,国家海洋局、民政部、总参谋部发布的《无居民海岛保护与利用管理规定》等。

需注意的是,根据《军事立法工作条例》第11条第2款的规定,2017年中央军委改革后,军委机关部门仅仅具有经中央军委批准,与中央国家机关有关部门联合制定规章或者规范性文件的权力,而不能单独制定规章。

从立法技术分析,《军事立法工作条例》第8条专门规定了中央军委可将自身事权"授权战区、军兵种先行制定军事规章",并规定"被授权的战区、军兵种应当严格按照授权的目的、事项、范围、期限和原则,及时制定军事规章,不得将该项立法授权转授给其他单位"。如果批准军委机关部门联合制定规章同属于授权立法性质,则对授权的规定应采用类似行文加以限制,否则岂非默认军委机关部门可将联合制定规章的权力继续转授权?故而依逻辑推论,中央军委对军委机关部门联合制定规章的批准行为不应当是一种授权立法行为,而只能是待军委机关部门与其他部门联合制定出规章草案后,提请中央军委批准。

2017年以来国务院各部委和军委机关部门联合发布的文件中,2020年2月1日发布的《境外烈士纪念设施保护管理办法》①明确具有国防行政规章性质。该规章的发文通知中注明:"《境外烈士纪念设施保护管理办法》已经退役军人事务部、外交部、财政部、中央军委政治工作部审议通过。经国务院、中央军委同意,现予公布,自2020年4月1日起施行"。公文中"中央军委同意"这一措辞即应理解为《军事立法工作条例》第11条所称的"中央军委批准"。可见立法实践也表明中央军委的批准行为是联合制定国防行政规章的生效步骤。值得注意的是,这

---

① 《军事立法工作条例》并未规定联合国防行政规章的形式要件。该办法遵循的是国务院《规章制定程序条例》对部门联合规章的形式要件要求:"由联合制定的部门首长共同署名公布,使用主办机关的命令序号。"中央军委政治工作部主任亦参与共同署名。在北大法宝法律数据库和中国—东盟国家法律与司法信息中心法律法规数据库中,该办法是2017年以来唯一一个由中央军委机关部门参与发布的行政规章。

一规章的生效还经过了国务院批准。而《军事立法工作条例》并未将经国务院批准列入制定联合规章的立法程序。国务院亦未颁布过联合制定国防行政规章的相关规范，仅在2018年《国务院工作规则》第21条中规定，"部门联合制定的重要规章及规范性文件发布前须经国务院批准"。那么，国务院各部委和军委机关部门联合制定的规章"经国务院批准"是实践中新创设的一道必经程序，还是基于规章的重要性而由国务院有选择性的来进行批准？相关规范依据尚无法解答这一问题，有待继续观察相关立法实践。

此外，2017年以来国务院各部委和军委机关部门还以办法、通知、意见等形式多次联合发布规范性文件。如2019年6月教育部和中央军委政治工作部、中央军委后勤保障部、中央军委训练管理部联合颁发的《军队院校聘请普通高等学校师资管理暂行办法》，2020年1月中共中央组织部、人力资源和社会保障部、退役军人事务部、中央军委政治工作部等部门联合印发的《退役军人事务工作表彰奖励办法》，2020年12月退役军人事务部、中央军委政治工作部、中央军委国防动员部联合印发的《立功受奖军人家庭送喜报工作办法》，2021年2月退役军人事务部、财政部、中央军委国防动员部联合印发的《关于进一步做好义务兵家庭优待金发放工作的通知》等。这些文件的全文和相应发文通知中均未提及"经中央军委批准"。而按照我国立法技术，经上级机关批准实施的规范性文件应在标题下方或发文通知中注明批准机关。故而这些规范性文件的公布生效，是否按照《军事立法工作条例》第11条的要求经过了中央军委的批准，在文件中没有得到体现。这种做法不利于维护《军事立法工作条例》的严肃性，应考虑及时纠正。

以这种方式联合立法制定的法律文件，从法律位阶来看属于规章或规范性文件，但在效力位阶上应等同于中央军委制定的军事法规或规范性文件。[1] 详言之，如果中央军委批准其为规章，其效力位阶应等同于

---

[1] 虽然批准行为等同于行使立法权，但判断法律位阶应以"制定主体"而非"批准主体"为标准。参见郑毅：《再论自治条例和单行条例的法律地位——基于规范位阶和效力位阶的二元化视角》，载《广西民族研究》2014年第1期，第30—35页。

中央军委制定的军事法规;如果中央军委批准其为规范性文件,其效力位阶应等同于中央军委制定的规范性文件,而高于战区、军兵种制定的军事规章。① 鉴于在联合制定的规章中,军委机关部门仍为形式上的制定主体,故而仍应承认军委机关部门是一级具有规章立法权的立法主体。

(二) 全军各大单位制定军事规章

全军各大单位的独立行使军事规章立法权几经沿革,目前由战区、军兵种、武警部队行使。《军事立法工作条例》第 10 条和第 77 条限定战区、军兵种、武警的立法事权为"执行法律、军事法规、中央军委的决定和命令"而需制定军事规章的事项及职权范围内的事项。故而其立法事权应紧扣"战区主战、军种主建"的职权分工及《武装警察法》对武警部队职权的规定。

就现有材料来看,2017 年深化国防和军队改革之后,《军队立法工作条例》颁布之前,相关部门和理论界对军委机关部门、战区、军兵种的立法权配置有过一些探讨。有学者根据军委机关部门的职权分工,建议将各部门区别对待,对主要承担了原四总部职权的几个机关部门赋予单独的军事规章制定权;而战区因为已不再负担军区的部队管理职能,建议不再赋予其军事规章制定权。② 最终《军队立法工作条例》未采纳这一配置建议。其根本原因应从本次深化国防和军队改革的主导思路中分析。本次改革的核心目的之一是贯彻《宪法》第 93 条规定的军委主席负责制,将最高军事指挥权收归军委主席。而原总部制的弊端如《解放

---

① 目前尚未见到对中央军委的规范性文件与战区、军兵种的军事规章之间效力位阶的研究。但这一问题应可比照国务院制定的行政规定与各部委制定的部门规章之间的效力位阶来认定。《立法法》第 80 条规定各部委"可以根据法律和国务院的行政法规、决定、命令"制定部门规章,说明国务院的决定、命令的效力位阶在部门规章之上。《军事立法工作条例》第 10 条同样规定"战区、军兵种可以根据法律、军事法规、中央军委的决定和命令"制定军事规章。参见贾圣真:《论国务院行政规定的效力位阶》,载《中南大学学报(社会科学版)》2016 年第 3 期,第 79 页。

② 参见夏天:《新体制下的军事立法权配置研究》,载《中国社会科学院研究生院学报》2016 年第 5 期,第 129—131 页;陈丽平:《中央军委已按照改革后编制体制运行 尽快完善军事立法主体和程序》,载《法制日报》2016 年 1 月 28 日,第 9 版。

军报》文章所指出：

> 我军现行的总部、军区领导指挥体制，集决策、执行、监督职能于一体，暴露出不少弊端。特别是四总部权力过于集中，事实上成了一个独立领导层级，代行了军委许多职能，客观上影响了军委集中统一领导。这次军队领导指挥体制改革，最根本的就是要通过一系列体制设计和制度安排，把党对军队绝对领导的根本原则和制度进一步固化下来并加以完善。强化军委集中统一领导，强化军委主席负责制，真正使军队的最高领导权、指挥权集中于党中央、中央军委，确保军队一切行动听从党中央、中央军委和习主席指挥。领导指挥体制改革后，军委机关由"总部制"调整为"多部制"，原来权力高度集中的"总部领导机关"，变成权力互相有所制约的"军委办事机关"。大军区也不再是权力很大的"一方诸侯"，而是形成"战区主战、军种主建"，作战指挥职能和建设管理职能相对分离的新格局。这样更加有利于加强中央军委的集中统一领导，更好地落实军委主席负责制，为习主席和军委牢牢掌握对全国武装力量的最高领导指挥权，提供坚强的组织体制机制保证。①

如果在军委机关部门中选出几个部门赋予军事规章制定权，事实上就确认了这几个部门的政治地位高于其他机关部门。这样权力又会向这几个部门集中，可能形成事实上的新"总部"。其他机关部门将难以对这几个部门进行制约。这就违背了本次改革淡化"总部"层级，通过多部制分权实现各部门互相制约的初衷。《军事立法工作条例》第11条不赋予各机关部门以独立的规章制定权，各部门对要立法的事项只能报请中央军委立法，从而把立法权集中到中央军委和军委主席手中。这与本次集权化改革的大思路是一致的。

根据"军委管总、战区主战、军种主建"的职权分工，战区和军兵种

---

① 吴铭：《重塑我军领导指挥体制是强军兴军的必然选择》，载《解放军报》2015年11月30日，第6版。

的职权各有侧重,故而其立法权仍被保留。虽然按照这一分工,战区不再主管部队的建设管理,但从立法实践来看,战区仍有自身的干部管理事务、行政事务等需要立法规制,且战备工作同样需要制定军事纪律规章。据媒体报道,2016年北部战区公布了《北部战区军事规章汇编》,共收有44项军事规章,涵盖气象水文、联合训练、国防动员、战备工作、表彰奖励、干部管理、选人用人等事权,"紧贴主战职能、突出打仗急需。"①从规章题目看,战区规章关于干部制度的有《干部教育管理有关规定》,关于行政制度有《北部战区政治工作部机关公文处理有关规定》,关于战备制度有《联合作战值班规定》等。② 媒体还报道:"战区个别部门沿用惯性思维,将一些跟主战贴得不紧的内容纳入起草的军事规章,战区党委对表主战标准,砍掉其中34项,使军事规章项项聚焦主战、条条指向打仗……"③可见战区基于其主战的事权分工,仍需配置以军事规章制定权。

军兵种和武警的立法事权相对比较明确,不再展开论述。

(三) 地方政府制定地方性国防法规或规章

我国各级地方政府均制定了众多关于国防建设的地方性法规或规范性文件。以山东省为例,山东省人大常委会制定有:《山东省抚恤定补优抚对象医疗保障办法》《山东省优待烈属军属和伤残军人规定》《山东省国防教育条例》《山东省征兵工作若干规定》《山东省军事设施保护条例》等。山东省人民政府制定有:《山东省实施〈民用运力国防动员条例〉办法》《山东省军人抚恤优待办法》《山东省退役士兵安置办法》《山东省城镇退役士兵自谋职业办法》等。

一般认为,地方政府制定地方性国防法规和规章的法律依据来自《国防法》第18条的规定:"地方各级人民代表大会和县级以上地方各

---

① 参见刘建伟、石榴:《北部战区建章立制推动主战职能落地生根 出台的首批军事规章项项聚焦带兵打仗》,载《解放军报》2016年4月10日,第1版。
② 参见杜善国、石榴、李祥辉:《开局起步,法治信仰融入血脉——北部战区党委机关初始即严夯实依法治军从严治军根基》,载《解放军报》2016年4月17日,第6版。
③ 黄超、刘建伟等:《作风优良:新起点上再出发——深化国防和军队改革之际关于加强作风建设的新闻调查与思考》,载《解放军报》2016年6月22日,第3版。

级人民代表大会常务委员会在本行政区域内,保证有关国防事务的法律、法规的遵守和执行。地方各级人民政府依照法律规定的权限,管理本行政区域内的征兵、民兵、国民经济动员、人民防空、国防交通、国防设施保护,以及退役军人保障和拥军优属等工作。"以及《国防教育法》《兵役法》《人民防空法》等国防行政法对地方的单项授权。① 虽然宪法及《地方各级人民代表大会和地方各级人民政府组织法》中未规定地方政府具有国防职权,而且从根本上来说,国防属于中央事权②,但所有研究者也都承认,在中央主导之下,地方政府也有参与国防建设、推动军民融合发展的职责。③

地方政府是否具有军事立法权曾是理论界有争议的问题。但这个问题实际上只是对"军事立法"的定义不同导致的。④ 即便否定地方政府有"军事立法权"者,也不否认地方政府可就国防建设事项立法,只是认为该事项不属于"军事立法"而已。⑤ 反之,认为地方政府有"军事立法权"者,也都承认地方政府无权通过立法来调整当地驻军的活动和事务,至少不能对军队的职责进行创设性立法。⑥

实践中还存在地方政府与驻地大军区、军兵种共同制定的文件。⑦ 这种

---

① 参见徐丹彤、赵泉河:《论我国地方国家机关的军事立法权》,载《武警学院学报》2008年第1期,第68—69页。

② 参见2013年《中共中央关于全面深化改革若干重大问题的决定》指出:"国防、外交、国家安全、关系全国统一市场规则和管理等作为中央事权"。

③ 参见韩国贤、侯永波:《这项改革为国防建设带来了什么?——就国防事权和支出责任划分改革与国防大学姜鲁鸣教授一席谈》,载《解放军报》2016年1月25日,第9版。

④ 参见崔垣元:《我国地方国家机关的军事立法权问题研究》,载《法制与社会》2013年第17期,第284—285页。

⑤ 参见张建田:《关于我国军事立法理论与实践的几个问题》,载《河南省政法管理干部学院学报》2002年第6期,第9页。

⑥ 参见唐蜜:《军地联合立法若干理论问题探析》,载《湖北警官学院学报》2013年第2期,第59页。

⑦ 例如广西壮族自治区人民政府办公厅和中国人民解放军广西军区政治工作局2020年联合发布了《关于改革期间现役干部转改的文职人员家属享受现役军人随军家属就业安置政策待遇的通知》。参见《我区给转改文职人员送"大礼包"》,载《广西日报》2020年2月12日,第1版。

军地联合发文在关于军事立法的法律法规中都没有规范依据。① 本章认为这类文件不宜认定为立法,可视为规范性文件。如果需要制定有地方性法规或军事规章层级的法律文件,双方应当分别在各自事权范围内立法,或报请上一级机关立法。

第三节 军事立法权配置的特点及改革方向

一、我国军事立法权配置的特点

(一) 军事立法的"因事设权"

由前述我国规范及实践中军事立法权的配置可以看出,我国军事立法权配置主要是在实践中形成的,具有强烈的"因事设权"的特点。主要体现在以下几个方面:

1. 军事立法权配置的规范依据不甚完备

作为整个规范体系金字塔顶端的宪法对军事立法权配置没有作出基本规定。下位的《立法法》《国防法》及规范军事立法的军事法规也仅作了原则性规定。因此军事立法权配置缺乏明确的规范指引,主要是按照实际工作的需要来决定。一些重要的事权配置传统是在革命战争时期形成的,并一直延续至今。如中共中央制定军队政工条例的事权、地方政府制定军人优抚决规的事权等,虽然没有法律规范作为依据,但具有"历史合法性"。

2. 军事立法事权的调整比较灵活

实践中军事立法事权的分配并不严格,可随工作需要而灵活调整。在事权的平行分配方面,《军人抚恤优待条例》经历了从国务院单独立法,到国务院和中央军委联合立法的转变;关于武警事务的立法事权则

---

① 《立法法》及《军事立法工作条例》只确认了国务院和中央军委,以及军委各机关部门和中央国家机关有关部门可以联合立法。《国防法》第19条规定了地方各级人民政府和驻地军事机关的军地联席会议制度。但这明显只是一个议事协调制度,很难认为其中包含了双方的联合立法权。

是从国务院、中央军委联合立法转为中央军委单独立法。在事权的垂直分配方面,军委四总部改制为军委机关部门之后,其军事规章立法权随之撤销,立法事权由中央军委收回。关于授予国家勋章及荣誉的事权虽按宪法规定属于全国人大常委会,但也经历了由1955年全国人大常委会自行立法到1988年中央军委立法后报全国人大常委会批准的变通。

3. 军事立法权呈条线分配

我国的军事立法权配置呈现明显的条线垂直分配特征。一方面,高层级立法往往有低层级同一事项的立法作为配套。如国防立法在各地方都有具体的实施条例。另一方面,某些具体事务则先经过低层级的试验性立法,再上升为高层级立法。如《国防交通条例》经过长时间适用后上升为《国防交通法》;军事法院组织法则经历了《中国人民解放军各级军事法院暂行组织条例(草案)》阶段,目前《军事法院组织条例》尚在制定之中,全国人大常委会也有未来制定《军事法院组织法》的规划。

(二)我国军事立法权配置的科学性

我国军事立法权配置总体上符合科学配置的要求,体现了科学配置的专业性(即狭义的"科学性")和民主性。军事立法权配置的民主性主要体现在全国人大及其常委会对军事法重大事项的立法权。诸如在军政活动领域,对军队的基本组织制度和重大国防事务进行立法;在统御活动领域,规定了党对军队的绝对领导,及武装力量的领导机关、领导体制等基本制度;在作战行为领域,以法律形式规定了重大军事行动的法律依据。这些立法权配置确保了我国的武装力量属于人民。

军事立法权配置的专业性则体现为军事立法权的高度集中统一等特点。高度集中统一原则历来是我国军事法的基本原则之一。① 这在立法权配置中表现为《立法法》对军事法规和军事规章立法只作了原则性规定,具体办法由中央军委依据宪法和法律自行制定。在武装力量内部,中央军委对军事立法权的配置有决定权。例如在《立法法》未修改

---

① 参见李大鹏:《论军事法的基本原则》,载《西安政治学院学报》2004年第3期,第64页;张庆福、张明杰:《行政法学研究述评》,载李步云主编:《中国法学研究年鉴》(1991年卷),中国政法大学出版社1993年版,第48页。

的情况下,于2016年改革中取消了军委总部层级的军事规章制定权。

军事立法权配置的专业性和民主性之间不是相互割裂的。近代军事家克劳塞维茨指出:"战争仅是政治伴以另一个手段的延伸。"现代军事的根本原则就是军事从属于政治。我国作为人民民主专政的国家,最重大的军事事务也是重大的政治事务,必须服从民主政治的原则,实行民主立法。例如战争与和平问题,只能由最高国家权力机关来决定。但在具体的军事行动领域,则应尊重军事行动需要高度集中统一指挥的特点,把军事立法权交给专业的军事机关来行使。片面强调其中任何一方面都会违背军事科学的基本规律。前者如近代的日本政权,军队脱离政府控制,不断以"下克上"的方式挑起战争,给世界各国和本民族带来深重的灾难。后者如革命战争时期工农红军中的"极端民主化"倾向,招致军事失败。①

二、我国军事立法权配置的规范性改革

长期以来,"因事设权"的军事立法权配置对我国军事立法的发展起到了促进作用。但随着社会主义法治国家建设的深入,军事立法权配置也需要补足其规范性依据,和谐地融入我国社会主义法律体系之中。为此需要解决以下几个问题:

（一）通过宪法解释确立军事立法权的宪法依据

如前文所述,现行《宪法》未规定中央军委的军事立法权及军事法规不得与宪法和法律相抵触,确实是一个缺陷。与修宪相比,宪法解释可能是一种更适当的弥补方式。现行《宪法》之中对于中央军委职权的概括性表述是制宪时的刻意安排,因为当时考虑到军事工作具有特殊性,不宜对军委的职权作出具体规定。② 如果要修改这一表述方式,就

---

① 参见王建强:《红军时期的士兵委员会制度探析》,载《中共党史研究》2015年第5期,第41页。
② 参见全国人大常委会办公厅研究室政治组编著:《中国宪法精释》,中国民主法制出版社1996年版,第252—253页;参见肖蔚云:《我国现行宪法的诞生》,北京大学出版社1986年版,第177页。

不能只写上一项军事立法权,而应当尽可能全面地以"列举加概括"的方式阐明各项职权。否则又容易引发对未写入宪法的其他职权是否合宪的质疑。相比之下,如果由全国人大常委会作出一个宪法解释,说明军事立法权是为了实现"领导全国武装力量"这一目的的必要手段,包含在中央军委的武装力量领导权之中,则可以兼顾合宪性与灵活性。世界各国实践及我国过去的军事实践都表明,为了有效领导和统帅武装力量,保证武装力量的战斗力和纪律性,必须制定一些要求武装力量遵守的条令和规则。这一手段与目的是相适应的。同时,该宪法解释还应当对军事法规的层级效力作出规定。可以从《宪法》第 5 条第 4 款"一切国家机关和武装力量、各政党和各社会团体、各企业事业组织都必须遵守宪法和法律"这一表述中,解释出武装力量制定的军事法规同样不得与宪法及法律相抵触。宪法解释还应当说明:全国人大对与宪法和法律相抵触的军事法规的改变和撤销权应当包含在《宪法》第 62 条第(十六)项规定的"应当由最高国家权力机关行使的其他职权"之中。全国人大可以依据《宪法》第 67 条第 22 项,将这一权力授予全国人大常委会行使。近年来政府对宪法解释的重视程度不断加强。全国人大常委会委员长栗战书指出:"要健全宪法解释机制,加强宪法解释工作,积极回应社会关切,努力实现宪法的稳定性和适应性的统一。"①在这一时代背景之下,通过宪法解释确立军事立法权的宪法地位正当其时。

(二) 确立中共中央制定军事法规的宪法依据

《政治工作条例》第 1 条规定"根据《中国共产党章程》《中华人民共和国宪法》,制定本条例"。这应当是中共中央和党的中央军委行使军事立法权制定该条例的上位法依据。但与国家中央军委的军事立法权的问题相似,中共中央和党的中央军委的军事立法权在宪法中也没有明文规定。当然,从制宪意图来看,宪法序言及 2018 年修宪之后的《宪法》第 1 条第 2 款中对"党的领导"的规定,以及设立中央军委、实行"一个

---

① 栗战书:《在第五个国家宪法日座谈会上的讲话》,载《中国人大》2018 年第 23 期,第 9 页。

机构、两块牌子"的体制,都蕴含着"党对军队的绝对领导"这一内涵。①但问题是,宪法中"党的领导"原则同样也贯彻于所有国家机关之中,例如党对政法工作实行的也是绝对领导②,但党的机构并不因此而直接行使其他机构的立法权和法律解释权。所以在规范层面上,要揭示党对军队的绝对领导权包含着军事立法权,同样需要由有权机关作出宪法解释。

党章的总纲中明确规定了党"对人民解放军和其他人民武装力量的绝对领导";党章第24条规定:"中国人民解放军的党组织,根据中央委员会的指示进行工作。中央军事委员会负责军队中党的工作和政治工作,对军队中党的组织体制和机构作出规定。"这一条款明确了:在党内法规领域,党的中央军委的立法事权包括军队政治工作及军队中党的组织体制和机构。《国防法》第20条则规定:"中华人民共和国的武装力量受中国共产党领导。武装力量中的中国共产党组织依照中国共产党章程进行活动。"因此可以认为,《国防法》的这一规定将党章中的规范转变成了国家的法律规范。然而即便如此,从党章的文本理解,党的中央军委的立法事权也应限于军队中党的组织体制和机构,而军人代表会议和军人委员会是群众性的组织体制和机构。况且《政治工作条例》中列出的制定依据还不包括《国防法》。③

或者还可认为,军人代表会议和军人委员会是党的政治工作的组成部分,因此可由党内法规立法权来规范。但亦可将其与党章第33条对国有企业政治工作的规定作个对比。该条第2款规定:"国有企业党委(党组)……支持职工代表大会开展工作……领导思想政治工作、精神文明建设和工会、共青团等群团组织。"从组织模式及职责来看,军人代

---

① 参见陈斯喜、刘松山:《宪法确立国家中央军事委员会的经过》,载《法学》2001年第2期,第5—6页;张建田:《完善宪法有关中央军委之规定问题探讨》,载《河南财经政法大学学报》2014年第6期,第3—4页。
② 参见《始终坚持党对政法工作的绝对领导——认真学习胡锦涛总书记"七一"重要讲话系列评论二》,载《法制日报》2011年7月7日,第1版。
③ 可资对比的是,《军事法规军事规章条例》和《军事立法工作条例》第1条都注明其立法依据为《宪法》《立法法》《国防法》。

表会议和军人委员会与国有企业中的职工代表大会和工会有对应关系。而规范工会的《工会法》是由第七届全国人大第五次会议制定,规范职工代表大会制度的《全民所有制工业企业职工代表大会条例》是由国务院和中共中央联合发布,并由中华全国总工会负责解释。① 可见涉及群众性组织的党的政治工作也不是必须由党内法规直接作出规定。因此无论采用哪种解释,都需要以宪法解释或法律解释的方式补强中共中央行使军事立法权的规范依据。

(三) 明确地方性国防法规立法权的依据及界限

如前文所述,我国地方政府实际已经在行使地方性国防法规的立法权。从《国防法》等法律中也可以找到相应的法律依据。而且这种立法权对于地方政府开展国防工作是必要的。因此可以考虑在适当时机修改《立法法》,承认地方性国防法规的立法权。

但国防事务在本质上毕竟属于中央事权。因而地方性国防法规立法权必须明确一条界线,即不能规范武装力量内部的职责或义务。由于缺少明确的禁止性规范,当前地方立法实践对这条界限尚缺乏清晰认识。例如:我国很多地方性法规往往具有简单复制上位法条文的特点,这被形象地称为"上下对口"或"上下一般粗"。② 对于上位法为军队设置的职责或义务,地方性法规有时也原样照搬。如北京市人大常委会制定的《北京市实施〈中华人民共和国国防教育法〉办法》第 6 条第 2 款规定:"驻京军事机关应当协助和支持本市各级人民政府开展国防教

---

① 国务院和中共中央联合发布的条例性质是什么,目前没有权威规定。学界主要有四种观点:第一种观点认为其具有党法和国法双重性质,参见田飞龙:《政治宪法的中国之道》,香港城市大学出版社 2017 年版,第 310 页;第二种观点认为此属于"混合性党规",是一种效力不限于党内的党内法规,参见欧爱民、李丹:《党内法规法定概念之评述与重构》,载《湘潭大学学报(哲学社会科学版)》2018 年第 1 期,第 49 页;第三种观点认为其既不是党内法规,也不是行政法规或规章,仅是规范性文件,参见周望:《论党内法规与国家法律的关系》,载《理论探索》2018 年第 1 期,第 26 页;第四种观点建议另创造一个分类"党政联合法规",参见常纪文:《党内立法和党政联合立法的理论与实践》,载何家弘主编:《法学家茶座》(第 41 辑),山东人民出版社 2014 年版,第 42 页。因与本章主题相去过远,本章不讨论其到底属于什么性质。但不管哪种观点,显然都认为其不同于普通的党内法规。

② 参见封丽霞:《中央与地方立法事权划分的理念、标准与中国实践——兼析我国央地立法事权法治化的基本思路》,载《政治与法律》2017 年第 6 期,第 28 页。

育。"这一条款是源自《国防教育法》第 6 条第 2 款的规定,"驻地军事机关协助和支持地方人民政府开展国防教育"。北京市这一规定并未在《国防教育法》之外为当地军事机关创设新的义务。如此立法是否应被允许？对此,有观点认为:"地方立法对现役军人和驻军的义务性法律规范如果依据军事法律、军事法规和军事行政法规作出,没有与之抵触,起一种补充和细化的作用,应当有效。"①

但本书认为这种做法应当被禁止。因为 1981 年《全国人民代表大会常务委员会关于加强法律解释工作的决议》将地方性法规的解释权赋予了地方人大常委会和地方人民政府。地方性法规即便只是简单复制了上位法的文字,地方政府仍然因此而获得了对该段文字的解释权。如果其作出的法律解释与驻当地军事机关对上位法条文的理解不一致,驻当地军事机关是否应遵守该地方性法规？从学理上说,这正是德国哲学家伽达默尔提出的法学诠释学中的"独断论"问题:法律解释总是一种法律创造行为。② 即便面对着同样的法律文本,解释者要把原有的法律文本适用于新的具体情境时,不可避免地要加入自己的理解和认识。如果解释者具有法律解释权,其理解和认识就可能因解释行为而产生法律效力。因此,实际上很难保证存在一种完全非创设性的、仅仅起到细化和补充作用的法律解释。如果地方政府仅仅是在其管辖范围之内进行法律解释则并无大碍,但地方政府对驻军并无管辖权,这种解释行为就可能带来越权的后果。因此为稳妥起见,不应当允许地方政府来解释当地驻军的法定职责及义务。要做到这一点,就不应允许地方性法规和规章中规定军队的职责及义务,哪怕仅仅是复制上位法的文字。实际上,在上位法已经为军队设置了职责和义务的情况下,地方性立法中也没有必要再复述一遍上位法。地方政府如果对当地驻军有所要求,可依据上位法径直提出。双方对上位法理解不一致时,可请求有权机关解释

---

① 徐丹彤、赵泉河:《论我国地方国家机关的军事立法权》,载《武警学院学报》2008 年第 1 期,第 70 页。
② 参见〔德〕汉斯-格奥尔格·加达默尔:《真理与方法:哲学诠释学的基本特征》(下卷),洪汉鼎译,上海译文出版社 1999 年版,第 422 页。

上位法。这好过地方政府自行立法并解释,却又无权要求当地驻军遵从地方性立法。

因此,本书认为地方政府对地方性国防法规或规章的立法必须有上位法依据,仅适用于本地,且不可调整当地驻军的职责及义务。至于地方立法中对当地驻军的权利保障性质的规定,实际就是对本地域范围内的权利相对人的义务性规定,这种立法当然在地方政府的立法权限之内,应当被允许。

后记　结一份善缘

2015年冬天的一个傍晚，前辈大哥姜明安来电，说北大有个教育部基地课题，叫"立法权的科学配置"，希望我能申请。近几年参加他主导的博士答辩，参与他主持的公法项目，听他在各种会议上的发言，感觉明安兄是个率真的人，热情的人，合作愉快的人，就集中精力收集资料、讨论大纲、撰写标书、接受评判，最终获得了课题立项。2016年6月7日，明安兄邀请罗豪才先生、郭道晖先生、孙琬钟先生、张春生先生、朱维究先生、王磊教授和蒋劲松教授等，在北大东门小四合院，举行开题论证会。

初夏的北京，微风习习，天蒙蒙亮，我就来到北大校园。法学院小广场上，汪建成、张守文老师等正在打太极拳；未名湖畔，鸳鸯、野鸭等正在划着水线；博雅塔尖，风铃正发出叮叮当当的响声；图书馆前，一对石狮子正迎候一张张青春的笑脸。我兴奋地来到会场，看到基地叶元生老师正指挥课题组成员，做会前准备。

专家组的各位前辈都是老熟人，他们相互握手，互致问候，说说头上的白发，聊聊身体的发福，亲切、自然、随性。主持人是明安兄，他面色红润，精神饱满，操着浓重的湖南口音，介绍每一位长者。王磊则代表北大社科部，祝贺开题，并真诚感谢前辈们莅临教诲。我简要汇报了课题的结构和思路，提出了需要解决的问题和研究的重点难点。

朱维究老师是我的授业恩师，第一个发言。她指出，立法权科学配置研究，要把握法的中国性和国家治理现代化这两大背景，统筹一国两制三法系四法域这四个维度，认真梳理中华人民共和国成立后立法权配置中存在的经验和教训，努力契合中国特色社会主义法治体系建设，形成论理性和前瞻性成果。她强调，法律的本质在于用正义的逻辑代替武力的征服，所以制度建设一定要跟上人类思想的脚步。

郭道晖老师来得很不容易，因为他正全心全意照顾老伴张静娴，为了参加今天的会，他特意请女儿来替班。郭老坦言，立法权科学配置研究应当强调立法权的核心功能，在党与政府建设社会主义法治国家的道路上，必须强调依宪执政与依宪治国，在立法权的重心上，应该考虑将重点从经济立法、行政立法转移到公民基本权利保障的立法上来。同时，立法权的配置应当注重由人大主导，而非过多地授权给政府。建设社会主义法治体系不应当只重数量，更要注重质量，要凸显立法保障公民自由与权利的功能。郭老强调，立法是理论的力量，行政是实践的力量，只有思想相互碰撞才能有理论的闪光，这些都需要课题组拿出智慧和勇气。

张春生先生长期在全国人大从事立法工作，有着深厚的专业修养和丰富的实践经验，他说，立法权的科学配置研究应聚焦国内法与制定法，重点回答不同立法主体的权力界限问题。事实上，宪法规定国务院的"根据原则"，地方性法规的"不抵触原则"，民族自治地方的"变通原则"，并没有科学地回答立法权的配置问题。因此要深入研究立法权科学配置的具体标准，必要时可以向有关部门提出修宪建议。尤其对不抵触原则，要结合国家机关的性质、地位、职权和相互关系，集中研究几个核心问题，形成对策性建议，向有权机关反映。

孙琬钟先生曾长期在国务院法制局工作，对立法深有感触，他提出，立法权的科学配置应立足于事权划分，权限不清则立法不可能科学，这个问题要放在中国特定的历史条件下来考虑。实践中，存在国家权力部门化、部门权力利益化、部门利益法制化的倾向，课题组应该进行深入研究。同时要充分阐释立法权科学配置的理由与根据，并与改革发展的实践紧密结合。

蒋劲松教授是横跨立法与教学的两栖学者，他出版的三卷本《德国议会》，在学术界有很大影响。他建议，立法权科学配置研究要注意汲取西方经典思想家的理论资源，同时把握好科学立法与民主立法的界限，注意哪些措施在增强科学立法，哪些措施在强化民主立法，这关涉课题的研究重心和方向。他说，法律是人类为了共同利益，用经验和智慧做出的成果。

王磊教授是中生代宪法学者，他提醒课题组，研究立法权的科学配置，要准确把握"人大主导立法、立法引领改革、改革于法有据"这三者的关系，要从中国特色社会主义法律体系建构和全面落实中国宪法监督制度两方面入手，深刻把握研究对象，形成中国特色的立法话语体系。

姜明安教授最后发言，希望课题组围绕什么是法、何为立法权、怎样进行科学配置这三个核心问题展开研究，要突出重点难点，找出真问题，探寻解决之道。要关注改革发展中的新问题，如协同立法、军事立法、党法与国法关系、地方立法权扩容等，进行深入研究，争取按时完成创新性成果。

罗豪才老师先去参加一个人权方面的会议，会后马上赶过来。他说，我对立法问题感兴趣，想听听大家的高见，也想会会老朋友，心里总惦记着。我上次病了以后，现在虽然好了，但腿脚有些发软。记得初识罗老师是在20世纪80年代中期，我本科毕业留校任教，经常骑自行车到北大转悠，听听肖蔚云老师讲"八二年宪法的诞生"，听听罗老师讲"资本主义国家宪法与政治制度"，转眼已经30多年了。罗老师身材魁梧，满头银发，讲话声音不高，但和蔼可亲。他的到来让我心存感激，今天简直是群英会。六位先生坐前边，其他人站后面，我们拍了一张珍贵的合影。

接着,大家移步到直隶会馆午餐。罗老师说,家里人不让喝酒了,不过今天特别高兴,想一块喝几杯。老先生们举杯小酌,气氛热烈,仿佛回到了青年。小辈们纷纷敬酒,情感真挚,仿佛回到了家庭。酒真是一件妙物,关键时给人助兴。艾青形象地说:她是可爱的,具有火的性格,水的外形,她是欢乐的精灵。

2018年2月18日,罗豪才先生不幸逝世,我无比悲痛,跟随罗智敏和成协中,到先生寓所进行了吊唁。2019年,去台湾政治大学开会,翁岳生教授致辞提到罗豪才教授逝世,泪流满面,痛哭失声,他说这是海峡两岸公法学界的重大损失。在"立法权的科学配置"课题成果即将付梓之际,我真心感谢课题组的同学们,真诚感恩参加开题论证的前辈们,真切感念出席结项答辩的专家们,还有北大出版社的蒋浩副总编及杨玉洁、靳振国两位责任编辑,是你们的无私帮助和倾情付出,才使我们有了这部作品,结了这一份善缘。

附本书撰写分工:

导　言:席志文

第一章:江　溯

第二章:杨敬之

第三章：古龙元

第四章：谢立斌

第五章：潘 英、蒙明利

第六章：刘杰超、曹 舒

第七章：章志豪

第八章：江 溯

此外，黄亚熙、王柳、邓思齐、段琼、王敬妍、张成飞、吴希阳、黄馨仪、俞伟、陈嘉林、王天铮、潘峰、马骁、徐航、王新萍、李康根、江水长、张鹏等参与了资料搜集整理和研究讨论工作，赵伟、张肇廷和范力文参与了通校工作。在近五年的研究中，还有其他很多研究参与者无法一一具名，在此一并致谢。

焦洪昌

2020 年 8 月 20 日

图书在版编目(CIP)数据

立法权的科学配置/焦洪昌主编. —北京：北京大学出版社，2022.4
ISBN 978-7-301-32800-2

Ⅰ. ①立… Ⅱ. ①焦… Ⅲ. ①立法—研究—中国 Ⅳ. ①D920.0

中国版本图书馆 CIP 数据核字(2021)第 273790 号

书　　　名	立法权的科学配置 LIFAQUAN DE KEXUE PEIZHI
著作责任者	焦洪昌　主编
责 任 编 辑	杨玉洁　靳振国
标 准 书 号	ISBN 978-7-301-32800-2
出 版 发 行	北京大学出版社
地　　　址	北京市海淀区成府路 205 号　100871
网　　　址	http://www.pup.cn　http://www.yandayuanzhao.com
电 子 信 箱	yandayuanzhao@163.com
新 浪 微 博	@北京大学出版社　@北大出版社燕大元照法律图书
电　　　话	邮购部 010-62752015　发行部 010-62750672　编辑部 010-62117788
印 刷 者	三河市北燕印装有限公司
经 销 者	新华书店
	965 毫米×1300 毫米　16 开本　17.75 印张　250 千字 2022 年 4 月第 1 版　2022 年 4 月第 1 次印刷
定　　　价	78.00 元

未经许可，不得以任何方式复制或抄袭本书之部分或全部内容。
版权所有，侵权必究
举报电话：010-62752024　电子信箱：fd@pup.pku.edu.cn
图书如有印装质量问题，请与出版部联系，电话：010-62756370